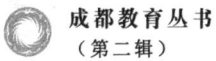
成都教育丛书
（第二辑）

有趣的民间艺术

张玉荣名师工作室 著

西南交通大学出版社
·成 都·

图书在版编目（CIP）数据

有趣的民间艺术 / 张玉荣名师工作室著. —成都：西南交通大学出版社，2020.4
（成都教育丛书）
ISBN 978-7-5643-7342-9

Ⅰ. ①有… Ⅱ. ①张… Ⅲ. ①民间艺术 – 教学研究 – 中小学 Ⅳ. ①G633.955.2

中国版本图书馆 CIP 数据核字（2020）第 016222 号

成都教育丛书

Youqu de Minjian Yishu
有趣的民间艺术

张玉荣名师工作室　著

责任编辑	梁　红
封面设计	原谋书装
出版发行	西南交通大学出版社 （四川省成都市金牛区二环路北一段 111 号 西南交通大学创新大厦 21 楼）
发行部电话	028-87600564　028-87600533
邮政编码	610031
网　　址	http://www.xnjdcbs.com
印　　刷	四川煤田地质制图印刷厂
成品尺寸	146 mm × 208 mm
印　　张	12.875
字　　数	340 千
版　　次	2020 年 4 月第 1 版
印　　次	2020 年 4 月第 1 次
书　　号	ISBN 978-7-5643-7342-9
定　　价	68.00 元

图书如有印装质量问题　本社负责退换
版权所有　盗版必究　举报电话：028-87600562

本书顾问

周小山：四川省教育厅中小学教师继续教育首席专家，四川省教育学会常务理事，成都市教育学会副会长，成都大学教授

郑德惠：温江区教育研究培训中心原副主任

周　勇：温江区公平实验学校原校长

周　志：四川省特级教师，温江中学实验学校校长

王　刚：四川省优秀教师，温江区实验学校校长

何　静：成都市学科带头人，温江区实验学校副校长

蒋光辉：温江区公平实验学校原校长

李登富：成都市优秀校长，温江区名师，温江区公平学校校长

陈叙龙：成都师范学院音乐学院书记

宋　沛：成都师范学院音乐学院教授

张成绪：羌族文化研究专家

何王全：非物质文化遗产羌笛传承人

王官全：非物质文化遗产大禹祭祀习俗代表性传承人

杨　平：非物质文化遗产"羌笛王子"

吴龙勇：非物质文化遗产棕编艺术大师

王小刚：非物质文化遗产羌鼓传承人

王小勇：非物质文化遗产羌族释比文化传承人

孟子成：非物质文化遗产羌族释比文化传承人

本书撰写人员

张玉荣　　文家富　　刘福莉　　赵　潇

王攀科　　杨　锦　　杨　梅　　寇红梅

何晓芳　　张　鑫　　代春丽　　杨海燕

唐　菁　　向　联　　陈晓欢　　母彬红

陈　杰　　秦　滔

成都教之良功有成学

"成都教育丛书"学术顾问顾明远 2016 年 5 月题于成都

"成都教育丛书"总序

成都是我国西部重镇，文化历史名城，历史悠久，人文荟萃。成都人历来重视教育，有建于2100多年前的文翁石室，也有21世纪以来建设的优质学校。中华人民共和国成立以后，特别是改革开放以来，成都教育有了巨大的发展，率先普及了九年义务教育，率先进入了教育相对均衡发展的行列，教育改革取得了丰硕成果。

为了记录成都教育改革发展的轨迹，总结成都教育改革和发展的经验和成果，体现成都教育的历史积淀，展示成都广大教育工作者的实践创新、典型经验和学术成就，成都市教育局正式启动"成都教育丛书"工程。这是一项有巨大意义的事件，它不仅留住了成都教育工作者辛勤劳动、取得巨大成就的足迹，而且丰富了教育学术宝库，为成都教育今后发展奠定可持续的基础，同时必将在全国教育界产生重大影响。

当前,我国教育正处于由数量发展转变为质量提高的关键时期。国家正在制定2030年全面实现教育现代化的规划。教育现代化主要体现在教育的全纳性、终身性、个性性、多样性、信息化、科学性、国际性、法制性等多个方面。坚持把立德树人作为教育的根本任务,培养具有社会责任心、有创新精神和实践能力并具有国际视野的中国公民。关键是要树立现代教育的观念,树立"儿童第一""教育第一"的理念,以改革创新为动力,建设现代学校制度,改革人才培养体制和方式。教育要继承我国优秀文化传统,充分吸收世界优秀文化成果,建设具有中国特色的社会主义教育现代化体系。

我与成都教育有不解之缘。早在20年前的1996年,在我任中国教育学会副会长之时,就应成都市青羊区教育局之邀,参加了青羊区教育综合改革的论证会,中国教育学会又在青羊区召开过学校、家庭、社会三结合现场会。2001年我任中国教育学会会长以后，首先将青羊区作为中国教育学会的教改实验区，以后又将成都市成华区纳入。自从20世纪90年代以来，我几乎每年都到成都。我到过青羊区、金牛区、锦江区、成华区、双流区、蒲江县，今年又到了青白江区。成都二十多年来的教育改革和发展，我可说是真实的见证人。

"成都教育丛书"邀我作序，我觉得十分荣幸，就写上这几句，是为序。

2016年5月30日

注：顾明远先生系著名教育家、中国教育学会名誉会长、北京师范大学教授、博士生导师。

PREFACE 前言

　　党中央和国务院在相关文件中要求，学校要以社会主义核心价值观为引领，根植中华优秀传统文化深厚土壤，坚守中华文化立场、传承中华文化基因，把民族民间特色艺术引入学校，把增强学生文化自觉和文化自信作为第一目标。教育部部长陈宝生对传统文化怎么进校园，也指了一条通衢大路："覆盖各学段，融会到教材体系中，贯穿人才培养的全过程。"

　　基于时代使命和教育者的责任，我们通过多校联合、名师引领的方式，聚焦四川乡土民俗民间艺术，选择了部分既适合小学生特点、比较经济，资源又容易获得且文化丰富、品格高雅的特色艺术，由具有丰富教学经验和一定理论基础的教学一线艺术老师组成研究团队，经过多年的研究，以及在区域内多个学校不断进行探索与实践，反复修订、迭代更新、众筹共享，最后形成了这一本《有趣的民间艺术》。我们希望这一本书不仅仅是教材、教案，希望用这本书激发艺术教育工作者对民族民间艺术更大的教育智慧和教育激情，能更好地将民族民间艺术引入校园，引进课堂，追求民族文化、学校课程文化的一体化，促进学生艺术学习社会化，形成文化个性和文化共性相统一的文化品格。培养师生乡土情感和家国情怀，陶冶师生情操，提高其文化素养与审美能力，让社会主义核心价值观、中华优秀传统文化基因浸润学生心田。

　　这本书以生态学视野、乡土化开发、课程化实施、表现性评价的思路，将部分研究成果进行课程整合，如新繁棕编、绵阳傩戏、广安剪纸、成都风筝、川剧、綦江版画、茂县羌笛、北川羌绣、松潘民歌等，都具有一定的代表性和补充性。这些民间艺术文化的选择既保证了课程实施的可操作性，让执教者轻松借鉴、举一反三，解决了师资缺乏的问题；又保证了课程实施的生根性，能启发学校和老师从文化建设、课程实施、活动组织、社团实践等方面进行多维度思考，解决了课程实施的单一性，同时还保证了课程实施的体验生成性，在课程的实施上特别提倡师生自主参与、体验生成，这样能有效促进课程实施的思想性和发展性。

本书因教师视野、主题选择、实践周期等多种原因，还存在很多局限和不足，我们希望能抛砖引玉，唤起更多艺术教育工作者对优秀民族民间艺术进课堂的重视，增强学生的民族自信心和自豪感，增强学生对传统文化的立体感和认同度。

目 录

绪 论 ………………………………………………………………… 001

第一篇 理性思考

01 羌族特色艺术在校园文化活动中的渗透与传承 ………… 021
02 小学美术课中傩戏面具的开发与运用探索 ……………… 028
03 以剪纸活动为载体,在综合实践活动课中培养学生
 综合能力初探 …………………………………………… 033
04 开发棕编课的乐趣 ………………………………………… 039
05 川剧艺术资源在学校艺术教育中的应用尝试 …………… 042
06 从《川剧脸谱创制》一课浅谈小组合作问题式教学 …… 047
07 运用少儿版画优化美术教学内容的实践探究 …………… 051
08 "老庚"的羌笛(研究故事案例) ……………………… 058
09 情系民族文化 花开羌族云肩
 ——《羌族云肩》课后感想 …………………………… 061
10 羌族萨朗在小学的应用探索 ……………………………… 064
11 小学艺术教师走进羌族萨朗 ……………………………… 070
12 羌族民歌在学校推广传承方法谈 ………………………… 075

第二篇　民间艺术课程

《有趣的民间艺术》课程纲要……………………………………… 085

第一章　棕编………………………………………………………… 091
　　第一节　"棕编"课程方案…………………………………… 091
　　第二节　"有趣的棕编玩具"主题活动及其说明………… 094
　　第三节　"棕编"课程………………………………………… 096

第二章　傩戏………………………………………………………… 104
　　第一节　"傩戏"课程方案…………………………………… 104
　　第二节　"傩戏"主题活动及其说明………………………… 106
　　第三节　"傩戏"课程………………………………………… 107

第三章　剪纸………………………………………………………… 111
　　第一节　"剪纸"课程方案…………………………………… 111
　　第二节　"剪纸"主题活动及其说明………………………… 113
　　第三节　"剪纸"课程………………………………………… 115

第四章　风筝………………………………………………………… 120
　　第一节　"风筝"课程方案…………………………………… 120
　　第二节　"风筝"主题活动及其说明………………………… 123
　　第三节　"风筝"课程………………………………………… 124

第五章　川剧………………………………………………………… 129
　　第一节　"川剧"课程方案…………………………………… 129
　　第二节　"川剧"主题活动及其说明………………………… 132
　　第三节　"川剧"课程………………………………………… 134

第六章　版画………………………………………………………… 140
　　第一节　"綦江农民版画"课程方案………………………… 140

第二节 "綦江农民版画"主题活动及其说明 …………… 143
第三节 "版画"课程 …………………………………… 144

第七章 古老神秘的羌族民间乐器 ……………………………… 149
第一节 "古老神秘的羌族民间乐器"课程方案 ………… 149
第二节 "古老神秘的羌族民间乐器"主题活动
及其说明 …………………………………………… 152
第三节 "古老神秘的羌族民间乐器"课程 ……………… 154

第八章 云朵上的斑斓 …………………………………………… 166
第一节 "云朵上的斑斓"课程方案 ……………………… 166
第二节 "云朵上的斑斓"主题活动及其说明 …………… 171
第三节 "云朵上的斑斓"课程 …………………………… 173

第九章 尔玛的歌 ………………………………………………… 193
第一节 "尔玛的歌"课程方案 …………………………… 193
第二节 "尔玛的歌"主题活动及其说明 ………………… 195
第三节 "尔玛的歌"课程 ………………………………… 198

第三篇 民间艺术教学设计

01 《有趣的棕编》教学设计 …………………………………… 229
02 《傩面具》教学设计 ………………………………………… 238
03 《剪纸歌》教学设计 ………………………………………… 248
04 《百变团花》教学设计 ……………………………………… 251
05 《走进剪纸世界》教学设计 ………………………………… 264
06 《走进风筝,放飞梦想》教学设计 ………………………… 272
07 《四川曲艺——盘子》教学设计 …………………………… 277

08	《走进川剧》教学设计	281
09	《川剧"变脸"歌》教学设计	285
10	《川剧脸谱的创制》教学设计	292
11	《吹塑纸单色版画》教学设计	295
12	《羌风古韵,笛声悠扬》教学设计	301
13	《古老神秘的羌族民间乐器》教学设计	308
14	《羌族头饰设计》教学设计	319
15	《仰望碉楼》教学设计	323
16	《做一面羌鼓敲起来》教学设计	329
17	《羌族云肩》教学设计	334
18	《羌族鞋垫》教学设计	340
19	《美丽的羊角花》教学设计	345
20	《羌族围腰》教学设计	351
21	《三达里学》教学设计	357
22	《西斯古》教学设计	362
23	《依娜麦达》教学设计	369
24	《萨由啊由勒》教学设计	374
25	《欧央舍西央舍》教学设计	382
26	《羌族巫师歌——莫都斯责》教学设计	387

参考文献 ························ 393
后　记 ························ 394

绪 论

一、我们的认识

我国民间艺术是人民在日常劳动生活中形成的,用双手和心灵创造的。其内容丰富多彩,体现了中华民族特有的文化特色和审美观,传递着民族的思想情感与艺术情趣,是民族文化的肥沃土壤。

习近平总书记在关于传承和发扬社会主义核心价值观中指出:发展起来的当代中国,更加向往美好的精神生活,更加需要强大的价值支撑,更加需要积极培育和践行社会主义核心价值观,并将它作为凝魂聚气强基固本的基础工程。他指出:中华优秀传统文化是中华民族的精神命脉,是涵养社会主义核心价值观的重要源泉,也是我们在世界文化激荡中站稳脚跟的坚实根基。要结合新的时代条件传承和弘扬中华优秀传统文化,传承和弘扬中华美学精神。

《国务院办公厅关于全面加强和改进学校美育工作的意见》要求:"把培育和践行社会主义核心价值观融入学校美育全过程,根植中华优秀传统文化深厚土壤,汲取人类文明优秀成果,引领学生树立正确的审美观念、陶冶高尚的道德情操、培育深厚的民族情感、激发想象力和创新意识、拥有开阔的眼光和宽广的胸怀,培养造就德智体美全面发展的社会主义建设者和接班人。""开发利用当地的民族民间美育资源,搭建开放的美育平台,拓展教育空间。"

国家九年义务教育新课程标准提出:"地方和学校应结合当地人文地理环境和民族文化传统,开发具有地区、民族和学校特色

的课程资源。要善于将本地区民族民间艺术（尤其是非物质文化遗产中的艺术项目）运用到课程中来，使学生从小受到民族艺术文化熏陶，树立传承民族文化的意识。"

随着时代的发展和改革开放不断深入，一些人开始崇尚外来的、现代的文化和艺术，这在一定程度上影响了我国民间优秀文化艺术的传承。作为学校艺术教育工作者，我们有责任、有义务，丰富、传承、保护民间艺术，弘扬中华美育精神，立德树人，培养学生深厚的民族情感和正确的多元文化观，为建设中华民族共有的精神家园奠定基础，为培养担当民族复兴大任的建设者和接班人做贡献。

开发运用民间艺术资源，能丰富、传承、保护民间艺术，极大地丰富学生真实的艺术体验，不仅有助于培养学生的艺术兴趣。挖掘其艺术天赋，有利于激发学生表现美、感受美的情趣，有助于学生创造力的发展，而且能够增强学生对民间艺术的认同感和归属感，对其终身发展具有强烈的导向性。

开发运用民间艺术资源的过程，就是提高教师认识美、体验美、感受美、欣赏美、创造美的过程，不仅能有效地促进教师专业成长、教育观念的更新，而且对全面提升教师的审美素养、民族文化素养和人文积淀具有非常重要的作用。

二、我们的行动

基于这样的认识，课题研究组成员着力探求民俗渊源，挖掘民俗瑰宝，开发运用身边的民间艺术资源，紧紧围绕民族民间优秀艺术，跨界融合，平台开放，将民俗教师、民间艺术大师、非遗传承人纳入学校的艺术教育平台，进行审美引领、迭代更新、众筹共享。我们本着"以体验为核、情趣指向、创意表达、素养至上"的思路，以课题为抓手，以活动为载体，采用艺术采风、文献综述、课例研究、活动实践、论文撰写等多种形式，历时十余年的研究实践，实现教师、学生、学校共同发展、共同成长。

(一)开发民间艺术资源

1. 在自然环境中开发民间艺术资源

(1)在课题研究过程中,师生们从发掘身边的民间艺术资源做起。如被列入国家文物保护范围的温江寿安镇的陈家桅杆就是典型的川西民居。它建于清朝咸丰年间,檐上彩绘花鸟、墙上石刻浮雕、四壁镂空的名人字画,以及曲折圆环的小径,造型各异的亭阁、水榭、鱼池、戏楼都蕴含着丰富的艺术教学资源。另外,还有鱼凫王塑像、培风塔、文庙等温江特有的历史古迹。课题组人员通过实地考察、临摹、摄影、采访,收集整理相关艺术内容,期间考察、采访 100 多次,共拍摄作品 500 多张,临摹作品 300 多幅。这样的活动是师生认识民间艺术最直接的途径。

(2)旅游资源是一个天然博大的民间艺术宝库。师生在旅游中带着一双发现民间艺术的眼睛,随时用相机收集、记录蕴藏在乡土中的民俗民间艺术。通过这一活动,师生寻找到木偶戏、傩戏、川剧、风筝、年画、版画、船渔号子、棕编、剪纸、刺绣等民间艺术 2000 多种,收集的资料共计 50 多万字。师生在旅游中探古寻源,聆听到了最乡土的歌曲,欣赏了最生态的舞蹈,参观了最古老的建筑,寻找到了最原始的传说,体验领略到了民族民间艺术的魅力。

2. 在传统节日中开发民间艺术资源

传统节日是民族文化的集中体现,也是民间艺术的大荟萃。走进节日,参与民俗活动,亲身体验传统节日中的民间艺术。如鼓励教师、学生参加传统的拜山祭祖清明文化节、端午的龙舟文化节、八月十五中秋节、九月九日重阳节、都江堰的放水节、羌族的瓦尔俄足节等。通过在传统节日参加活动,师生懂得了这些节日的传说和习俗。如师生参与民间的"闹大夜""民族婚俗""画门神""傩戏表演"等民俗活动,对其中的歌唱性、舞蹈性、美术性以及具有浓郁民族色彩的民间艺术品都有了全新的认识。所有

参研人员至少参与了两项民俗活动，80%的学生不同程度参与民俗活动，30%的学生参与民俗活动的积极性很高。

3. 在民间艺人中开发民间艺术资源

进入民间艺人的工作室，与民间艺人一起制作艺术品，把民间艺人请进课堂，编棕叶、玩陶艺、做糖人、弄根雕，亲身体验民间艺术的创作过程。民间棕编艺术大师吴龙勇被学校请进课堂，坚持每周给同学们上一节棕编课，手把手教大家棕编，棕编小组的成员坚持利用节假日到吴龙勇的作坊学习。在他的指点下，教师、学生都爱上了棕编，成了棕编高手。大家唱着自编的歌曲《有趣的棕编》歌，棕叶在手指尖翻飞，一件件栩栩如生的棕编作品在师生的手中诞生。

四川省非物质文化遗产项目大禹祭祀习俗的代表性传承人王官全老师在校园给师生教授羊皮鼓、萨朗；羌笛代表性传承人何王全给师生演奏羌笛；羌族口弦制作艺人王明芳老人为师生演奏口弦；羌族释比孟子成和他的徒弟王小刚、王小勇为我们表演最古老、最原生态的羊皮鼓舞。

请进校园的木偶剧团的精彩表演更是让学生大开眼界，兴奋不已，学生对这些民间艺术有了新的认识，积极地参与到民间艺术的体验学习之中。

4. 在网络空间中开发民间艺术资源

网络是个更广阔更丰富的空间，师生有了亲身的感受和体验，再走进网络去领略更丰富的民间艺术，使大家对民族文化有了更全面、更深入的了解。一个个丰富的民间艺术资源库形成，文字、图片、音响、民间艺术网页等应有尽有，为艺术教育课堂提供了丰富的资源。

十多年来，课题组结合四川人文地理环境和民族文化传统，进行实地调查走访，如成都锦里民俗文化一条街、郫都区、都江堰、绵竹、新繁、彭州、黄龙溪、塔子山、綦江、阿坝州汶川、阿坝州茂县、阿坝州松潘、阿坝州北川……调查走访对象有民间艺人、非遗文化传承人、民间艺术团体、非遗博览园、民俗民村等。通过采风、走访、资料查阅、网络搜寻等方法了解到了大量的具有地区、民族民间特色的艺术资源。我们以图片、录音、游记、表格归类等形式，获得了丰富的民族民间艺术资源（见表1）。随着对民间艺术发掘区域的延伸，我们对民间艺术的了解更宽广、接触更密切、体验更丰富、认识更深刻。

表1 民间艺术教育资源调查表

艺术资源名称					
调查时间		调查地点		调查人	
艺术种类				艺术形式	
美术（ ）	音乐（ ）	综合（ ）			
该资源流传区域					
该资源的主要特点					
对该资源教学运用的思考					

（二）整理民间艺术资源

对资源整理的过程也是学习体验的过程。我们聚焦四川乡土民俗民间艺术，选择了部分既适合小学生特点，比较经济，资源又容易获得且文化丰富、品格高雅的特色艺术，在区域内多个学校不断进行教学实践运用。

1. 板块整理

（1）川剧。成都是戏剧之乡，早在唐代就有"蜀戏冠天下"的说法。川剧又称"川戏"，是四川文化的一大特色，流行于四川、云南、贵州部分地区。川剧唱、念、做、打齐全，"变脸""喷火""水袖"独树一帜，唱腔美妙，语言生动幽默，具有浓郁的生活气息，在中国戏曲史及巴蜀文化发展史上具有独特的地位。川剧表演艺术是我国优秀的民间艺术，近年来，川剧出现了传承发展危机，年轻人和小学生对川剧感兴趣的很少，对于川剧的艺术价值更是知之甚少。对于川剧的传承、保护，我们课题组希望做一些有益的探索，将川剧文化资源引入学校艺术教育中。

（2）傩戏。傩戏是历史、民俗、宗教和原始戏剧的综合体，流行于安徽、江西、湖北、湖南、四川、贵州、陕西、河北等省，被誉为戏剧的"活化石"。四川傩戏是在四川傩俗、傩文化的基础上发展形成的一种古傩艺术现象，是一种融民间祭礼、民俗风情和民间戏剧于一体的演剧形态。

傩戏表演的主要特点是角色都戴木制假面，面具在造型上注重人物性格的刻画，多显威武、凶悍、怪异等。四川的傩面具品种多、特色浓、流传广，是艺术珍宝。

跳傩时配以唱、念及动作，节奏明快，常用锣、鼓、钹等打击乐器。傩戏音乐比较丰富，主要包括民间歌曲、民间歌舞、宗教音乐、说唱和戏曲音乐。民间歌曲是傩戏音乐的基础，包括山歌、小调、叙事歌曲、劳动歌曲等。由严福昌主编、四川文艺出版社出版的《四川傩戏志》对四川傩戏有较为详细的介绍。

我校学生主要来自农村,他们时常在农村"红白喜事"中看见"跳大神""闹大夜"等活动,学生很喜欢看,其实这些活动就属于傩戏。但他们在观看这些傩戏时不会分辨,全盘吸收,我们希望通过课题研究,引导学生对傩戏这种民间艺术进行了解,让他们学会欣赏这种民俗文化。

（3）年画。年画是中国民间艺术之一,多反映民间世俗生活,寓意吉祥。年画的形式、内容多样,寓意深远,色彩丰富,分布广泛。四川的绵竹年画非常有名,是中国民间木版年画之一,因产于竹纸之乡四川省绵竹而得名,流行于中国西南地区,多以木版印出轮廓而后填色,与天津杨柳青年画、山东潍坊杨家埠木版年画、苏州桃花坞木版年画齐名,是"中国四大年画"之一,素有"四川三宝""绵竹三绝"之美誉。2002年2月,绵竹年画入选首批中国非物质文化遗产项目。绵竹年画的内容题材极为广泛。有辟邪迎祥、风俗习惯、生产生活、戏曲故事、历史人物、神话传说、讽刺幽默、花鸟虫鱼等。随着时代的发展,绵竹年画逐步走向了日常化、装饰化、实用化,将绵竹年画艺术资源引入艺术课堂,对学生艺术素养的提高以及非物质文化遗产的学习和传承都有重要的意义。

（4）棕编。棕编是利用棕丝制成的中国传统手工艺品,是中国编制工艺的主要品类之一,是中国传统艺术的一枝奇葩,已有近千年历史。棕编玩具是用棕榈树的树叶,将其破成细丝,经过穿插、折拉、编扣、打结等方法编造而成。飞禽走兽、花草昆虫都能编制,形态美观,栩栩如生,具有浓厚的乡土气息,学生非常感兴趣。

四川新繁棕编于2006年11月被成都市人民政府列入第一批市级非物质文化遗产名录。我校学生在美术学习中对手工制作有着浓厚的兴趣,把"棕编"引入课堂正是投其所好,可以充分调动学生的积极性和主动性,培养学生的审美情趣和创造能力。

（5）版画。版画是绘画形式的一种,即用刀具或化学药品等在版上刻出或蚀出画面,再复印于纸上,有木板、石版、铜版、锌版、麻胶版等品种。学习版画，对提高学生的动手能力、创造能力、想象能力、艺术审美能力都具有非常重要的意义。

綦江农民版画闻名世界。1988年，綦江被文化部正式命名为"中国现代民间绘画画乡"。綦江农民版画，构图明快，色彩艳丽，内容取材于农民生产生活实践，具有浓郁的民族民间风情和生活气息。

结合我校学生多来自农村的实际，我们将收集、整理、开发运用綦江农民版画艺术资源，运用于课堂教学，唤起学生绘画灵感，发挥个性，大胆构思，发展其绘画表现力和创造力。

（6）剪纸。剪纸是一种用剪刀或刻刀在纸上剪刻花纹，用于装点生活或配合其他民俗活动的民间艺术，是中华民族的民间瑰宝，蕴含民族审美特质，具有很高的美育价值，在世界享有盛誉。

川西剪纸是川西坝子的人民为了满足自身精神生活的需要而创造的，与日常生活紧密相连，精细婉约，体现了川西人最基本的审美观念和精神品质，具有鲜明的艺术特色和生活情趣。

我们将川西民间剪纸引进小学艺术课堂，开发校本活页教材《有趣的剪纸》，把剪纸课程作为我校系列课程之一。从小培养学生对民间传统艺术的兴趣，提高审美能力，陶冶情操。通过教学，培养学生了解家乡、热爱家乡、长大建设家乡的情感。

（7）风筝。风筝又名"纸鸢""风鸢""木鸢"。北方多称"纸鸢"，南方则称"鹞子"。中国是风筝的故乡，早在2000多年前，风筝在中国就已出现。风筝图案形象、喜庆，表示吉祥如意，渗透着我国民族传统和民间习俗，因而在民间广泛流传，为人们喜闻乐见。它的制作工艺为扎、画、糊。造型优美、扎制巧妙、色彩鲜明、起飞平稳，具有浓郁的乡土气息和独特的地方色彩，是中华古老的民间艺术。

据了解，四川风筝产于成都、绵竹等地。先在纸上印好图案轮廓，糊在骨架上，再粗刷颜色。每到春暖花开时，人们就去放风筝。据说老成都的东教场、三教场就是人们放风筝的好去处，来自崇州、绵竹等地的民间艺人多在那里出售自己制作的风筝。

风筝是融科技、娱乐、文化等要素于一体的传统民间艺术。我们认为把风筝艺术适时引进课堂，是一件非常有意义的事。

（8）羌族特色艺术。羌族有很多特色艺术文化，羌笛、萨朗、皮鼓、民歌、刺绣、羌碉等都是非物质文化遗产。

调查结果显示，四川地区民族民间艺术资源相当生动、丰富。我们调查了解到的只是冰山一角：木偶戏、谐剧、天府锣鼓、蜀绣、成都灯会、神歌、船工号子、皮影戏、木偶戏、糖画……其博大精深让我们每一位调查者都叹为观止。

2. 项目呈现

我们根据民间艺术的民俗性、开放性、体验性、交互性等特点，对选择的学习项目反复修订、迭代更新、众筹共享，最后形成《有趣的民间艺术》一书。

我们根据学生的心理认知特点，按年级段进行了划分。一二年级侧重于体验与感受，三四年级侧重于实践与表现，五六年级侧重于创造与发展。

我们希望这一本书不仅仅是简单的教材、教案或活动的提供，而是希望用这本书来激发艺术教育工作者对民族民间艺术更大的教育智慧和教育激情，能更好地将民族民间艺术引入我们的校园，引进我们的课堂，追求民族文化、学校课程文化的一体化，促进艺术学习社会化，形成文化个性和文化共性相统一的文化品格。培养师生乡土情感、家国情怀，陶冶师生情操，提高文化素养与审美能力，让社会主义核心价值观、中华优秀传统文化基因浸润学生心田。

（三）运用民间艺术资源

开发不是目的，开发出来的艺术教育资源只有得到充分合理的应用，才能转化为教育效益。经过多年的研究，我们探索出一条应用途径。

1. 民间艺术资源运用于课堂教学

课堂是艺术教育的主阵地,民间艺术的资源只有有效地引进课堂,融入教材,突出民间艺术的价值,通过学生主动积极的建构方式,学生才能获得对民间艺术的认识和对民间文化的基本信念。

(1)结合式运用。分析国家统编教材中的民间艺术的内容,在深入了解学生对民间艺术已有的认知基础上,利用收集整理的民间艺术资源,进行教学,达到丰富拓展的目的。例如,有老师在执教九年义务教育美术教材《仰望碉楼》时,课前师生共同收集、了解羌族的民俗和民间文化。通过各种渠道,如书籍、报刊、电视、互联网,搜集羌族的民俗和民间文化的图片和音像资料等。学生了解了羌族的羌红、砸酒、服饰、萨朗等。通过课中交流、讲述、唱歌、跳舞,充分调动学生各种感官,加深了学生对羌族文化的了解,极大地激发和培养了学生的学习兴趣,使学生在愉快的学习活动中不仅能很好地领会,还能更好地表现。如有老师紧扣研究课题,在执教《脸谱》一课时,通过观看收集的京剧唱段、电视剧片段、戏剧表演等各种艺术形式,让学生从自己最感兴趣的关于脸谱的起源、颜色、图案、谱式等方面认识了解京剧脸谱文化,更重要的是通过欣赏,学生能对京剧产生浓厚的兴趣和喜爱。通过结合民间艺术资源,进行教学,极大地丰富了教学内容,拓宽了学生的视野。

(2)渗透式运用。在艺术课中,利用收集整理的民间艺术资源,结合教材有意识地渗透民间艺术。有老师在小学课堂进行"面具"手工制作课的教学实践。教师通过精美的课件,展示了民间各种类型的面具,学生在欣赏、制作中丰富了知识结构,开阔了视野,亲近了民族文化。有老师在"欣赏川剧"一课上,利用图片给孩子们介绍了川剧的行当,让学生们猜各种行当的性别,然后通过多媒体分别展示各种行当。通过欣赏艺术家的唱、练、做、打的精彩展示,让学生对川剧的唱腔、表演有初步的了解。随即,学生选择自己喜欢的行当学习、展示一句唱腔或学一个动作，通过学生对川剧唱、练、做、打的亲身体验，激发学生学习川剧的兴趣，培养学生热爱家乡戏曲音乐的感情，让学生体会到川剧艺术的博大精深。有老师教学的"神歌"更是让学生体会到四川古老"神歌"的发展演变和无穷魅力，学生知道了原来跳大神（祭祀）时唱的歌就是"神歌"。从老师执教的"生活中的布艺装饰""巧剪对称形""民间纸扇"等课堂中，无不看出教师在课堂中注重民族文化的渗透。通过教学实践证明，民族文化在对学生进行多元文化价值观的树立中有着举足轻重的作用。越来越多的学生对民族民间艺术更加感兴趣，对家乡的民间文化更加热爱。

（3）单元式运用。在课题研究中，艺术教师依据本地域的民族民间艺术，将开发的民间艺术编写、创作成较为系统的民间艺术活页教材，在课堂教学中作为单元教材独立运用。如老师开发的"有趣的棕编"课。第一课：指尖上的非遗——四川新繁棕编；第二课：走进身边的民间棕编艺人；第三课：独特的棕编玩具；第四课：学唱自创歌曲《奇妙的棕编》；第五课：棕编作品展演会——玩一玩、演一演，集中单元五课时进行教学。还有老师开发了《风筝》课。第一课：家乡的风筝；第二课：风筝欣赏；第三课：让我们的风筝飞起来，集中单元三课时进行教学。还有老师开发了《川剧》课。第一课：川剧简介；第二课：学唱川剧；第三课：欣赏川剧脸谱；第四课：绘制川剧脸谱，集中单元四课时进行教学。这样的集中运用，不仅丰富了艺术教育内容，更重要的是有利于民间艺术的传承，使教学具有有序性和长效性。师生感受着民间"傩戏"的神秘，家乡"神歌"的亲切，体验着有趣的"剪纸""棕编"，创作着"三国"的脸谱……一种浓浓的民间艺术的氛围悄然形成，一种结合地域艺术文化特点的艺术教学特色悄然形成。这些活动为形成学校不同的艺术课程特色与风格提供了可能性。

2. 民间艺术资源运用于艺术活动

艺术活动是学校艺术教育的重要渠道和形式。我们开发了校本活页教材，挖掘民间艺术，将其运用于活动中，形成了艺术学习的最佳环境，使学生的学习变得更自然、更容易、更活泼多样。

（1）艺术兴趣小组活动，即面向全校各班民间艺术兴趣爱好者进行的教学活动。在学生兴趣培养和提高的层面上开展研究，成立了剪纸小组、棕编小组、版画小组、羌鼓舞队、川剧票友会等，请民间艺术爱好者和艺术学院专业教师开展讲座，并进行辅导，师生兴趣高涨。

（2）成立民间艺术创作工作室。面向优秀的艺术特长生开展教学活动，如成立了泥塑工作坊、版画创作室、剪纸兴趣组、川剧票友室等。每周定期开展活动，专人辅导，通过个性化的辅导和创作，在更高层面上开展教学研究。几年来，师生的作品在各级各类比赛中获奖。例如川剧《下得山来好快活》于2014年获得成都市一奖，川剧《滑雪真快乐》于2014年获得区一等奖，川剧《铃儿响叮当》于2014年获得区一等奖，川剧脸谱《桃园三结义》于2013年获得成都市一等奖，版画《我们都是00后》于2014年获得成都市一等奖，《对称剪纸》获得区级一等奖。温江区实验学校的文天皓同学，就是成长起来的一位小小非遗传人。当他得知温江公平学校的李××为救父亲捐献骨髓的事情后，很受感动，文天皓精心雕刻制作了200幅剪纸作品，开展爱心义卖活动，亲手将义卖所筹善款15567元交到了李××同学的手上。这样的义举让全校师生感动，也让友善的种子播撒在每一个人心中。文天皓同学被评为四川省成都市"新时代好少年"。

（3）专题艺术节活动。学校以艺术节为载体，开展丰富多彩的民族民间艺术活动，如艺术节的会标、会徽的征集和比赛，班级民歌拉歌活动，民歌演唱赛，课本剧表演，儿童画比赛，以民间艺术为主题的办报比赛，面具制作，以及全校青年教师参与的民歌手大赛等活动。做到班班有活动，人人都参与。在活动中，孩子们自己设计选出的吉祥物和会徽独具特色；在民族舞比赛中，蒙古舞、傣族舞、藏族舞……学生对祖国的民族构成有了进一步的了解，孩子们制作的面具形态各异，制作的民间剪纸惟妙惟肖。在艺术节闭幕式上，孩子们有的带着自己制作的面具，有的打着江南小花伞，有的拿着美丽的民族扇子，有的手执风筝、风车在民族音乐的伴奏下，款款步入会场，让人耳目一新。各种具有民族特色的节目展示了学生对民族艺术独到的理解。家长和孩子表演的民间剧《老鼠偷油》更是别具特色。这些活动，通过音乐、舞蹈、戏剧、美术等多方面让学生了解民族传统文化，运用艺术手段体验和表现民间艺术。这一系列艺术活动都是在一种学生可以体验到的环境气氛下完成的。这些民族民间艺术的元素在活动中潜移默化地印入了师生的心灵，陶冶着师生的情操。

3. 民间艺术资源运用于校园文化建设

在校园文化的建设中，我们着力寻找地域特色，收集和挖掘接近学生生活的民间艺术教育资源，营造校园文化氛围。

（1）开展特色传统活动。多年来，开展了多种多样的民间艺术教育活动，每年在规定时间举办民间故事演讲、配乐古诗词朗诵比赛、以民间艺术为主题的班级板报比赛、民间故事家庭剧表演、班级民歌演唱比赛、课前民歌演唱比赛等。每一位学生在小学六年期间，至少参与五次活动、至少表演四项民间艺术，师生参与率达 100%。

（2）民俗体验活动。每年在规定时间举办班级民俗体验活动：拜山祭祖清明扫墓、过中秋、重阳敬老、剪窗花、包饺子、包粽子、赏月、贴对联、挂艾草。对活动中表现出的积极分子冠以"民俗之星"并进行表彰。每一位学生在小学六年期间，至少参与五次活动，体验四项民俗活动，师生参与率达 100%。

（3）美化校园活动。校园在规划、美化、绿化、教室和画廊布置等方面都具有民族民间特色。如按主题对校园环境进行美化，开辟了民间习俗介绍区，包饺子、吃元宵等民俗活动生动活泼，充满情趣。民族文化墙上有中华人民共和国地图、四川地图、成都地图等，各地的主要民族民间艺术一目了然，让师生领略到祖国民族文化的博大精深。这些具有民族特色的展板图文并茂，让人驻足，师生受到潜移默化的熏陶。通过以民间艺术为载体的美化活动，学生们不同程度地懂得了民间艺术、民族文化是劳动人民在长期劳动实践中积累、提炼出来的，是我国文化的瑰宝。以民间艺术、民族文化为内容的校园文化建设活动培养了学生的审美情感，提高了他们的思维能力，净化了他们的道德品质，同时也增强了其自主学习的能力与创新能力。学生们吸收丰富的人文精神的养料，培养民族精神，继承民族传统，民族文化成为师生心灵一份美好的情感，并转化为一种人生的信念。

三、我们的收获

多年来，我们的研究在教育教学中实践，在曲折中前进，在前进中收获，取得了令人满意的教育教学改革效益。

（一）学生变了

通过研究，学生对民间艺术经历了从"了解"到"走近"到"喜欢"到"热爱"到"传承"的过程。

（1）表现在生活中。学生对身边的民间艺术更关注，如对民间建筑中檐上彩绘花鸟、墙上石刻浮雕、四壁镂空的名人字画，以及曲折圆环的小径，造型各异的亭阁、水榭、鱼池、戏楼等都能用艺术的角度去欣赏，对家庭中的一些民间器物更是非常珍惜，并对这些民间艺术具有了爱护、保护意识，能主动与破坏民间艺术的行为进行斗争。家乡历史古迹，都是学生美术课中临摹、线描的主要内容，其作品在省、市、区获奖或展出。学生逐渐有了一双发现美的眼睛。

（2）表现在课堂学习中。学生学习的兴趣空前高涨，学生自主参与其中去求知，去体验，去学习。从被动依赖走向主动参与，主体精神明显增强，艺术素养和审美能力显著提高，一批批艺术特长生茁壮成长。近年来，学校开展了不少于10次民间艺术作品制作展览，经常演出具有浓郁民族民间色彩的文艺节目，上千名学生的作品在全国的少儿书画比赛中获奖，1000多名学生的作品在省、市区获奖。

（3）表现在情感中。学生对民间民俗艺术的情感在增强，爱家乡、爱祖国的情感在加深。自信心、自豪感在增强。我们学生民族民间的作品也被悬挂在省艺术展览馆这些大雅之堂展出。我们的孩子也能自豪地在省艺术馆演出，也能出现在国家级电视台的屏幕上，也能捧回国际书法、绘画比赛的桂冠，近100名学生成为市级艺术之星，所取得的成绩可以说不胜枚举。

（二）教师变了

（1）认识变了。一是对待民间艺术的态度发生了变化，课题研究前，教师对民间艺术知之甚少，对民族民间艺术基本处于无意识的状态，更谈不上对民族民间艺术的深厚情感了。通过课题的研究实践，教师对民族民间艺术更积极、更友善了，不仅自己积极主动参与开发运用，还鼓励学生家长，带动家人参与体验。节假日告别麻将桌，采风、写生已是教师们休闲娱乐的主要方式。二是能逐渐改变"以课本为中心，以知识为本位，机械地依本施教"观念，有意识地开发运用身边的艺术资源，有了传承、保护民间艺术的意识，有了开发教材的能力。教学已经不再是"忠实"教材，硬搬教材，照本施教，课堂气氛沉闷，课堂效益低下了，而是引进丰富多彩民间艺术学习活动。教师们越来越认识到：民间艺术的学习不仅能够使学生感受美、欣赏美、创造美的能力得到提高，更能够调动学生学习艺术的兴趣，并发挥学生的个性特长，使不同禀赋、不同气质、不同性格爱好的学生得到很好的发展。教师这样说道："课题研究，使我对民间艺术有了深层次的接触，我越来越热爱民间艺术。"还有教师这样说道："通过研究，我的理论素养和专业技能都有了质的飞跃，民间艺术让我变得更自信!"

（2）教学行为变了。艺术教师挖掘本地域的民间艺术，编写成独特的校本课程教材，如《川剧脸谱》《神秘的傩戏》《绵竹年画》《四川神歌》《有趣的剪纸》《美丽的风筝》《有趣的棕编》等，还请来了民间艺人进课堂，引导学生关注自己身边的民间艺术环境，展示独特的民间艺术教学范例。教师们深刻地认识到，传承民族民间艺术，就是传承民族文化的根脉和保护民族尊严，教师的责任感和使命感在增强。

（3）能力提升了。艺术教师在课题的研究中不断成长。教师专题研究论文在全国、省市获奖，学生的节目在省市电视台演出，师生羌族舞蹈分别获区一等奖，艺术教师的教学能力在增强。多名艺术教师成为四川省特级教师、四川省学术技术带头人、四川省优秀教师、成都市音乐学科带头人、温江区学科带头人、温江区教学能手。

（三）学校变了

（1）管理观念变了。学校领导关于艺术教育的管理观念变了。以前是要求教师严格按教材施教，现在学校鼓励教师大胆创新，充分利用民间艺术教育资源，尤其是本地域的民间艺术教育资源教学，为教师创造空间，提供开发的资金支持。鼓励教师利用一切有利的艺术教育资源丰富教材，完善教材，更好地使用教材，使艺术课堂质量得到提高，学生的艺术素养得到提高。

（2）管理行为变了。鼓励学生积极参与家乡的节日、庆典、联欢等活动，行政干部，专人专管，与师生一起科研，讨论其中出现的民间民族音乐、歌舞、戏曲、剪纸、装饰品（尤其是其中的曲调、服饰、色彩、造型、道具、文字）。对民间人才和艺术、文化资源有了较全面的认识。学校还投入资金，邀请一些具有一定才艺的非艺术教师开展戏剧等方面的讲座，时常请社区内艺术教育人才、团队到学校演出、开讲座，同时鼓励师生在节假日参加社区的艺术活动。学校的各种课外艺术活动小组、图书室、星星火炬墙报、红领巾广播站等异常活跃。校园规划、美化、绿化、教室和画廊布置等方面为师生提供了艺术展示的舞台。现在，学校的艺术氛围越来越浓，被评为"中国非物质文化遗产羌族文化研究基地""四川省艺术教育特色学校"，学校音乐组被评为"成都市优秀音乐教研组"。

（3）学校投入增加了。以前对艺术教育的投入是从上而下的强制性投入，现在是积极主动地投入。每年单设艺术专项资金，学校仅近三年艺术专项资金投入就达1 094 000元。学校出资确保学生人手一本艺术教材。不断更新教学设备，艺术教师人手一台电脑、一套打击乐器，艺术办公室提供专用打印机、照相机、移动硬盘等。全校每位教师一支口琴。器材由专人管理，定期维护。每年艺术节设立四万元专项活动资金，以保障活动的顺利开展。

四、有待深化研究的问题

艺术教师的工作量普遍较大，对民间艺术资源的开发、整理缺乏充足的时间和精力，深入研究程度还不够；部分艺术教师的研究水平还不高，研究过程中对一些理论知识、概念界定还把握不准，诸如此类，给研究工作造成一定困难。

在用活用好已经开发的民族民间艺术内容的基础上，做进一步的开发，开展融合性美育活动，将各种艺术融入活动、融入课堂，引导学生感悟中华优秀传统文化的精神内涵，培养学生对民族文化的深厚情感，增强学生对中华优秀传统文化的自信，将学生核心素养的培养落到实处。

第一篇 理性思考

01 羌族特色艺术在校园文化活动中的渗透与传承

成都市温江区实验学校　文家富

摘　要　传承和学习民族特色艺术文化成为学校一个重要使命。学校根据自身的实际，确定将羌族特色艺术文化作为重点研究方向。学校深入羌族聚居区了解羌族文化之源，在学校全方位营造羌族文化的氛围，开展课题和课程研究，进行艺术节等活动实践，丰富社团活动，编辑校本教材，收集音像资料，有效促进全校师生对羌族文化的了解与认知，较好地补充了学校美育的实施途径和方法。

关键词　羌族　艺术　校园文化　活动　渗透　传承

2014年10月15日，习近平总书记在北京主持召开文艺工作座谈会中指出：中华优秀传统文化是中华民族的精神命脉，是涵养社会主义核心价值观的重要源泉，也是我们在世界文化激荡中站稳脚跟的坚实根基。要结合新的时代条件传承和弘扬中华优秀传统文化，传承和弘扬中华美学精神。《音乐课程标准》（2011年版）中明确指出，要弘扬民族音乐，理解音乐文化的多样性，就应将我国各民族优秀的传统音乐作为音乐教学的重要内容。音乐课程的价值之一就在于传承民族优秀文化，增进对世界音乐文化丰富性和多样性的认识和理解。在学校校园活动中，传承和学习民族特色艺术文化成为学校一个重要使命。

我国有五十六个民族，每个民族都有自己独特的文化和魅力，首先了解哪一个民族的艺术文化，是学校艺术组反复思考和研究的课题。经多方考察，结合四川地区少数民族的发展情况，我们认为，羌族艺术文化存在抢救性学习的紧迫性和重要性，于是，我们组织艺术组老师进行了全面的考察和研究。羌族被称为"云朵上的民族"，是我国最古老的民族之一。千百年来，生活于岷江上游的羌族人民在特定的社会环境和历史发展的进程中，形成了自己独特的民族民间艺术，有四十多项非物质文化遗产。但是羌族是一个只有语言没有文字的民族，特别是"5·12"汶川大地震后，羌族传统民俗文化的保护传承面临着前所未有的挑战。我们希望通过学校活动，让学生熟悉和热爱祖国的音乐文化，增强民族意识，培养爱国主义情操。

学校申报了成都市教育科研基础教育研究课题"羌族特色艺术资源在校本课程建设中的实践研究——以羌族萨朗为例"，以课题为依托，成立课题组，建立专家库，不断修订研究方案，优化研究内容，丰富研究手段，提炼研究方法，物化研究成果。通过文化浸润、课程渗透、活动实践、社团拓展等形式，不断用羌族特色艺术资源丰富校园文化，促进师生对羌族特色艺术文化的了解与认知，并且能亲自投入到艺术的实践当中，对民族艺术的包容和多元文化的认识起到一定的促进作用。

一、了解羌族文化之源

1. 到羌族聚居区去采风

学习民族文化，一定要深入羌族聚居区，了解羌族文化的来源与历史，寻找羌族艺术的灵魂。学校在三年组织艺术教师分别到北川、茂县、理县、松潘等羌族聚居区考察，与当地文广新局、文化馆、艺术团等进行深度交流与学习；参加瓦尔俄足节，寻梦古羌秘境，溯源华夏文明。向北川羌族艺人王官全了解释比文化；向茂县国家级羌笛传承人、羌笛演奏家何王全老师学习羌笛演奏；向理县"羌鼓王子"王小刚学习羌鼓舞蹈；到松潘小姓乡学习多声部民歌。我们参观羌王官寨、黑虎羌寨、休溪古羌寨，了解羌族传统生活方式,感受生活用具的艺术美感。古老的羌碉建筑、悠久的历史传说、原始的生活状态、古朴的羌族服饰、生动的羌族萨朗等都让课题组成员欣喜不已。同时,大家还和寨内的羌族艺人亲切交谈、虚心请教,受益匪浅。

2. 请羌族非遗传承人到校指导

为促进学校羌族艺术文化全方位、多样化、深层次地开展,学校分别请四川省非物质文化遗产项目大禹祭祀习俗的代表性传承人王官全老师和茂县羌族非遗传承人韩小龙、理县民间艺人韩术康等人来我校开展中长期的指导培训。特别是对羌族萨朗和皮鼓进行专业指导,让全体师生加深了对羌族舞蹈内涵的认知,对深入推进课题研究、提高审美修养、丰富精神世界、培养多元文化认识有着深远的影响。

二、营造羌族文化氛围

全校师生对羌族文化了解甚少,为形成整体文化视觉的冲击与影响,学校围绕羌族特色艺术文化,打造艺术长廊,多方位展示学生音乐实践和美术作品,并设有涂鸦墙,提倡学生自主创作,绽放艺术灵光;在艺术楼设计羌族艺术墙、书画角,将羌族图腾、羌雕、云朵等特色文化巧妙作为背景美化,将羌族的色彩与绘画集中展现;在各教学楼层悬挂学生的羌族艺术作品,给人以身临其境的感觉。在所有的音乐、美术教室和艺术功能室,学校统一设计羌族文化氛围,老师个性化布置羌族文化板报或张贴师生创作的羌族艺术作品。特别是让学生积极参与羌族文化作品的设计与展示,充分激发了学生的自主学习性。同时,学校还新建了一个多功能展播厅,提供现代化信息技术支持与灯光音响保障,能满足学生室内排练、演出和美术创作需要。

三、开展小专题研究

我校将民族特色艺术研究与课题紧密结合。成立多个课题研究小组,在市级艺术课题的引领下,确定不同的小专题,如"认识羌族口弦""羌笛悠悠""学跳羌族萨朗""羌族民间舞蹈知多少""羌族酒歌""美丽的羌族围腰""美丽的羌族鞋垫""羌族刺绣""设计美丽的羌族羊皮鼓面"等。课题组成员分工合作,开展草根教研,从课程、活动、论文等方面进行综合实践。

课题组老师紧密结合小专题研究,根据年级特点自行选择教学内容,然后进行组内研究,确定最佳教学方法,通过歌曲欣赏、歌曲演唱、器乐欣赏、云云绣实践、围腰制作、生活用具装饰、书法作品呈现等教学内容,让学生感受到丰富多彩的羌族特色艺术形态。每一位艺术课题组成员都围绕课题上研究课,在课堂教学中促进师生共同研究,共同成长。

四、丰富艺术活动实践

1. 每年五月艺术节

学校设定每年五月为艺术主题活动月,在这个月当中开展与艺术有关的主题活动。学生根据自己对羌族特色艺术文化的理解,自行选择表现形式,或个人或组合,通过学校组织的"我要上六一"才艺PK的平台,先参加班级内的才艺比赛和海选,然后由各班推荐两个优胜节目参加年级PK,再由年级推荐三个优秀节目参加校级PK,最后进入校级表演的同学根据节目的形式再分为大舞台和小舞台进行表演,充分保证了学生的参与面和积极性,同时也提高了学校节目的整体质量。

2. 每周萨朗课间操

课题组到羌地采风,了解萨朗舞蹈的基本动作要领和表现形式,通过集体碰撞、研讨、编排,设计出了两套适合我校师生表演的萨朗舞蹈，以便在每天课间操时间进行集体表演。课题组采用教师带领骨干学生先学，骨干学生再带领小组同学互学的形式，很快就在全校普及了萨朗课间操。在新疆、西藏等地艺术老师参观访问和学校申报"四川省艺术教育特色学校"等活动中，萨朗舞蹈课间操都是一道亮丽的风景线。

3. 每周固定社团日

学校根据实际，成立了各种艺术社团，每周三下午第二节开展社团活动，让学生在体验与实践中获得艺术的熏陶，不断提高艺术素养。

4. 每周旗台风采展

为充分展现学生的艺术风采，让每一个孩子自信成长，学校在每周星期一或每一个大型活动启动仪式上专设班级风采展示时间，各班学生轮流上台，或歌唱或表演或演奏或绘画或朗诵，虽然有些稚嫩，有些生涩，但学生得到了一次面对全校师生展示的机会，非常有意义。

五、实践探索的收获

美育的核心是艺术教育，学校通过课题研究，将学生的艺术触觉从课堂延伸到课外，让学生从区域走向世界、从单一走向多元，利用羌族特色艺术来影响和感染学生，培养其欣赏美、理解美、表达美和创造美的能力。

提出课题研究方向之初，艺术教师对羌族特色文化知之甚少。要做好课题研究，就必须付出比别人更多的时间和精力。我校课题组教师克服各种困难，学会了网上海量查阅的方法，学会了自己制作道具，学会了简单的羌族语言，学会了萨朗舞蹈，学会了羌族歌曲，学会了活页资料的制作；同时，也放下了浅薄的区域优越感，学会谦逊地向民间艺人学习……通过课题整体研究和小专题研究，教师锻炼了能力，提升了素养。

课题组老师在精品节目的打造上，需要理解羌族文化更深层次的东西，要带领学生领悟羌族艺术的内涵。因此，大家不断深入羌族聚居区，走进最古老的羌寨，欣赏最传统的非遗传承人的原味表演。为大家的真诚所打动，才有了"王大爷"等非遗传承人到学校来给学生示范，才会有打造50个男生羌族皮鼓舞的动力。所以，通过课题研讨，课题组教师求真、求精、求发展的目标更加坚定。

通过校园羌族文化的浸润、课程与活动的参与、每日课间操全校萨朗舞蹈的实践体验，学生对羌族文化有了初步的认识，对羌族特色艺术有了直观的感受，对羌族文化表现出了更多的理解、尊重、包容和接纳。通过学习和了解，学生对羌族文化有了更加浓厚的兴趣。在近两年的艺术节中，有很多班级主动选择与羌族艺术有关的题材进行创作和编排，并涌现出了一大批优秀的作品和节目。学生带着以羌族为题材的作品和节目参加市区艺术人才选拔，多人获得表彰。

通过羌族特色艺术研究的平台，学校被评为"四川省艺术教育特色学校"；教师的论文在全国、省级、市级获奖；公开课获市区一等奖；指导学生节目在省市电视台演出，在市艺术节获一等奖。艺术教师的专业素养得到了提升，文化视野得到了拓展，师生的民族意识得到了增强。

通过研究和实践，老师们编写了羌族艺术校本教材，补充了艺术教学的内容，丰富了学习的形式。主要作品有：

（1）《云朵上的斑斓》（美术）

（2）《跳起快乐的萨朗》（音乐）

（3）《古老神秘的羌族民间乐器》（音乐）

（4）《走进茂县——羌族文化采风》（综合）

（5）《羌族艺术综述》（综合）

（6）《吹起我的小口琴》（音乐）

（7）《尔玛的歌》（音乐）

另外，还有视频资料一套：

(1)《萨朗舞蹈课间操第一套》
(2)《羌笛悠悠》
(3)《羌风雅韵》
(4)《羌娃戏酒》
(5)《云朵上的萨朗》

关于民族文化进校园,学校还在探索中。目前,还有一些问题和困惑,如羌族文化在班级活动中的渗透、校园文化的羌族主题文化的建设、萨朗课间操的丰富与改变、校本活动资料的丰富与完善以及如何加强学校和羌族聚居区学校之间的沟通交流、文化互访等问题,都需要进一步实践。

02 小学美术课中傩戏面具的开发与运用探索

成都市温江区公平小学 刘福莉

摘 要 我校位于城乡接合部,学生主要来自农村,大多是外来务工人员的子女。农村在过年过节或红白喜事时,就常戴着面具举行一些表演活动,学生很感兴趣,也觉得很好看,还时常在学校模仿表演。其实这些活动基本属于傩戏,但学生在观看这些傩戏时不会分辨,全盘吸收。我们有责任、有义务引导学生了解傩戏这种民间艺术,让他们学会欣赏,关注这种民俗的动态。为此。我们课题组就傩戏面具的开发与应用进行了的探索,取得了很好的效果。

关键词 傩戏 面具 开发 应用

一、基于问题的思考

我校位于城乡接合部,学生主要来自农村,大多是外来务工人员的子女,学生在过年过节时就常见人们戴着面具"跳大神"的活动,农村有人去世时,还有"闹大夜""打丧火"等活动,学生很感兴趣,也觉得很好看,其实这些活动就属于傩戏。但他们在观看这些傩戏时不会分辨,全盘吸收。因此,我们有责任、有义务引导学生了解傩戏这种民间艺术,让他们学会欣赏,关注这种民俗的动态。为此,我们课题组就傩戏面具的开发与应用进行了的探索,取得了很好的效果。

我校使用的是人民美术教育出版社出版的美术教材,三年级的教材中有《面具》课文。教育部《关于推进学校艺术教育发展的若干意见》有相关规定：鼓励各级各类学校开发具有民族、地域特色的地方艺术课程……要因地制宜创新艺术教育教学方式，探索简便有效、富有特色、符合实际的艺术教育方法。根据课题"开发运用民间艺术资源，优化艺术教育内容"的研究，我们课题组成员以身边丰富多彩的民间艺术学习活动为主，开发补充了傩戏当中的"傩面具"，让学生自主参与其中去求知、体验，取得了很好的效果。

美术课程是九年义务教育学校的必修课。在中小学教育阶段，美术课具有语文、数学等学科无法代替的作用。美术学科核心素养——图像识读、美术表现、审美态度、创新能力、文化理解的培养，要求必须关注每一位学生。为此，我结合课题研究，在农村小学美术校本教材的开发与运用方面进行了一些探索。

我校五年级学生在美术教学中对"综合、探索"领域的课有着浓厚的学习兴趣，"傩面具"就属于"综合、探索"领域的课。把民间"傩面具"引入课堂可以充分地调动学生学习的积极性和主动性。虽然我校学生对傩戏知识缺乏了解，但我想通过本课学习让学生不仅了解傩戏，还会制作傩戏面具并进行简单的表演，提高学生的欣赏能力、手脑协作能力和表演能力。

傩戏是民间艺术的一种，被誉为戏剧的"活化石"。而傩面具是傩戏的一个重要组成部分，傩面具实际上就是傩戏的脸谱，形态朴实各异，造型夸张，色彩对比强烈，表达了人们内心深处最原始的对生活的一种担心与害怕，以及对未来美好生活的向往与追求，具有较高的艺术价值，是民间艺术百花园的珍品。这些都可以用于美术课教学内容。通过欣赏，了解傩戏的文化，知道中国民间艺术的博大精深，激发学生的学习兴趣；通过指导制作多姿多彩的傩戏面具，培养学生图像识读、美术表现和审美、文化理解与创新的能力，最终达到提高学生艺术素养的目的。因此，我们开发了具有地方特色的艺术校本教材《神秘的傩戏》。该教材由四部分构成，第一部：初步了解傩戏，学习制作傩面具并进行简单的角色体验；第二部分：学习傩音乐和学跳傩舞；第三部分：

学习傩戏情景剧；第四部分：创编傩戏，创设情境并进行表演。

二、基于行动的研究

基于上面的认识，我们将以组织《傩戏面具创制》这一美术活动为例来探讨如何在美术教学活动中实现学生的自主学习，并且以此探索如何实现美术教育与人的发展的有机结合。该堂课主要有 创设情境 —— 了解欣赏 —— 探讨学习 —— 创作展示 四个环节，让学生充分体会傩文化独特的艺术魅力。

（一）激趣导入活动

导入环节是一堂教学活动成功与否的重要部分，其关键在于能否准确、有效地把握和激发学生的兴奋点。这就要求教师深入挖掘教材，创设情境，激发学生兴趣，达到使学生主动投入学习、参与活动的目的。因此，我在实施"傩戏面具创制"的活动中，注重文化氛围的营造。

教师带上自制的傩面具，播放着傩戏音乐，随着音乐跳起傩舞，创设意境，把学生带到特有的意境中；学生在这样的氛围中感受傩戏的神秘性，引出课题——"傩戏面具创制"，让学生认识"傩"字，告诉学生："在古时候，科学还不发达，人们遇到困难就找'神'，这是民间对'傩'最朴素的理解。"让学生领会傩戏独特的艺术魅力，培养学生的审美情趣。

（二）引导欣赏体验

教师播放视频音乐，让学生观看傩戏精彩表演片段，然后让学生谈观后感，学生初步了解傩戏是古人用来驱鬼神的祭祀活动，具有恐怖和神秘感，激发学生的探索兴趣，从而使其自觉参与到活动中。

老师在此环节起的主导作用是用激情的语言，把学生带入主题活动中。谈话内容如下。

（1）有关傩戏的故事。

（2）傩戏艺术博大精深，传承现状堪忧。

（3）以我们自己理解的傩戏人物形象，分析傩戏面具的特征。

（三）鼓励合作探讨

美术教学并不是以培养艺术家为目的，这层意义就规定了学生主动投入的实质是个体能够在活动中发展，健全人的品质。笔者认为，人的品质包括思维能力的拓展、审美情趣的培养、情感世界的丰富、人际关系的和谐等。因此，教师应该认识到如何去促成活动主体各项品质的完善，并以此组织主动投入为特征的主体活动。根据笔者设计，在"傩戏面具创制"活动中"探讨学习"环节是为了培养孩子们自主投入意识。首先笔者请同学做喜怒哀乐的表情，从表情的变化找到五官引起的变化；接下来又请学生欣赏一些傩面具，请学生分小组探讨傩面具的制作步骤：构思—构图—装饰—粘贴，了解制作方法。这有利于发挥学生的主体能动性和协作精神。笔者展示几个已经做好的傩面具，请学生欣赏，有用绘画做的，有用多种材料粘贴的，然后请学生思考："还可以运用哪些材料和方法进行制作？"学生举手在全班交流。最后笔者请学生思考：（1）根据自己想要表达的角色设计什么风格的面具？（2）运用什么样的色彩表现人物鲜明的个性？（3）采用什么样的制作方法来制作自己想表达的角色面具？学生思考后举手回答老师提出的问题。这有利于学生创作傩面具时能做到胸有成竹。

三、基于激励的评价

笔者请学生用自己所准备的材料、喜欢的方法创作傩面具，教师进行巡回辅导；然后请部分学生戴上傩面具上台展示，其他学生进行评价，笔者适时点评。笔者认为学生的成功源于学生浓厚的学习兴趣和很强的自信心，学生的学习兴趣的激发和自信心的形成往往源于教师充分的鼓励和肯定。因此，在各种学习活动中，教师要用科学的语言引导他们，用赞许的微笑鼓励他们，用诚挚的话语赞扬他们，让他们有浓厚的学习兴趣，有饱满的探究热情，有科学的研究方法，让他们在真切的体验中去探索，在情感的共鸣中去演绎。课堂中只有情与物的交融，才有师生关系的和谐，才能共享美术课堂的乐趣。

我们认为，教师以充满激情的语言激励学生，组织学生小结，才能使课堂活动得以升华。教师鼓励学生："同学们，你们非凡的想象力和创造力令我惊讶，这节课让我们看到了古朴的傩面具演绎出了鲜活的历史，从原始的图腾崇拜到对善良、正义的寄托，傩面具逐渐从'神'的文化圈里跳出，步入一个多元文明的精神世界，古老的面具艺术已融入现代文明中。我希望同学们通过这节课的学习，能发扬我国的民族民间艺术，逐渐挖掘这些民俗瑰宝，发展这些民俗文化。"这样，让学生自主地参加到审美评价中，学生的审美能力得以提高，审美情趣得以丰富，我们的活动也得以升华。

实践证明，傩戏艺术进课堂是可以促进学生了解我国这种古老的民族文化，有利于学生的身心发展，能提高学生的审美素养，同时也培养了同学们的创新能力，更重要的是让中国的传统艺术得到了发扬。

 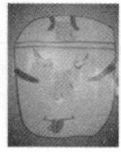 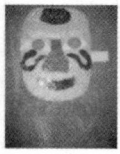  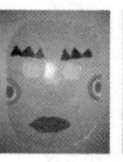 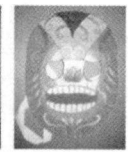

03 以剪纸活动为载体，在综合实践活动课中培养学生综合能力初探

成都市温江区光华实验小学校　杨海燕

摘　要　"图像识读、美术表现、审美态度、创新能力、文化理解"这些美术学科核心素养，必须通过学生的深度体验和实践参与获得。笔者在课题"开发运用民间艺术资源，优化艺术教育内容"研究中，开发民间剪纸艺术教学，以此为载体，主要从开题、实施、展示活动三个阶段，围绕学生的美术学科核心素养，提升学生的综合能力进行探索，取得了较好的效果。

关键词　开发　剪纸　提升　综合能力

综合实践活动的主体是学生，要真正发挥和体现学生的主体性，活动内容的选择尤为重要，其活动内容主要以主题的方式呈现。因此，作为教师，我们要引导学生善于从日常生活中发现自己感兴趣的问题，从他们自己的生活经验出发，从个体的学习生活、家庭生活、社会生活或自然生活中自主地提出具有生命力的鲜活的活动主题，开展活动。

剪纸是我国典型的民间传统艺术，是最普及和最具群众性的大众艺术形式之一，正是来源于生活的最佳学习主题。根据课改精神，从学校的实际出发，从学生的兴趣需要出发，广泛地吸取可利用的丰富的社会资源，以剪纸教学的内容和方法为切入口，大胆创新综合实践活动课的领域，积极推进教学改革，收到了良好的教育教学效果。

本人根据综合实践活动研究性学习的三个主要阶段（开题阶

段、研究实施阶段、汇报展示阶段），引导学生自然地走进民间剪纸教学的研究课题。让学生通过收集资料去了解剪纸，欣赏剪纸作品，继而实践动手出作品，再到尝试用信息技术展示作品，在层层深入的体验中提高学生的能力。

一、在剪纸研究开题中提高学生的综合能力

（1）问题引入。以问题为突破口，设计活动主题。综合实践活动课的最直接动因就是一个个活生生的问题。我通过课件引入剪纸大主题，通过分类展示不同剪纸作品，让学生自己总结，主动提出研究的小主题。比如剪纸的种类、剪纸历史、剪纸的制作方法、剪纸的表现方法……学生的探究欲望被充分激发出来，观察能力和总结能力得到提升。

（2）主题选定。我采用学生自主选择的课题进行研究，喜欢同一主题的，就在一组共同商讨如何深入开展。可是，有一个问题：谁当组长？谁来"主持"？学生各抒己见，谈自己具备的优势，对组长胜任的把握。有的小组采取举手表决制，有的小组要求采用组长演讲竞选的方式，有的小组实行推荐制度，有的小组实行轮流制度……组长竞选活动如火如荼地开展，学生的能力不断提升。组长确定了，就要开始分工确定活动计划了。在这个平台中，学生能根据自己的能力水平，选择适合自己的任务，或者向他人学习，取长补短，在不同的方面进行尝试提高。

二、在剪纸研究实施中提高学生的综合能力

1. 在剪纸采访调查中提高学生的综合能力

综合实践活动的开展是联系生活实际的，我的课程来源于生活，也充实于生活。社会实践活动是学生的"必修课"。孩子们以剪纸活动为载体，参与社会实践，能力得到充分锻炼和提高。如一个小组设计的下述活动方案表：

你想欣赏更多的剪纸作品吗？

你想了解我国各地剪纸的特色吗？
你想知道本村或周围人有多少人会剪纸吗？
你想创作更好的剪纸作品吗？
你想……
请与你的同学联合起来快快行动，步入社会，开展实践活动。

表1　关于剪纸的社会实践活动方案表

研究主题	剪纸的应用			
小组长	石××			
小组成员	彭××　邓××　廖×　孙××　刘××			
指导老师	杨老师			
阶段	起止时间	研究内容	研究方法	负责人
认识阶段	第二周	了解不同时期的剪纸应用	采访调查法	石××
实施创作	第三、四周	模仿自主剪纸，自我探索创新形式剪纸制作	信息搜索法 实践法	彭×× 孙××
整理资料	第五周	整理文字资料、作品归类、制作课件和网页	归纳总结法	邓×× 刘××
汇报展示	第六周	全班交流	交流法	廖×
活动条件	计划访谈对象	学校的美术老师、社区群众、大乘院居士		
	计划考察场所	学校、惠民社区、大乘院		
	计划查阅资料	网络		
成果汇报形式	课件、网页发布			
指导老师意见				

上述是一个活动小组完成的方案表，这是在实践活动之前应该做好的。在具体的采访过程中，会遇到意想不到的事情。比如，

采访对象不配合,小组事前准备的采访内容提要不明确,采访目的不明确……学生不断地遇到问题、解决问题,在解决问题的过程中提升自己的综合能力。

2. 在资料收集整理中提高能力

剪纸的相关资料很多,学生在收集时,要根据主题进行甄别。这就需要学生有足够的提取资料的能力。同时,已经收集的资料中可能有其他小组需要的内容,可以资源共享。资料提取后,就是完善资料、整理资料,分门别类地制作,或用报告的形式,或用课件制作的方式(在剪纸中大多采取这种方式,图文并茂),或写成手抄小报,或宣传栏的海报制作等。在这一系列的活动中,学生的综合能力得到了较大的提升。

3. 多样的剪纸制作锻炼动手能力

剪纸基本功的掌握需要学生手、脑、眼协调。剪纸的制作技法很简单,就是剪和刻,但是制作出平滑整洁的剪纸也有一定难度。由于小学生拿刀都很不稳,所以一开始剪纸作品大多很粗糙。其实剪刻出一幅好的剪纸作品是有技巧的,像剪纸图案中的锯齿形、月牙形、水滴形等基本符号的剪刻就需要剪刻技巧。通过刻剪纸的练习,我校学生的动手能力提高了,思维也更加活跃了。

三、在剪纸成果汇报中提高学生的综合能力

每次研究活动快结束时,学生都会把自己的研究成果展示出来。这是学生最激动的时候。每个小组都会保守好秘密,在此时展示自己的研究成果。老师和同学评选优胜组,并拍照。在这种情绪和评价的引导下,学生们使出浑身解数,力争为小组赢得荣誉。采用这种激励的评价方式,让各小组精心收集的或创作的作品展示出来,多角度多层次丰富学生素养,提升学生审美品位;小组设计的展示方式,促进学生在语言表达能力、组织协调能力、创新思维能力等方面得到长足提高。具体表现如下。

1. 呈现丰富的剪纸作品，多角度促使学生成长

（1）学生审美品位提高。剪纸所表现图案和纹样都有吉祥的寓意，有的还包含民间的传说故事。这些不同的寓意和不同的民间传说故事体现了数千年来劳动人民对美好生活的期盼。不仅如此，剪纸的风格和内容也直接受到不同地方文化的影响，如有些地方的剪纸题材具有浓厚的宗教气息；有些地方的民俗很特别，剪纸的内容就会表现那些地方所特有的生活方式和人的活动……学生能从不同地方的剪纸作品中感受到多元文化，这些不同的文化在他们的脑海里相互渗透、融合、拓展，从而提高学生的审美品位。

（2）学生心理健康成长。有的小组从电视节目中关于社会主义核心价值观的宣传片里得到启发，设计出剪纸作品——《升国旗的我们》。学生从自己的生活实际出发，关注日常行为，升国旗就是我们每周都要进行的集体活动。如果只是通过言语对学生进行行为规范教育，效果并不明显。在剪纸过程中，学生会自觉地将画面中的人物姿势设计规范，从而受到教育。

在这个主题的引导下，孩子们的创造激情爆发了。我们选择剪纸主题时从学生实际情况出发，鼓励学生积极参与剪纸设计创作活动，根据学生的年龄差异，要求创作的内容以及难易程度也不同。在学校的安排下，在美术教师的指导下，我校开展了主题剪纸的创作活动。教师提供主题，学生集思广益。主题丰富多彩，包括品德教育（如爱祖国、爱老师、爱父母、爱同学等）和行为教育（如保护环境、举止文明、热爱阅读、遵守交通规则等），这些主题贴近学生生活，更容易进行艺术表达。这样的创作有主题、有意义，有助于学生的心理健康。

2. 小组展示，全方位提高综合能力

每个小组在汇报交流前，小组成员们根据分工先交流自己承担的部分，最后综合陈述或展示本组的成果。通过设计的展示，学生语言表达能力、组织协调能力、创新思维能力得到较大提升。

上台展示前,学生会做好充分准备,认真排练。为了集体荣誉,小组成员齐心协力。由于每个学生都要上台展示,他们锤炼语言,根据作品内容分配表演的角色、准备道具等,各方面的能力均得到了提高。

04　开发棕编课的乐趣

成都市温江区公平小学　刘福莉

张玉荣老师三访芙蓉古城工艺街棕编艺术大师吴龙勇后，吴老师应邀来到我们公平小学校，精彩而生动的棕编课在我校拉开了序幕。欣赏着吴老师的棕编作品，孩子们赞不绝口。上吴老师的棕编教学课，孩子们专心致志，兴趣盎然。棕编看似简单，真正掌握还是有一定难度。看着孩子们对棕编已产生了浓厚的兴趣，我心里暗下决心：一定要让孩子们学会棕编，一定要把棕编课程的开发做好。

星期六，我冒着冷飕飕的寒风，带着一颗火热的心早早地来到了芙蓉古城工艺街等着吴老师，吴老师看见我很惊讶，说："你来得可真早啊，真是一位好老师，我会毫无保留地教给你。但我有个要求，你一定要把棕编活动在你们学校开展起来。"我毫不犹豫地答应了他的要求。吴老师开始教我编蛇，他说编蛇是学习棕编基本手法的第一步，把蛇编好了，棕编的基本手法也就掌握了。我编好一条蛇后，迫不及待地想学编其他作品，吴老师却说："别急呀，你看，你编的蛇打结时没拉紧，打结不均匀，你要加强这种基本手法的练习。"我又开始埋头苦编，一天下来，我只编了六条蛇，吴老师笑着说："你的手真巧，你编的蛇一条比一条好，尤其第六条蛇，打的结紧而均匀。这种基本功练好了，编其他作品就会得心应手。"得到了吴老师的肯定，我乐滋滋地回家去了。

第二天，我兴致勃勃地又来到芙蓉古城等吴老师。吴老师一来就教我编蜻蜓、蝴蝶、蝗虫、螳螂、壁虎等。原来只要学会棕编的基本手法，再添加一些叶片、豆子或毛线等辅助材料就能编

出各种各样的棕编作品来。尽管我的作品与吴老师的比起来还不够神似，不过我已经学了一些基本的方法，可以先教给我的学生啦！

回到学校，我就把我学到的棕编技法从易到难逐渐教给学生。学生的兴趣很浓，不但在美术课上练习棕编，甚至连课余时间也不放过。每次下课后，总有一些学生在教室里盼望着："刘老师，快来吧，这个结打得如何？这条蛇漂亮吗？多教我们两手吧！"有的孩子已经不满足编蛇，他们甚至还利用中午、下午的时间主动来找我，希望我教他们编一些其他动物等。让我意外的是，不少孩子在节假日主动找到吴龙勇老师的摊位去学习请教，看来学生的兴趣已经被完全激发了。就这样，孩子们渐渐学编了不少的棕编作品。有的孩子还通过请教街头艺人和长辈等，学会了用新鲜棕叶编花篮、灯笼、帽子、凉鞋等。我又引导同学间互相帮助，互拜小老师，你教我，我教你，这样，孩子们编出的作品越来越丰富多彩。学习棕编的氛围在校园里越来越浓，有的孩子边编边哼起了儿歌。看着孩子们对棕编有着这样浓厚的兴趣，我心里非常高兴，突发灵感：何不把音乐与美术有机结合呢？于是我马上找到我校音乐老师寇红梅，请她编了一首歌曲《奇妙的棕编》，并请她教会孩子们。现在孩子们在美术课前、课后都会唱着这首歌曲进出美术室。尤其令我感动的是，现在学校里许多老师拜学生为师，学习棕编，整个学校的师生都对棕编产生了浓厚的兴趣。

随着学生棕编作品的丰富，我们组织学生举行了棕编作品展览，学生的作品种类繁多、生动有趣：有展翅欲飞的蜻蜓、蝴蝶、喜鹊；有栩栩如生的蛇、青蛙、龙虾；有生活气息极浓的拖鞋、草帽、篮子等。还记得有个孩子编了一只螳螂、一只蝉和一只黄雀，他给作品取了一个名字，叫"螳螂捕蝉，黄雀在后"，挺有意思的，把棕编与文学融为一体。展览会上，孩子们讨论交流了参展作品。这种活动提高了他们的审美能力，也促使他们编出更多、更美的作品来参加以后的棕编作品展览会。

随着学生棕编作品的增加，我们将学生作品在学校美术橱窗进行了展评，选出很多有创意的学生作品进行表彰。有的把棕编和绘画结合在一起,比如:先画一些美丽的花,编几只翩翩起舞的蝴蝶,然后就把蝴蝶贴在画面中,还给作品取了一个好听的名字,叫作《蝶恋花》。还有的把棕编和中国结联系在一起,先编一个中国结,再用棕叶编一条龙,然后把龙作为吊式挂在中国结上,这可是一件独具特色的装饰品。出现了这件作品后,学生就用这种方法编出了十二生肖的装饰品。有的学生还把作品作为礼物送给他的亲朋好友。这种礼物很受欢迎,也让学生兴趣更浓,促使他们不断创造出更多、更丰富多彩的棕编作品来。还有学生把棕编和其他民间艺术结合在一起,比如用棕叶编人偶、风车、箩筐、谷穗等,并将其组成一个有趣的场景。于是,鹤立鸡群、母鸡觅食、老牛拉车、龙搁浅滩被虾戏……生动形象,情趣盎然的作品越来越多。棕编橱窗展评,激励学生们不断创造出更多更新的棕编作品。

通过把棕编艺术引进我们的课堂,孩子们的审美能力和手脑协作能力得到很大提高,同时激发了他们对民间艺术的热爱之情。通过本次校本教材的开发,我在教学中对合理选择和使用教材有了新的认识:身边处处有学问,身边处处是课堂。

05 川剧艺术资源在学校艺术教育中的应用尝试

成都市温江区公平小学 何晓芳

摘　要　《义务教育音乐课程标准》（2011年版）指出：地方和学校应结合当地人文地理环境和民族文化传统，开发具有地区、民族和学校特色的音乐课程资源。要善于将本地区民族民间音乐（尤其是非物质文化遗产中的音乐项目）运用到音乐课程中来，使学生从小受到民族音乐文化熏陶，确立传承民族音乐文化的意识。川剧是四川文化的一大特色，成都是戏剧之乡，根据"开发运用民间艺术资源，优化艺术教育内容"课题研究，我们对川剧艺术资源的开发和运用做了有益的探索。

关键词　川剧　艺术资源　开发　运用

一、川剧的起源与发展

（一）川剧是四川文化的特色

成都是戏剧之乡。早在唐代就有"蜀戏冠天下"的说法。清代乾隆时期，在本地车灯戏的基础上，吸收融汇江苏（昆曲）、江西（赣南采茶戏）、安徽（黄梅戏）、湖北（楚剧）、陕西（秦腔）、甘肃（秦剧）等各地声腔，形成含有高腔、胡琴、昆腔、灯戏、弹戏五种声腔的用四川话演唱的"川剧"。其中川剧高腔曲牌丰富，唱腔美妙动人，最具地方特色，是川剧的主要演唱形式。川剧帮腔为领腔、合腔、合唱、伴唱、重唱等方式，意味隽永，引人入胜。川剧语言生动活泼，幽默风趣，具有鲜明的地方色彩、浓郁的生活气息和广泛的群众基础。

（二）川剧的唱腔婉转动听

常见于舞台的剧目就有数百，唱、做、念、打齐全，妙语幽默连篇，器乐帮腔烘托，"变脸""喷火""水袖"独树一帜，再加上写意的程式化动作蕴含不尽的妙味……川剧为世人所喜爱并传遍世界。川剧名戏《白蛇传·金山寺》更是在国内外流传甚广。川剧，流行于四川全省及云南、贵州部分地区。原先外省流入的昆腔、高腔、胡琴腔（皮黄）、弹戏和四川民间灯戏五种声腔艺术均单独在四川各地演出。清乾隆年间，由于这五种声腔艺术经常同台演出，日久逐渐形成共同的风格，清末时统称"川戏"，后改称"川剧"。

（三）川剧表演程式完美

川剧的表演艺术有深厚的生活基础，并形成一套完美的表演程式，剧本具有较高的文学价值，表演真实细腻，幽默风趣，生活气息浓郁，为群众所喜爱。有的演员还创造了不少绝技，如托举、开慧眼、变脸、钻火圈、藏刀等，善于利用绝技创造人物，令人叹为观止。川剧具有巴蜀文化、艺术、历史、民俗等方面的研究和认知价值，在中国戏曲史及巴蜀文化发展史上具有十分独特的地位。近年来，川剧同其他各种地方戏曲一样出现了生存危机，观众减少，演出市场萎缩，经费不足，传承发展举步维艰，抢救、保护川剧的任务正严肃地摆在人们面前。同时，川剧表演艺术也是我国优秀的民间资源，将川剧文化资源引入学校艺术教育中，非常有必要。

二、开发的背景

（一）国家要求

《义务教育音乐课程标准（2011年版）》指出：地方和学校应结合当地人文地理环境和民族文化传统，开发具有地区、民族和学校特色的音乐课程资源。要善于将本地区民族民间音乐（尤其是非物质文化遗产中的音乐项目）运用到音乐课程中来，使学生从小受到民族音乐文化熏陶，树立传承民族音乐文化的意识。川剧是四川文化的一大特色，成都是戏剧之乡，根据"开发运用民间艺术资源，优化艺术教育内容"课题研究，我们对川剧艺术资源的开发和运用做了有益的探索。

（二）地区状况

我省音乐教材的内容80%是全国统一要求的音乐普及基本知识，20%是地方民族民间音乐知识，其中不仅有川剧，还有藏羌民族音乐、清音、四川民歌等。初中八年级《音乐》教材，有好几页的川剧知识、川剧音乐和川剧脸谱介绍及赏析。为了让学生容易接受，教材里专门用川剧的曲牌给《回乡偶书》这首古诗谱曲。可是如今中小学生的课业负担本已沉重，在许多中学，音乐等非工具学科早已被边缘化。川剧学习的技术性要求高，在应试教育的格局没有根本性改观的前提下，学生真正由此引发对川剧的兴趣爱好确实很难。

（三）研究定位

我们这一小组首先将课题的研究定位于："我们的目的不是培养川剧演员，而是培养出大量的川剧观众。"在这种思想的引导下，我们这个小组的音乐老师和美术老师利用课余时间去拜访川剧老艺人，虚心向他们请教川剧表演艺术的基础知识，了解川剧的历史，并在学校艺术教育课堂中实施、应用。

三、川剧艺术资源的运用

（一）开设川剧音乐课

1. 试点尝试

从上学期开始，在五年级各班试点，每周上一堂川剧音乐课。

请老川剧人来校当老师，把电子琴、古诗和川剧结合起来，

想尽办法结合孩子们喜欢的东西来上课。同时，我们组的音乐老师和美术老师也把川剧引入所教年级的课堂教学中，教学生唱川剧古诗歌、欣赏著名选段、学画川剧脸谱、了解川剧人物装饰等。但是学生们反应如何呢？一些同学表示："学唱川剧有必要，但是很枯燥，不像流行音乐那么好唱。""节奏普遍慢，而且曲调也不好掌握。"在实践过程中，我们逐渐认识到："川剧应当融入更多的现代元素，才能被孩子们所喜欢。""光有热情不够，还要具备一定的师资、环境等条件，尤其是要在教学方式方法上反思突破。""不妨借鉴一下教育部确定的京剧推广曲目，比如《打龙袍》那个选段就非常有趣。"川剧老艺人建议，要强化接受者的"愉悦感"，让其真切感受到中国戏曲的魅力。川剧老艺人的话给了我们很大的启发，同时也给了我们信心。

2. 循序浸润

对于我们这所农村学校来说，组织川剧名家到学校表演是不太可能的。我们只能给学生提供一些有关川剧的视频资料，如《死水微澜》《变脸》《山杠爷》《金子》等经典剧目的表演视频，让学生了解剧情、欣赏它的唱腔以及模仿它的某些唱段。通过观赏川剧几大名段唱腔及《变脸》，对川剧中的人物形象、服饰、脸谱开展了热烈的讨论，孩子们被引入了一个美丽的艺术殿堂，都被川剧那富有节奏的锣鼓、高腔、精彩的表演所吸引，体会到了川剧艺术真是唱、念、做、打齐全，妙语幽默连篇，感受到川剧艺术那浓郁的生活气息和鲜明的艺术特色。

（二）在艺术活动中融入川剧文化

1. 积极营造氛围　融入听觉

充分利用"红领巾"广播站、"星星火炬"墙报等学校宣传平台，通过校园规划、美化绿地、教室和画廊布置等方面为师生提供了展示艺术的舞台。我校艺术课题组教师充分利用这些艺术教

育资源充实艺术教育的课堂教学。例如，利用"红领巾"广播站播放川剧名优选段，在"星星火炬"墙报上推荐的"请你欣赏"中介绍川剧文化知识、剧情、角色，在"课前一支歌"活动中练习川剧的唱腔等。

2. 打造校园文化　注重视觉感受

要实现校园里时时有川剧，处处看川剧，首先要创造相应的环境。润物无声，潜移默化，让学生置身于色彩纷呈的川剧脸谱、川剧人物造型的氛围中，使他们时刻感受到川剧文化的魅力。

为此，我校的橱窗里、艺术墙上、黑板报上，到处都是孩子们学画的川剧脸谱和川剧人物造型，而且还有较为翔实的角色介绍等，孩子们仿佛置身于川剧的世界里。经过一年的实践，孩子们由当初对川剧一无所知到渐渐成为能看得懂川剧的观众。

3. 成立社团组织　融入活动

为了将川剧艺术资源引入学校课堂教学，激发孩子们对川剧这种地方戏曲的热爱，学校专门成立了川剧社团组织，请川剧老艺人走进学校，走进课堂，走进学生。经过一段时间的浸润，学生也能将川剧的唱腔模仿得有板有眼。

四、研究困惑

经过了一段时间的研究，我个人认为：传统戏剧要在中小学生中推广起来很难，主要问题在于唱腔很难被学生们掌握。同时家长们也觉得学了没有作用，不能在中高考中加分，对升学无利，还不如好好学习，考个好学校。要让学生们爱上这些传统戏剧，关键还是要邀请名家名师进学校，但高额的费用令学校和家长为难。所以，我组的研究还在艰难地进行着。

06 从《川剧脸谱创制》一课浅谈小组合作问题式教学

成都市温江区公平实验学校　王攀科

作为艺术教育重要阵地之一的美术教育同时也是实施素质教育的重要途径。长久以来，教育界对美术教育存在着一些较为狭隘的认识，认为美术教育就是传授给学生绘画技能和相关美术知识，并且认为美术教学就是绘画课，而绘画的活动本身就是学生自己投入的过程，因此美术课的性质就是学生自我表现。这些看法无疑是极其有害的，它将妨碍美术教学者对现代教学理念的把握，从而肤浅地理解和操作美术活动。笔者认为，严格而论，自我投入的实现对于教学活动的组织者和参与者来说，都是一种创造性的行为。从人本主义的教育立场出发，美术教学和其他学科教学一样，都是把教学主体在人的意义上的个体发展和完善作为教育的终极目标的。

基于上面的认识，笔者将以组织"川剧脸谱创制"这一美术活动为例来探讨一下如何在美术教学活动中实现学生的自我投入，并且探索如何实现美术教育与人的发展的有机结合。在《川剧脸谱创制》一课的教学过程中如何有效地贯彻小组合作问题式教学方式。以下笔者从组织"川剧脸谱创制"活动的各环节入手，具体分析教师投入和学生小组合作问题式学习的实现目的和途径。

一、导入活动

导入环节是教学活动重要的组成部分，其关键在于能否准确、有效地把握和诱发活动主体的兴奋点。这就是要求在现代美术课堂教学中，教师能够具备深入挖掘素材的能力，由此导入情境，创设情境，激发学生兴趣。因此，笔者在实施"川剧脸谱创制"活动中做了以下尝试。

（1）出示《三国演义》影像资料，创设情境，把学生引入特有的意境中了解三国故事，从而培养审美情趣。

（2）出示连环画《三国演义》中刘备、关羽、张飞、赵云、典韦等形象资料，让孩子在观察中产生兴趣，从而全身心地投入。

老师在此环节起的主导作用是用激情的语言，把孩子带入主题活动中。谈话内容如下：

第一，三国故事的流传广泛，人物丰富、喜闻乐见；

第二，川剧艺术博大精深，现状堪忧；

第三，按我们理解的三国人物创制川剧三国人物脸谱。

（3）教师出示直观丰富的《三国演义》人物资料和三国人物脸谱，学生分小组分析自己最喜欢、最能够把握的三国人物形象及其个性特征，然后在小组中交流对人物的理解，并吸纳其他同学的建议，为后面创制三国人物脸谱打下理论基础。但这类校本课程是根据教师的喜好和特长设置的，有些学生并不喜欢，所以教师要尽可能多准备一些直观资料，调动大多数学生的积极性。

二、赏析审美

美术教学并不是以培养艺术家为目的，这就规定了学生主动投入的实质是个体能够在活动中全面发展。笔者认为，人的品质包括思维能力的拓展、审美情趣的培养、情感世界的丰富、人际关系的和谐等。如何才能使活动主体各项品质得到完善呢？根据笔者设计，在"川剧脸谱创制"活动中"赏析审美""尝试创新"两个环节是孩子们自主投入意识和实践在量和质上的集中表现。赏析审美这一教学环节显然是上一环节导入活动的延续。如果说导入活动是利用大量的直观资料和激励的语言激发大部分学生的兴趣，尽快进入学习状态，那么赏析审美环节就是进一步针对学生感兴趣的人物内容进行深入的分析，为下一环节尝试创新做好准备。

在活动设计和实施中，教师出示几组三国人物、三国事件资料，展现相应人物的性格，让孩子们讨论，以找朋友的方式把人物事件、性格连起来，并说出相应的脸谱设计色彩。

这一教学环节采用小组合作问题式教学方式。首先，给学生足够的时间思考《三国演义》中自己最喜欢的人物，联系与此人物相关的故事情节，总结人物的个性特点，思考如果将其设计成川剧脸谱，可以使用哪几种颜色；然后，小组同学交流；最后，每一组选一名代表进行交流，教师根据学生的表现为每一小组打分。小组合作问题式教学让所有学生都热情高涨。

三、尝试创新

把学生分成若干小组，要求他们分别绘制自己喜欢的人物脸谱。学生在活动中增长技能，在动手操作中认识川剧脸谱，师生讨论脸谱的形状和色彩特点，这样的教学效果远远好于单纯的说教。这种既有分工又有协作的活动方式不但增长了学生的技能，还促进了学生之间的情感交流。

有些默契较好的小组全组都设计制作同一个人物形象，但他们的理解不同，同一形象制作出来的面貌、色彩都不同，但又都合乎小说中的人物形象，是学生自己对小说人物的独特理解。也有一个小组设计、制作了两个以上的人物。同学们边做边说自己设计的花纹和色彩的意义，即便有些不太合乎小说中的人物形象，但他们这种创新精神值得鼓励。

四、评价延伸

我们看到活动主体在上面两个环节中通过主动投入实现了各项品质的发展，但这种发展是以个体式、点线式的方式进行的，带有明显的活动主体的个人主观色彩的认知和感受。同时，人的品质发展只是教学活动的教育目标，缺乏一种可量化尺度来衡量，而且也不是一堂课就可以达到目标的。一堂完整的教学活动少不了评价，评价的延伸环节非常重要。老师以充满激情的语言组织学生小结，升华活动：

（1）……在三国故事中，你还喜欢哪些人物？为什么？

（2）中国古代文学经典作品中还有很多人物，我们都可以去了解。

……

在评价过程中，笔者看重学生之间的评价，让学生按一定的美学标准评价同学的作品。而这个美学标准是笔者平时渗透到教学过程中的。生生之间的评价比老师的评价要生动有趣得多。老师要把控评价环节的整体情况，避免有学生离题太远。

这样让学生以自主的身份参加到审美评价中，让孩子的审美能力得以提高，审美情趣得以丰富，我们的活动也得以升华。笔者设计"川剧脸谱创制"这一活动课题，以川剧脸谱文化为依托，把已有的传统的川剧脸谱中的三国人物都逐一介绍，旨在让孩子了解川剧脸谱的大体脉络，从川剧脸谱文化中得到审美体验，促使更多的人继承和发扬中国川剧脸谱文化。对该教学活动的探究说明，在具体的教学操作中，学生的自主参与是活动的基础，人的品质的发展是活动的目标，技能的提高是活动的手段，师生互动是活动的场景显示。这几个方面是美术教学小组合作问题式教学的四大基石。

07 运用少儿版画优化美术教学内容的实践探究

成都市温江区实验学校　赵潇

摘　要　我校艺术组确立的区级课题"开发运用民族民间资源,优化艺术教育内容"正在推进中,目前,已进入第二阶段——儿童版画运用,优化艺术教育内容。我们主要从三个方面展开:将版画艺术融入社团教学活动中;将版画艺术运用到艺术活动中;将版画艺术运用到校园文化建设中。

关键词　少儿版画　实践运用　优化教学内容

自参加了课题"开发运用民族民间资源,优化艺术教育内容"以来,我在平时的学习和教学中特别关注儿童版画。有时候我还会偷着乐,心想自己真的进入了艺术课题研究的角色。在开发版画的初期,我每天都通过不同的途径查阅相关资料,如学校的图书馆、大街上的书店、网络平台等。经过近一年的开发、学习以及思考,我整理了厚厚的一本儿童版画教学资料,为版画教学实践打下了坚实的基础。

我校使用的是人民美术出版社出版的美术教材,版画内容比较丰富,如对印版画《对印的乐趣》、拓印版画《拓印树叶真有趣》、油印版画《大嘴怪》、粉印版画《亲亲密密一家人》、刻印版画《刻印的乐趣》、漏印版画《唱起来跳起来》等。教材中涉及丰富的版画教学内容,这就要求我们正确理解、使用教材,让新课程理念得到深华。从我校实际情况出发,我从以下三个方面着手,将我国传统的版画艺术融入教学实践中。

一、将少儿版画融入社团教学活动中

儿童版画是少儿美术教育的重要组成部分，材料易得。它是手工和绘画的综合体，对儿童动手动脑及创新能力、实践能力的培养是其他艺术形式不能替代的。现行小学美术教材中，只要求学生对版画内容做一般了解，这是远远不够的。我是这样做的：在第二课堂，即社团活动中单独开设版画教学内容，让学生有充足的时间了解、掌握两三种简单版画的制作过程，对版画有更为系统、全面的认识。我校是一所新建的学校，地处温江城区南面的边缘。学生大都是当地菜农子弟，由于地域环境的影响，学生对农村生活比较了解，结合学生的生活环境和生活阅历，开发农民版画资源教学，将学习与生活紧密联系起来，既有利于我校学生操作能力的提高，又有利于子课题的推进。

我任教于小学低年级，在小学低段进行版画教学，主要内容是临摹别人的优秀版画作品，围绕吹塑纸单色版画、纸版画、木板版画进行创作，让学生认识和了解版画，以培养学生持久的学习兴趣。

（一）吹塑纸版画运用实践

吹塑纸质地较软，用笔用力在吹塑纸上划过，其表面即可留下大小宽窄不同的点、线、面，可制作出丰富多彩的画面效果，水粉颜料（或浓缩广告色）代替油墨便于儿童独立操作及课后清洗；也可根据该年龄段孩子的特点，选用其他颜色。

工具材料：8K单层吹塑纸、圆珠笔、8B~12B铅笔、油墨、水粉画颜料（或浓缩广告画颜料）、橡胶滚轮等。

1. 画稿

在教师的指导下，学生根据自己的生活感受（或写生）画出轮廓，有困难的学生可以先临摹别人的作品。在画稿时，我尽量结合范图，精讲画面的构成美感，如黑白灰关系。考虑到学生理解起来有难度，就用适合他们的语言讲解，让他们明白画面的对比关系，如哪些地方线条要多、要密，哪些地方的颜色要深等。

2. 刻版

用水彩笔将稿子内容直接画在吹塑纸上，画得不满意的地方，可以用湿纸巾轻轻擦去。画好后，用 8B~12B 铅笔、圆珠笔（或竹签）用力刻画。由于吹塑纸质地较软，划后有凹痕，可根据画面的需要，使用粗细不同的笔，但要注意画面黑白灰的处理。

3. 印制

画好后，胶滚蘸上油墨或者水粉画颜料（或广告画颜料）在平板上来回滚动，使胶滚表面均匀受墨、色，滚在刻好的板子上，颜色任意选，使吹塑纸版画上均匀受色（吹塑纸上的颜色不能太少，否则会出现印不上的问题，反复好几次才能印上颜色），然后将宣纸覆盖在吹塑纸上，用圆底瓶盖来回摩擦，直到印出理想的效果。因为吹塑纸上有一层保护膜，所以可能会出现难以上色或者上色不均匀的情况。我的解决办法是在颜料里加入一点洗衣粉或喷一点洗衣粉水，这样便能在吹塑纸上均匀上色了。

用吹塑纸代替木板，用笔代替木刻刀，用浓缩广告画颜料代替油墨，可降低制作的难度、缩短制作时间，学生在课堂上、户外及家里均能进行版画创作。

（二）纸版画运用实践

各种厚薄不同而有纹理的纸张都是纸版画的基本材料。由于纸版画材料容易搜集，制作过程简单，表现力丰富，集画、剪、粘于一体，具有趣味性，因此很适合低年级儿童。针对低年级学生的实际情况，我主要教学生剪贴纸版画。

剪贴纸版画既常见又好玩。制作用具包括铅笔、胶水或乳白胶、剪刀、厚纸板等。

1. 画稿

画稿前先画草图，明确要画的内容很重要。画面的前后遮挡关系、每个形象的位置和动作等问题都要考虑。有了草图打底，就可以将形象的各个部分分开转移到纸版上。为了制造凸版效果，纸版要稍厚且光滑，首选100克卡纸。

2. 剪贴制版

先找一块较厚的卡纸版做底版，把分开转移的形象按外轮廓剪下来，有时为了特殊效果可以用手撕，或将纸故意弄皱等。按先外后里、先大后小的顺序涂胶水或乳胶，将大部件都组装好。画面形象组装好后，在底版上摆一摆，上下左右移动，觉得位置妥当、构图合理，效果理想后，就可以将各个形象用胶粘在底版上。学生第一次接触剪贴纸版画，教师一定要清楚地示范，让儿童掌握贴的顺序。比如粘贴小动物的形象，先剪出脸部外形，再贴上五官等，用乳白胶粘较好。为了粘得牢固，每粘贴好一处都要用手压实。制作剪贴纸版画时可以适当用些实物，如细纹布、墙纸、线绳等，这些材料的纹理会使画面更丰富。

3. 印制

待制作好的剪贴纸版画粘贴牢固且完全干透后，就可以油印（也可以粉印）了。印制的方法和吹塑纸版画相似。

（三）木刻版画或广告版材料版画的运用实践

待版画学习一段时间后，学生有了一定的基础，就可以尝试新的材料、方式、领域。通常在这种情况下，我会建议他们准备木刻版画材料。木刻版画材料网上有成品卖，建议一般初学者在家长的帮助下买厚度为3毫米的三合板，尺寸大小不一，价格合适。不喜欢木质纤维多的，可以在网上购买厚薄、大小不一的广告版材料，很方便。再准备木刻刀一套，其他印制材料都一样。

下面介绍一下木刻版画或广告版材料版画的制作方法和过程。

1. 画稿

学生先选一个主题，然后画线稿，我一般教他们画"火柴盒"大小稿 1～2 幅不等，再比较、修改，最后确定一幅稿子，待设计出简单的黑白灰关系后便是成品的"效果图"了。满意后用记号笔将小稿子转移到之前做过底色的木板上（为了刻版时能看得更清晰）或木刻版画或广告版材料板上。

2. 刻板

用木刻版画刀刻出设计好的稿子，小心调整，处理好黑白灰关系。

3. 印制

单色版画印制和单色吹塑纸版画印制方法一样。

在长期的少儿版画运用实践过程中，我总结了一些经验。一般胶水无法粘牢纸版，必须采用白乳胶或者胶棒，粘贴好的纸版要放置一天以上，这样才会牢固。尤其是一些细小的点线，如果没有粘牢，效果会大打折扣。油墨厚薄、虚实的控制，覆盖宣纸后的压印都可以让画面发生有趣的变化。通常文具店里销售的吹塑纸都太薄（两层）了，不适合制作版画。如果是刻印吹塑纸的话，建议购买 8K 单层的吹塑纸。

低段儿童臂力较弱，手腕和手指的配合还不协调，但正因为如此，其在画、刻、印的过程中很多行为不受控制，可能出现意想不到的效果，使得版画蕴含一种天真稚拙、淳朴自然的童趣。每幅作品都是孩子们童心的写照，都是培养和锻炼他们创造能力的绝好机会，决不能拔苗助长，应该循循善诱，因势利导，保护好学生的创作热情。

二、将少儿版画运用到艺术活动中

我校从 2006 年 9 月创校至今，多次举办校级体育运动会、艺术节、六一儿童节书画展览等大型活动，另外还组织学生参加各级艺术作品展出及比赛活动，很多学生的作品获得区市级奖项，这大大提高了师生学习版画的兴趣。在校内外大型的节日活动中，学生们用自己学到的版画知识和技能，创作出了一批有个性的、生动的、活泼的，具有浓厚的民族特色的版画作品。版画艺术展板是我们给孩子们准备的最好的节日礼物。一学期一次的学生版画作品展上展出的作品，有些是个人创作的，有些是多位同学合作创作的，教师、学生、家长不仅会认真观看，还会发表评论，产生了良好的社会效果。我校申报成都市艺术特色学校时，不仅展示了丰富的书画作品，还现场展示了版画社团学生制作版画的全过程，这些都为学校申报大大加分。

三、将少儿版画运用到校园文化建设中

学生创作的作品多了，正好可用于装饰、美化学校的宣传窗、艺术走廊区、教学楼层等艺术阵地。版画作品既可以美化校园，营造艺术氛围，丰富校园文化生活，提升办学品位，又有助于学生体验成功的喜悦，增强自信，激发学生学习美术的兴趣。开学后，美术教师负责把学生的版画贴在教室的书画墙上，并在今后的教学中选择优秀作品逐步替换。我们争取让每个孩子的作品都有展示的机会。另外，也可以将作品运用到教学楼走廊的艺术展示栏。这些艺术阵地由学校美术教师负责，他们定期将师生版画作品装框上墙，并逐步充实。很多学生的作品还用于画室环境布置、环境氛围营造，学生们学以致用、学有所乐。这些"会说话的墙"感染着每一个创作它和欣赏它的人。

四、儿童版画教学中的问题分析

经过一年多的版画教学实践，我认为有些问题还有待进一步探讨。

第一，学生的版画选材面太窄。原因之一是学生阅历浅；之

二是学生年龄小,观察事物的注意力不持久。儿童版画创作活动是儿童熟悉生活、认识生活、反映生活、创造生活的复杂过程,教师要通过多种渠道了解信息,收集资料,如带学生外出写生等,引导学生深入地了解自己身边的人、物、事等。

第二,学生作品内涵不够。因年龄原因,学生的兴趣持续时间不久。我应该向有经验的教师取经,并耐心、细致地指导学生,想办法充分调动他们学习美术的积极性,培养他们的意志力,使其养成耐心细致的习惯,只有这样,他们才会创作出更好的作品。

第三,孩子们创作作品时,大多会"不小心",把周围弄得很脏。我想,这是我一开始没有正确引导他们造成的。在以后的教学中,我一定不能光说教,要正确示范,让他们一目了然。

我开发运用版画资源,不仅是把版画教育作为课题研究的一种形式,优化美术教学内容,而且把版画作为对孩子实施素质教育的一个切入点,营造校园版画学习的氛围,满足学生的绘画游戏心理,唤起其对美术的创作灵感和持久的学习兴趣,使儿童在版画实践活动中体验美、创造美,实现自我的更好发展。

08　"老庚"的羌笛（研究故事案例）

成都市温江区　张玉荣

在市级课题"羌族特色艺术资源校本课程化实践研究——以羌族萨朗为例"的研究过程中，为了了解羌族肩铃舞蹈服的做法，通过羌族闺蜜何九妹介绍，我结识了阿坝州茂县的何王全老师。何老师不仅为我介绍了羌族肩铃舞的相关知识，还传给我一张张羌族肩铃舞蹈服的图片，他对我们的研究很支持。就这样，我通过微信经常请教他一些羌族民间艺术方面的问题，如羌笛的吹奏、羌秀的欣赏、羌碉的传说、羌族羊皮鼓舞、羌族释比文化、羌族萨朗文化等。何老师都很耐心地解答，他对羌族文化真是无所不知！

何老师的微信头像是高远的蓝天和苍劲的羌山。在电话交流时，感觉何老师音色浑厚，略显沧桑，很容易把他与神秘的羌族释比联系起来，不由让人心生敬畏。所以每次交流时我都小心翼翼。何老师可能感觉到了，有一次，他发消息说："张老师，你不用紧张，说不定我们年龄差不多哟！"我试着问："何老师，您的属相是？"他回答说："属蛇。"我第一反应是："比我大一轮，60多岁。"我说："我是 1965 年出生的。"没想到，他回了个微笑的表情符号，并说："我们是'老庚'（同龄人），哈哈哈！"从此，我们就以"老庚"相称，微信交流变得轻松自如。

随着交流的深入，他还给我发了大量羌族民间艺术的文字资料和视频资料，我对羌族的民间艺术有了越来越多的了解，特别是对羌笛的了解越来越深。何老师还给我传来纪录片《羌笛》，影片讲述了羌族悲壮的历史，让我非常震撼！羌笛与交响乐协奏《大地安魂曲》，何老师在国家大剧院为全世界来宾演奏《羌山恋》，羌笛声将听众的思绪带至远古。原来羌笛有如此大的魅力！这彻底改变了我曾对羌笛"音量细弱，音色难听，难以成调"的偏见。

羌笛是川西北高原羌族独有的一种民间乐器，至少已有2000多年的历史。2006年5月20日，羌笛演奏及制作技艺被列入第一批国家级非物质文化遗产。在历史长河中，羌笛曾一度面临失传和消失的境地。特别是2008年，羌笛文化受到了毁灭性的破坏，数名羌笛传承人在地震中遇难，羌笛曲谱遗失。当时，整个四川，能吹奏羌笛和制作羌笛的人寥寥无几。何王全老师是目前为数不多的国家级羌笛传承人之一，他长期致力羌笛文化传播。

2016年6月7日，我们课题组成员按课题研究计划到茂县采风，我终于见到了何老师本人。他穿着休闲，皮肤黝黑，谈吐自如，还有些小幽默。他热情地接待了我们，我们特别希望能聆听他的羌笛演奏。何老师从一个精美的盒子里取出用绸缎层层包裹着的羌笛，运了运气，开始为我们演奏。悠悠羌笛声，令人感到莫名的忧伤……"羌笛何须怨杨柳，春风不度玉门关"，我眼前仿佛出现了大漠荒凉寂寞的景象！

他告诉我们，羌笛吹奏时要用鼓腮换气法，一首曲子，无论长短，一气吹成，中途不停顿换气，演奏的难度很大，不太容易学好，现在的年轻人大都不太感兴趣。羌族又没有文字，这些文化都是通过口传心授，羌笛的传承工作很艰巨。

羌笛的音色总显得有些凄婉，即便是欢快的曲子，用羌笛吹奏出来也带有一丝忧伤。何老师介绍说，羌族有"在家吹羌笛，天要雨，人要哭"的说法。难怪他吹起羌笛就百感交集，热血沸腾，眼里含着泪花，让人情不自禁想要流泪。通过悠悠的笛声，我们深深感受到何老师对羌族的深厚情感。

在茂县采风的日子里，何老师一直为我们作向导。他带我们到了羌寨，组织羌寨的老少羌族同胞专门为我们演绎了羌族咂酒文化，表演独具特色的羌族多声部演唱，手把手教我们跳最地道、最原生态的萨朗，使我们在领略羌族民间艺术魅力的同时感受到羌族人民的热情、粗犷、豪放；他带领我们走进茂县黑虎羌寨，感受羌碉的魅力;他带领我们参与羌族瓦尔俄足节,寻梦古羌秘境;他安排我们观看大型室内演出《羌魂》,领略羌族的历史变迁、文化演绎,我们受益匪浅,收获颇丰。更让我们感动的是,通过他的牵线搭桥,我们与当地茂县太平乡小学结成友好学校,我们两所学校的师生进行了交流,互通有无,建立了深厚的友谊。

羌笛是羌族最古老的乐器。王之涣的"羌笛何须怨杨柳,春风不度玉门关",温庭筠的"羌管一声何处曲,流莺百啭最高枝",范仲淹的"羌管悠悠霜满地,人不寐,将军白发征夫泪",高适的"雪净胡天牧马还,月明羌笛戍楼间"……这些名句千古流传。

我们建立起来的深厚友谊超过了课题研究本身的意义。羌笛,这个传承着历史、记载着羌汉两个民族历史文化记忆的民间物件把成都平原和羌山乡寨的两所学校紧紧联系在了一起。

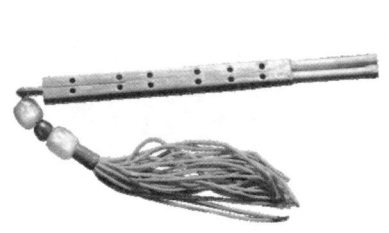

09　情系民族文化　花开羌族云肩

——《羌族云肩》课后感想

成都市温江区实验学校　向联

一个繁花盛开、春意盎然的季节，我上公开课的时间确定下来了，我眉头紧锁不知上什么内容好。我考虑有两方面的内容可选，一是教材上的内容，二是校本课程的内容。我拿不定主意，便去与师父商量。我师父很认真，给了我很中肯的意见。她认为应该选择校本课程的内容。我想想确实是，刚好这一内容与我校申请的市级课题有关。我们商量之后定下了两个课题："羌族萨朗舞——人物动态撕纸画"和"羌族云肩"。这两方面的内容我都准备了，并请师父针对我的教学设计提出建议。她给我的建议是："人物动态"这一课的内容对三年级的学生来讲有一定的难度，而且学生也没有学过与人物动态有关的内容。"羌族萨朗舞人物动态"这一课的知识量大，学生可能无法在一节课学完，即使勉强学完也不易理解。就这样，我选择了"羌族云肩"作为公开课的内容。虽然困难重重，但我还是坚持往下走。

对于羌族的文化我了解得较少。我校曾组织课题组成员去汶川、茂县实地考察学习，而我因为身体的原因没有去，很遗憾。缺少亲身感受和实地考察，我只能通过书本和网络收集相关资料和图片，这让我不知所措。而且网上有关羌族云肩的资料很少；云肩不只是羌族才有，其他少数民族都有自己的云肩，只是每个民族的云肩都有自己的民族特点。怎样才能把羌族云肩的特点体现出来呢？既然是设计课，就应该与生活相关，它来源于生活，也应该回到生活中去，这就关系到上这堂课时制作云肩需要用什

么样的材料。这些都是我在做教学设计时所遇到的难题。备课的这段时间，我如勤劳的蜜蜂，四处寻找与羌族云肩有关的资料。

本来成都四月的天气应该令人很舒服，今年却阴雨绵绵，就好像我的心情。四月上旬，我为收集资料、寻找合适的材料、做教学设计忙得不可开交，隔三岔五就往师父办公室跑，和师父讨论我的教学设计。师父不厌其烦地指导，最终定稿了。自己开发校本课程的确有难度，所以再三思考后，我才开始做试讲的准备工作。为制作示范作品我试用了很多材料，最后发现手揉纸的韧性极强，可作为制作云肩的首选材料，但羌族羊角花怎样表现呢？在课堂上让学生做是不可能的，只好让他们先设计。"羌族云肩"这堂课的教学重点我放在了云肩的图案和色彩上，却忽略了云肩的外形。当我跟师父沟通我的想法时，师父提出："如果都要涉及，知识量太大，一节课根本讲不完，学生也学不了这么多东西。"所以，我思来想去，最终决定把教学重点放在云肩的外形上。

紧接着的一个星期我开始试讲，我非常感谢课题组的老师都来为我磨课。试讲完后，组上的老师都给了我很中肯的建议，把云肩的外形作为重点来讲解方向是没有错的，但我发现很多学生对羌族的知识了解得很少，所以课前我还给他们讲解了羌族文化。在试讲课上，学生因为对羌族文化了解少，碰撞不起来，我的预期目标没有达到，第一次试讲就这样失败了。在听取了组员的建议之后，我对教学设计进行了第四次修改。从引入到新授环节都做了一定的调整，包括碰撞环节具体放到哪里都做了精确的修改。在接下来的一周我做了第二次试讲，这次我还请到温江区教研员冯老师来给我指导，试讲中又发现了新的问题。课后老师们耐心地提出不同建议，由于时间紧迫，我没有对大框架进行修改，只是做了细微的调整。值得欣慰的是，在这次试讲中，碰撞环节清晰，孩子们对羌族云肩表现出极大的兴趣和探究欲望，这给了我很大的鼓励。

终于到了上公开课的这一天，我的心情就如阳光般灿烂，看着老师们陆陆续续地走进教室，脸上带着阳光般的笑容，我放松了不少。上课铃声响起，我便开始上课了。课堂上，学生们积极地思考问题、回答问题，我鼓励他们提出疑惑，并将这些疑惑都写在黑板上，最后一一解答。当学到云肩外形时，学生拿出我提前准备好的小资料自己学习，资料中图一图二的对称图形的知识学生完全可以自己掌握，这不用我担心；然后，学生告诉我自己掌握了哪些知识；接下来，我让已经掌握了的学生做小老师，教没有看懂资料的同学，这充分体现了"以生为主"的课堂理念。紧接着，我让孩子们自己学习资料中的图三，并在小组内讨论，三分钟后，我让孩子们停止讨论，很多学生都争先恐后地举手，想要上台进行汇报。学生们有这种学习态度我很高兴。梳理学生们汇报的内容后，我已经能准确地判断哪些知识点学生们没有掌握。在讲解时，只针对学生们没有掌握的知识进行分析讲解。最后，学生们基本上掌握了云肩的制作方法。我预留了20分钟的时间让学生动手制作云肩。到最后的评价环节，学生们争先恐后地运用刚学习的知识评价其他同学做的云肩。最后，学生们戴上自己制作的羌族云肩，跳起欢快的舞蹈。

虽然这节课上得很成功，也得到了听课老师的一致好评，但还有很多的不足。例如，我没有很好地调动学生的积极性，对一些学生的关注度少了一些，这是我以后要注意的；对学生的评价单一，课后我要多加学习。课后，冯老师组织听课的老师评课，在这一过程中，我学到了很多知识和技巧。

通过这节课，我深深感到，民族民间艺术进课堂前景是光明的，对学生核心素养的培养和落实有很大的帮助。我相信，通过这堂课，学生们不仅了解了民族民间知识，而且体验到了成功的喜悦，培养了对民族民间艺术探究的兴趣。

10 羌族萨朗在小学的应用探索

成都市温江区实验学校 杨锦

摘 要 为开发优秀的民间艺术资源,传播民间艺术,培养学生的多元文化观,我校课题组以羌族萨朗为例,通过实践探索,发现总结了羌族萨朗在学校推广的一些经验:加强教师培训,提高认识,奠定萨朗教学的理论基础;遵循学生特点,适当选择,促进萨朗教学的有效实施;精心设计教法,创设情境,感受萨朗艺术的独特魅力;即兴创作尝试,勇于实践,深化对萨朗艺术内涵的理解;搭建展示平台,开展活动,促进萨朗的普及。希望这些经验能有助于推广民间艺术、传播民族文化。

关键词 羌族 萨朗 文化

四川有着丰富的民族音乐资源。羌族的萨朗艺术就是其中重要的一部分。"一夜羌歌舞婆娑,不知红日已瞳瞳。"羌族歌舞历史悠久,羌族的萨朗被列入四川省非物质文化遗产名录,但羌族没有自己的文字,羌族文化的传承正面临巨大的挑战。如今,很多羌族小孩不会说羌语、唱羌歌,其他民族的孩子对羌族文化更是知之甚少。

《国务院办公厅关于全面加强和改进学校美育工作的意见》要求"把培育和践行社会主义核心价值观融入学校美育全过程,根植中华优秀传统文化深厚土壤,汲取人类文明优秀成果,引领学生树立正确的审美观念、陶冶高尚的道德情操、培育深厚的民族情感、激发想象力和创新意识、拥有开阔的眼光和宽广的胸怀,培养造就德智体美全面发展的社会主义建设者和接班人"。同时还提出"开发利用当地的民族民间美育资源,搭建开放的美育平台,拓展教育空间"。《义务教育音乐课程标准》(2011年版)指出:"应将我国各民族优秀的传统音乐作为音乐教学的重要内容。通过学习,学生熟悉并热爱祖国的音乐文化,增强民族意识,培养爱国主义情操。世界的和平与发展有赖于对不同民族文化的尊重和理解,应以开阔的视野学习世界其他国家民族的音乐文化,理解音乐文化的多样性,共享人类文明的一切优秀成果。"要留住我们民族的艺术,使学生形成正确的多元文化观,是我们每一位教师不可推卸的职责。

基于以上认识,我校从2015年开始就对"羌族特色艺术资源在校本课程建设中的实践研究——以羌族萨朗为例"这一课题进行了研究。我校艺术教师通过三年的实地采风、理论研究和实践探索,总结出了一些羌族萨朗的教学经验,学生从最初对羌族艺术的一无所知到现在喜欢羌族民间艺术,证明了推广少数民族的民间艺术是可行的。萨朗是羌族艺术中极具代表性的艺术形式,具有珍贵的人文价值、独特的艺术性,以及大众性、易普及等特点,非常适合小学生。因此,我校以羌族萨朗为突破口展开研究,并摸索出了一些经验。

一、加强教师学习,提升认识,奠定萨朗教学的理论基础

1. 正确认识羌族萨朗

很多人误认为萨朗是羌族舞蹈的名字。其实,"萨朗"用羌语表达就是"唱起来、跳起来"。它是一种集独唱、领唱、合唱、轮唱、对唱、多声部唱等多种形式于一体的民族民间歌唱艺术。另外,羌族萨朗也被人们称为"羌族锅庄",与藏族锅庄一样都是围成圆圈跳舞。所以有的人将藏族锅庄和羌族萨朗混为一谈。其实,藏羌文化确实有交融,但是它们的舞蹈有很大的不同。比如藏族锅庄顿足有力,而羌族萨朗却柔中带刚。

2. 准确定位教学中的羌族萨朗

很多老师在教学中专注于萨朗舞步、歌唱技巧、曲式特点的分析等，忽略了萨朗本身与学生的生活经验是有一定距离的。要找出学生的兴趣点，以激发学生学习兴趣。新课程标准明确指出音乐课程的价值在于"为学生提供审美体验，陶冶情操，启迪智慧"。音乐教学本身不是专业化的教学，而是普及性的教学。就萨朗本身而言，萨朗的教学应以激发兴趣，引导审美为主，切记过度强调理论学习。通过歌唱与舞蹈，培养学生对羌族文化的兴趣，加强对多元文化的了解。我们将萨朗引入学校教学的目的不是为了进行专业的传承，而是以此为载体传播民族文化。

二、遵循学生特点，恰当选择，促进萨朗教学的有效实施

萨朗起源于羌族人的祭祀与生活庆典。根据不同的表演场合和表演方式分为喜事萨朗、忧事萨朗、礼仪萨朗、祭祀萨朗、集会萨朗五大类。其中以喜事萨朗和忧事萨朗为主。喜事萨朗广泛用于自娱自乐、节日庆典、文化交流、日常健身等，忧事萨朗则在祭祀、丧葬等场合出现，主要用于娱神娱鬼。喜事萨朗与忧事萨朗的歌曲区别十分明显，舞蹈动作区别主要在于快慢节奏。喜事萨朗欢快活泼，符合小学生活泼乐观、积极向上的心态，易于被小学生接受。同时，要注意选材的循序渐进。首先选择离学生生活近一些的、难度较低的、风格鲜明的题材。金亚文主编的《小学音乐新课程教学法》中提出"注重经典性与时代性的统一"。远离学生生活的作品难以同学生产生情感上的共鸣，会导致学生对萨朗学习没有兴趣。使用贴近学生生活的萨朗作品能提高学生兴趣，提高学习效率。在此基础上逐渐增加难度，增加民族特色，直至能够欣赏或表现原生态的萨朗作品。

三、精心创设情境，设计教学，感受萨朗艺术的独特魅力

《基础教育课程改革纲要》中提出，加强课程与学生生活以及现代社会科技发展的联系，关注学生的学习兴趣与经验。民族艺术在民族特色的氛围中更能体现其艺术性，更能让人感受其独特的魅力。萨朗艺术也是如此。萨朗贯穿了羌族的历史，萨朗传承了羌族先祖的遗留文化，因此，萨朗文化被称为羌族文化的母亲文化。我们在教学中要利用羌族音乐艺术的姊妹艺术，精心设计：在欣赏《热色热拉》时，为学生讲羌族神话故事《蒙格西送火》；在聆听羌笛演奏时，诵读"羌笛何须怨杨柳，春风不度玉门关"；我们还可以利用摄影、建筑、桌椅、音源等进行情境创设。

在进行《达古达隆》的教学时，我首先直接使用羌语跟学生问好；然后，充分利用多媒体，为学生呈现羌族人民生活的环境，展现羌族的服饰等；接下来，播放羌族人生产劳动的场面，让学生初步了解羌族的习俗，激发学生兴趣，使学生融入其中；再引导学生欣赏音乐，充分感受萨朗的独特气息，明确这段萨朗表现的主题；最后，学习与创作舞蹈，加深学生对萨朗的认识。学生对羌族人民生活的环境和习俗有了一定的了解后，能很快进入角色。当老师对学生们喊着"萨朗哆嗦撒"（即"萨朗跳起来"）时，孩子们就像来到了羌寨，一起欢快地跳起来。

四、即兴创作尝试，勇于实践，深化对萨朗艺术内涵的理解

很多人认为萨朗就是一种舞蹈，忽略了其中的歌唱部分。羌族被称为"云朵上的民族"，羌族人善于用歌声抒发自己的思想和情感，他们见物思情，婚丧嫁娶，以及自然界的日月星辰、山川草木、飞禽走兽，都可以成为他们创作的题材。在世代口口相传的歌曲中，有传承下来的歌词，更多的是即兴创作。即兴创作中

歌者即编创者。歌曲的名字往往以第一句歌词来命名。小学音乐课程标准中提出："开发创造性发展潜能，提升创造力"；"强调音乐实践，鼓励音乐创造"；"在教学活动中，应设定生动有趣的创造性活动内容、形式和情境，发展学生的想象力，增强学生的创造意识"。

《且布且尼索》是一首简洁、欢快，具有羌族特色的歌曲。我们把它放到二年级的校本教材中。这首歌原本的歌词是"对面山上的阿哥，快快来，我们一起唱歌，一起跳舞；对面山上的阿妹，快快来，我们一起唱歌，一起跳舞。"在教学时，二年级的学生对歌词进行了即兴创编，效果超出了我的预期。有的以外出踏青为题，有的以劳动为题，有的以分西瓜为题，五花八门，但是创作的歌词很符合歌曲的节奏和快乐的情绪。不仅如此，学生们还根据音乐节奏进行舞蹈动作创编，这样既拓宽了学生的视野，又让学生深入地感受了萨朗歌词即兴创作的特点。

五、搭建展示平台，开展活动，推动萨朗的普及提高

现在，萨朗频繁地出现在广场舞中，这与它本身蕴含的艺术性、审美性、健身性是分不开的。学校可以通过各种活动推动学生学习萨朗，具体可以从以下几个方面着手。

（1）全员覆盖的课间操。我校创编萨朗课间操，单调的课间操顿时变得趣味十足，深受大家的喜爱。

（2）参与度高的艺术节。跳萨朗不一定要有舞蹈基础，有兴趣，喜欢萨朗的学生都可以参加。因此，学校艺术节中各班的萨朗比赛可以说是一个参与面广、参与热情最高的项目。

（3）培养精英的舞蹈队。针对有一定舞蹈基础，喜爱萨朗的学生成立萨朗舞蹈队，进行专门的训练。舞蹈队不仅能为我们展示更优美的萨朗，还能带领身边的学生进一步走进萨朗的世界。

（4）身体力行的教师活动。冬日，我校教师聚集操场，跳起萨朗健身。在我区的教职工技能大赛上，我校教师表演的羌族舞蹈《羌风雅韵》获第一名，并在艺术节向全校师生展示。教师身体力行，更能激发学生的学习热情。

（5）润物无声的校园文化。具有羌族特色的校园文化能对学生起到潜移默化的作用。我校的羌族艺术长廊、羌族艺术馆等设施配合学校各项活动的开展，为学生营造了浓郁的民族氛围，大大促进了萨朗在学生中的普及。

总之，在羌族萨朗的推广教学中，我们坚持选材结合经典性与适用性，萨朗教学坚持科学性，多角度、全方位地开展萨朗教学活动。我们努力让萨朗这一古老的艺术形式成为提高各族学生艺术素养、开启民族艺术殿堂的金钥匙！

11　小学艺术教师走进羌族萨朗

成都市温江区实验学校　杨梅

摘　要　羌族是我国最古老的民族之一，她在特定的社会环境和历史发展的进程中形成了自己独特的民族民间艺术，但是这些文化瑰宝如今正面临着消亡。我们有责任去保护羌族艺术文化，了解、学习、发扬它。为此，我们深入羌族村寨，了解羌族历史，感受羌族文化，对于羌族的特色舞蹈"萨朗舞"做了专项学习与研究，并将此舞种理论化、通俗化，运用于音乐教学中，在学生中流传开来，为羌族民间艺术文化的保护与传承做出了积极的努力。

关键词　羌族　萨朗　学习　传承

一、为什么走进羌族萨朗

（一）时代的需要

2014年10月15日，习近平总书记在文艺工作座谈会中指出：中华优秀传统文化是中华民族的精神命脉，是涵养社会主义核心价值观的重要源泉，也是我们在世界文化激荡中站稳脚跟的坚实根基。要结合新的时代条件传承和弘扬中华优秀传统文化，传承和弘扬中华美学精神。

音乐课程标准大力提倡"地方和学校应结合当地人文地理环境和民族文化传统，开发具有地区、民族和学校特色的音乐课程资源。要善于将本地区民族民间音乐（尤其是非物质文化遗产中的音乐项目）运用到音乐课程中来，使学生从小受到民族音乐文化熏陶，树立传承民族音乐文化的意识"。

（二）民族的需要

美丽的北川羌族自治县离我们学校很近。羌族，又称"云朵上的民族"，是我国最古老的民族之一，有四十多项非物质文化遗产。千百年来，生活于岷江上游的羌族人民在特定的社会环境和历史发展进程中形成了自己独特的民族民间艺术。但是羌族只有语言没有文字，2018年"5·12"汶川大地震后，羌族的传统民俗文化的传承面临着前所未有的挑战。保护羌族文化是我们义不容辞的责任。

（三）我们的需要

你可以随意走进校园里问问孩子们喜欢什么样的音乐，大多数学生会回答你——"流行音乐"。为什么会这样呢？流行音乐有其自身的魅力且影响广泛，很多人都喜欢。但是，中国民族音乐作为中国传统文化的一种继承、衍生和再现，其历史价值、艺术价值是不可取代的。我们有责任去保护它、了解它、学习它、发扬它。让学生知道，在我们身边还有一个如此热情的民族，他们的民族艺术是那么的有魅力。因好奇而了解，因了解而走进，因走进而喜欢。

二、怎样走进羌族萨朗

随着成都市教育科研基础教育研究课题"羌族特色艺术资源在校本课程建设中的实践研究——以羌族萨朗为例"的推进，课题组的所有成员怀着激动的心情来到美丽、神秘的北川，走进羌寨，感受羌族老乡的热情、善良、豪爽。到达目的地后，我们一行五个人各自分工，在领取了学习任务后，便抓紧时间展开了调查学习。

（一）了解羌族文化

美丽的羌族没有自己的文字，羌族文化的传承主要依靠羌群众世代口传身教。羌族民间文学是羌族人民的智慧结晶,反映了羌族的历史、习俗和思想感情,表现了羌族人民的审美观和艺术情趣,具有鲜明的民族风格和艺术特色。羌族民间文学内容丰富,题材广泛,体裁多样,不仅有神话、传说、寓言、故事,而且有独具特点的史诗和民歌等,这些都是羌族人民集体创造的宝贵财富。

(二)感受羌族艺术

走进羌族的民俗博物馆,我立即就被一幅展现"全境皆山,云朵上的民族"的油画深深吸引了。艺术馆的老师告诉我,羌族萨朗就像大山一样"粗犷、有棱有角",保留着原始乐舞粗犷、古朴的风格。很多人误认为萨朗是羌族舞蹈的名字,而忽略了其歌唱形式。其实,萨朗用羌语表示就是"唱起来,跳起来"。它是一种集独唱、领唱、合唱、轮唱、对唱、多声部唱等多种形式于一体的民族民间歌唱艺术。羌族萨朗也被人们称为"羌族锅庄",与藏族锅庄一样都是围成圆圈跳舞,所以,有的人又将藏族锅庄和羌族萨朗混为一谈。萨朗的音乐原始古朴,属我国民族调式,其中徵调式较多。如 re、sol 和 mi、la,主要是根据调式的变化决定用什么样的节奏。舞蹈动作的表现与歌词内容没有直接的联系。

羌族萨朗按其形式和表演形式可以分为自娱自乐型、祭祀型、礼仪型、集会型四种。以呼喊声、踏地声协调表演。动作没有严格的规范变化,比较自由,形式古拙,风格质朴。羌族萨朗多与民俗活动相结合,一般无乐器伴奏,舞者边歌边舞,生活气息浓郁。羌族萨朗基本上是集体表演,人数不限,围着火塘或在院内围成圆圈进行。

在接下来的学习中,我请教了艺术团老师,并向他们学习羌族萨朗。一开始,学习原生态的萨朗时,我总感觉身体不协调,没有舞点和节奏感,特别随性,经常"同手同脚"。后来,经过老师指导,终于有所进步。原来,萨朗的动作是重复的,节奏的强弱同舞步巧妙结合。羌族萨朗形式多样,内容丰富,在什么样的场合跳什么样的萨朗都是有要求的。

（三）聚焦羌族萨朗

在北川羌寨学习的日子里，我知道了萨朗是当地羌族人民娱己娱神的重要方式，后被引申为歌舞，并扩大词义为羌族歌舞的统称。在和当地聊萨朗时，他们告诉我"羌族人民能歌善舞，没有歌不行，没有舞亦不行"。他们一边说着，一边端起酒杯吆喝一句"西斯古，撒！"就这样随性而又豪爽地唱起来。随后一边唱着"顶针儿嘛顶针儿嘛，若若……"一边即兴地跳了起来，我很快融入其中，羌族同胞果然真性情啊！

三、走进羌族萨朗的收获

（一）明确了萨朗的特点

在离开的前一天，我泡在艺术馆里，让老师们指导我基本的舞蹈动作。通过学习我发现，羌族舞蹈中手臂动作较少，腿部动作较多，小腿灵活、敏捷。老师告诉我，这种舞蹈动律是随舞者移动的重心，特别是"顶、跨、出"形成的，重心在出跨一侧的腿上，膝部微屈，从而形成优美体态。这种别致的动态和韵律，即前述羌族特有的"一边顺"之美。它贯穿于所有的舞蹈形式中，尤以"萨朗"中的表现最为突出。最后，我们还欣赏到了艺术团同学们表演的羌族舞蹈，那叫一个美！

（二）感受了羌族的风俗

在兄弟学校——北川永昌小学，我还了解到在不同节日或礼俗活动中有相应的舞蹈和歌曲，歌曲的名称即该段舞蹈的名称。舞蹈组合虽因曲而异，但基本上动作多相同。一曲一舞，不断反复，舞毕又换新曲，直至尽兴。

永昌小学的音乐老师们利用午休和课间休息时间引导学生学习羌语。老师们把羌语翻译成汉语来教学，学生们跟着一遍一遍

地念。在学习羌族民歌时,老师也是先将其翻译成汉语,然后一句一句地教唱,学生们学得可认真了。我们组的老师也情不自禁地跟着学生们一遍一遍地唱,特别投入。学完后,大家还相互探讨,手舞足蹈的,都觉得特别有意思。

(三)增强了民族情感

在北川的日子过得太快了,转眼间我们就要回学校了,真是不舍呀!我下定决心,在今后的学习中认真思考,努力探索,希望能把自己学到的点点滴滴都教给学生,培养他们的兴趣,使他们真正感受到民族音乐的无限魅力。

12 羌族民歌在学校推广传承方法谈

成都市温江区实验学校 代春丽

羌族民歌是羌族文化的重要组成部分，是羌族人民智慧的艺术结晶，其内容丰富，形式多样，题材广泛。由于羌族有自己的民族语言，但没有文字，民歌的传承大都是口传心授；加之羌族本民族的传承人普遍年龄较大，而当地一些年轻人对羌族民歌的传承积极性不高，而其他民族能真正传承的人也不多，能将羌族民歌的传唱作为课题研究引进校园的更是少之又少。我们在市级课题"羌族特色艺术资源在校本课程建设中的实践研究——以羌族萨朗为例"中，对羌族民歌进校园进行了有益的探索，取得了良好的效果。

一、对羌族民歌的分析

（一）历史特点

羌族音乐历史悠久，具有多元化的民族文化特征，是羌族人千百年来即兴创作发展而来的，其内容可以说是相当丰富。它的继承和发展都是通过长期的歌唱和口语教学进行的。

历史上，羌族人经历了两次大的迁移，在与自然的斗争中逐渐形成勤劳、善良的品质，这些品质在羌族民歌中都有反映，除此之外，羌族民歌还反映了羌族人民的日常生活、思想和精神，以及羌族的风俗习惯、生活环境等，羌族民歌可谓是祖国民族音乐文化中的瑰宝。

（二）音乐特点

羌族音乐多数采用级进和跳跃相结合，有些曲调的旋律很像一座弯弯的桥，从较低的主音开始，之后逐渐上升到高音区，达到了一定的高度后再慢慢地下降回到主音，表现欢快热烈的情绪，主要用于婚嫁、丰收场面。有的歌曲的旋律像滑梯一样，从高亢嘹亮的高音区开始，逐渐向下进行，到主音的位置上结束，一般用于祭祀性歌曲。还有的旋律以"波浪式"呈现，找一个主音，围绕着这个音上下起伏，形成高低起伏的旋律特点。音域一般在八度以内，除部分高腔山歌外，很少超过十度。音乐的旋律古朴优雅，歌声高亢明亮，具有很强的艺术感染力和民族亲和力。

羌族民歌曲调大多短小、简单而完整，没有炫技或华彩的部分，多为"二句体""四句体"的单乐段分节式歌曲，或由两个或两个基础的乐句扩张组成的歌曲，以五声音阶和六声音阶为主，七声音阶极少，旋律多下滑音，大多歌曲以徵音结束。其结构特点明显，有的是一个乐句的曲式结构；有的是羌族传统民歌中较为常见的、具有方整性特点的两句体结构的乐段；有的是以两个乐句为主的扩充乐段，这种乐段特点是句尾有衬腔；还有三句体结构的乐段和四句体结构的乐段。另外，松潘县小姓乡的羌族人习惯以二声部或多声部演唱民歌，其和声结构以大二度向同度进行为基础，间有大、小三度及四、五度。总之，羌族民歌结构形态很有特色，主要是由两个或两个基础的乐句扩张组成的，再加上有的音乐中下滑音或者装饰音反复出现，结束句或半终止处多用装饰音或下滑音结束，呈现出一种纯净、自然、质朴、粗犷的音乐特点。

（三）歌词特点

（1）语言风格独特。羌族民歌的歌词都来源于羌族人生活和劳动的方方面面，一般是即兴的、随意的，信手拈来，随口唱出，无拘无束，体现出浓烈的劳动生活气息。有的深沉含蓄，有的风趣幽默，有的形象朴素，有的伤感抒情。在演唱中，有的歌词是固定的，许多地方使用"赋、比、兴"的手法，生动的语言、歌唱的韵味都体现在歌词中。

（2）大量运用衬词。羌族民歌的一大特色就是衬词的大量运用。可以说，如果没有衬词，羌族民歌也就失去了它的吸引力。差不多每首歌都有衬词，衬词中除大量使用"啊、嘞、哟、哦、喏、嗨"外，还有用植物、装饰品、地名、吃食等作衬词的，它反映出羌族人民日常生活中的喜怒哀乐，羌族音乐在羌族人生活中占有重要地位。

（四）演唱特点

（1）羌族歌曲中既有羌语演唱也有汉语演唱的。富有音乐天赋的羌族人往往以自然的歌声来表达情感，并且在劳动中歌唱生活、歌唱自然、歌唱未来。由于一些曲目是即兴的，根据歌唱的环境和情绪随机创作，所以羌族民歌的表达方式是多样的，是不受场地限制的，不管是在家中还是山上都能听到他们歌唱。

（2）民歌的演唱形式有独唱、合唱、对唱、领唱与帮腔唱。而帮腔的位置不同，意义也不一样，帮腔的运用起到渲染气氛和表达感情的作用。演唱的形式以合唱、重唱最多。根据演唱的场合、时间、风格、对象的不同，大体又可分为山歌、劳动歌、情歌、酒歌、儿歌、习俗歌等。演唱中可以加入科学的发声方法，也可以原生态的形式歌唱。

二、对羌族民歌的传承现状分析

（一）自然灾害的影响

2008年"5·12"汶川大地震给羌族人民带来了沉重的打击，羌族音乐亦遭到重大破坏，羌族音乐亟待保护，这引起了社会各界的关注，有很多研究者与学者纷纷参与到羌族民歌的抢救、保护和传承的行列。

（二）国家的抢救保护

汶川大地震后，国家和地方政府采取了一系列的保护措施。如成立了羌族音乐保护研究机构，在各羌族聚居区认定羌族民歌传承人，并给予相应的政策资金支持。羌族多声部民歌已经列入国家和四川省非遗名录。比如，羌族多声部民歌传承人郎加木、何天发、亚刚初，以及羌族多声部省级非遗传承人"毕曼组合"泽旺仁青和格格扎西。政府重建羌族博物馆和羌族民俗博物馆，博物馆里珍藏着许多羌族民歌，如《勒呀母勒》《逗女婿歌》《情歌》《哦阿西若》《扎扎扎喂呢》《隔子不喂音波》《打猎歌》《背柴歌》《收工歌》《劳动歌》《有来有几索》《撒米》等。其中，还有许多羌族民间艺人自发建立的个人博物馆也收藏着与羌族音乐相关的物品。政府还制定了相关法律法规和文件，将音乐资料结集出版，建立了传习所，方便青年人学习和传播羌族音乐、开展艺术演出、组织特色节庆活动。比如，在瓦尔俄足节将羌族民歌搬上庆典的舞台。

（三）尴尬的传承现状

羌族有语言无文字，传承基本上靠口口相传，加之羌族本民族的传承人普遍年龄较大，缺乏保护意识，当地的羌族年轻人对羌族音乐的接受度不高，对本民族音乐的传承显得淡漠。传统的羌族民歌随着语言环境的不断变化而逐渐减少。羌族民歌的传承基本靠政府推动，自觉和热心传承的人不多，而其他民族能真正传承的人也不多，羌族民歌的传承正面临着很尴尬的境地。

三、把羌族民歌引进学校的具体做法

（一）甄选优秀羌族民歌进入音乐课堂

（1）实地采风。为了开发具有民族特色和学校特色的课程资源，使学生从小受到民族音乐文化的熏陶，培养传承民族音乐文化的意识,在"羌族特色艺术资源在校本课程建设中的实践研究——以羌族萨朗为例"课题研究中,课题组成员先后多次去北川、理县、茂县、松潘等羌族聚居区实地采风,跟随民间艺人学习羌族民歌。同时,还走进当地学校,如松潘县小姓乡中心小学校、松潘县城关小学、茂县凤仪镇小学、北川永昌小学、理县杂谷脑小学、茂县太平乡小学等跟岗学习羌族音乐文化。

(2)尝试引入。在研究过程中,我们不断总结,收集整理了大量的音乐资料。尝试把部分羌族音乐融入音乐课堂。例如,第一次从北川采风回来后,我便尝试把羌族民歌《西斯古》引进课堂,激发了学生的兴趣。学生们欣喜地发现,原来羌族有这么动人的文化,有这么好听的歌曲。能为羌族文化的传承和发扬,为羌汉民族文化的融合尽绵薄之力,我感到无比自豪。

(3)课堂普及。课题组将羌族民歌引入课堂,有计划、有步骤地研究。我将部分研究成果汇编成校本活页资料——《尔玛的歌》。这本书共选了十三首羌族民歌:山歌《纳拉》《哦若勒之一》;劳动歌《勒谷酒》《薅草歌》;酒歌《西斯古》《泽拉》;风俗歌《莫都斯责》《母谷那得特》;歌舞音乐《依娜麦达》《顶跟儿》《欧阳舍西阳舍》《三达里学》《萨由啊由勒》。这些歌曲中符合低段孩子演唱的歌曲有《依娜麦达》《顶跟儿》等,以方言的形式演唱,可以增添孩子们学习歌曲的乐趣,加深他们对羌族歌曲的热爱;适合中段孩子演唱的歌曲有《纳拉》《薅草歌》等,侧重让孩子了解、感悟歌曲所反映的生活状态,了解羌族历史;适合高段学生演唱的歌曲有《西斯古》《母谷那得特》等,意在使学生了解更多的民歌表现形式。课题组通过研究,形成了项目课程方案、教学方法及评价要素等。这些优秀的羌族民歌不仅丰富了艺术教材的内容,还丰富了学生对音乐文化多样性的认知。

(二)甄选优秀羌族民歌进入学生社团

学校每学期都会安排相对固定的时间开展羌族歌曲演唱展示、课前歌唱比赛等,校园广播站也会遴选一些优秀的羌族歌曲在广播中播放，营造一定的学习氛围。课题组成员文家富把羌族歌曲《三龙酒歌》改编成合唱曲目，作为合唱社团的练习曲。学习借鉴松潘县小姓乡中心小学合唱歌曲《纳拉》《尼萨》《杰莫勒呋》《哦哦舍舍》，并将其作为我校合唱社团的练习曲。除此之外，学校合唱社团还聘请了羌族民间艺人进行专业辅导。这些研究活动有利于加强学生对羌族民族民间音乐的了解，进一步激发学生学习羌族民间音乐的兴趣，能够鲜活、生动地保护和传承羌族音乐、弘扬羌族文化，最终提高学生的艺术素养。

（三）甄选优秀羌族民歌融入学校文化建设

1. 校园"课间操"

羌族萨朗的意思是"又唱又跳"，既是羌族音乐和舞蹈的结合，又是羌族人民生活的一种艺术再现。为了让师生更好地感受、学习羌族音乐，课题组去北川和茂县采风学习回来，创编了一套具有学校特色的"羌族萨朗"。每天课间操时，学生一边唱羌歌一边跳羌舞。随着研究的不断深入，师生兴趣越来越浓，在四川省非物质文化遗产项目大禹祭祀习俗的代表性传承人王官全老师的指导培训下，我们编排了第二套"萨朗课间操"。每天课间操时间，萨朗音乐一响起，全校师生就跳在一起、唱在一起，欢快极了！

2. 校园"艺术节"

随着课题研究的推进，通过羌族民歌的推广，学校艺术节中呈现出不少具有羌味的节目。比如学校教师准备的节目《羌风雅韵》、全校学生演绎的羌族民歌《墨尔多》，低年级学生用废旧蛋糕盒自制羌鼓、打击乐器，中高年级学生吹奏口琴等为演唱伴奏，场面很是壮观。舞蹈《云朵上的萨朗》《羌娃那喷喷》《羌娃戏酒》等是师生特别喜欢的节目。

结　语

《国务院办公厅关于全面加强和改进学校美育工作的意见》明确要求"把培育和践行社会主义核心价值观融入学校美育全过程，根植中华优秀传统文化深厚土壤，汲取人类文明优秀成果，引领学生树立正确的审美观念、陶冶高尚的道德情操、培育深厚的民族情感、激发想象力和创新意识、拥有开阔的眼光和宽广的胸怀，培养造就德智体美全面发展的社会主义建设者和接班人"。我们的研究就是把国家要求落地生根，我们愿为之不懈努力！

第二篇 民间艺术课程

《有趣的民间艺术》课程纲要

课程名称	有趣的民间艺术				
适用年级	一至六年级学生	总课时	95~97课时	课程类型	选修
课程简介	\《有趣的民间艺术》校本教材是根据市名师课题"开发运用民间艺术资源,优化艺术教育内容"、市级课题"羌族特色艺术资源在校本课程建设中的实践研究"开发编写的,供区域内学校的音乐、美术教师在教学中使用。本教材知识与技能的呈现方式形象直观,贴近学生生活与审美情趣,符合学生认知规律。插图精美,活泼新颖,能激发学生学习民间艺术的兴趣。教材分九个单元,需要95~97课时完成。本课程适用于四川义务教育小学阶段学校,教学对象为小学一至六年级学生				
背景分析	《国务院办公厅关于全面加强和改进学校美育工作的意见》要求"把培育和践行社会主义核心价值观融入学校美育全过程,根植中华优秀传统文化深厚土壤,汲取人类文明优秀成果,引领学生树立正确的审美观念、陶冶高尚的道德情操、培育深厚的民族情感、激发想象力和创新意识、拥有开阔的眼光和宽广的胸怀,培养造就德智体美全面发展的社会主义建设者和接班人","开发利用当地的民族民间美育资源,搭建开放的美育平台,拓展教育空间"。 新课标提出:"地方和学校应结合当地人文地理环境和民族文化传统,开发具有地区、民族和学校特色的课程资源。要善于将本地区民族民间艺术(尤其是非物质文化遗产中的艺术项目)运用到课程中来,使学生从小受到民族艺术文化熏陶,树立传承民族文化的意识。"				

续表

背景分析	民间艺术其原始的质朴美非常符合对少年儿童审美的启蒙。它直观、生动、有趣，符合小学生的心理特点和审美特点。民间艺术其民俗性、开放性、体验性、交互性对于培养师生乡土情感和家国情怀，陶冶师生情操，提高文化素养与审美能力，具有不可替代的作用。 　　本教材所介绍的棕编、傩戏、风筝、剪纸、川剧、綦江版画、羌笛、羌族鞋垫等民间艺术都是流传于四川本地、深受广大群众喜爱、师生经常接触到的，有的属于非遗濒临失传，亟待保护。在生活现实中，学生常常对某些民间艺术的内容理解不透，良莠难分，必须通过教学引导他们欣赏、接受、传承。 　　本教材的使用，既丰富了学校艺术教材的内容，使艺术教育多元化，又激发了学生学习艺术的兴趣，培养了创造性，对大面积和大幅度提高艺术教育的课堂教学质量具有极大的推动作用。本课程的开发使学生热爱并了解本地民间艺术，继而传承、发扬地方传统文化，从被动依赖的艺术学习走向主动参与艺术素养和审美能力的提高
课程目标	第一，通过本课程学习，引导学生发现自然之美、生活之美、心灵之美，提升师生的审美素养，促进师生艺术学习社会化，形成文化个性和文化共性相统一的文化品格。让社会主义核心价值观、中华优秀传统文化基因浸润学生心田。 　　第二，通过本课程学习，培育师生深厚的民族情感和家国情怀，激发师生的想象力和创新意识。 　　第三，通过本课程学习，加深对本地民间艺术的了解，获得对民间艺术的个人感受，并乐于和同学交流分享。 　　第四，通过主动参与艺术实践活动，学会 2~3 种民间艺术的创作方法并运用这些方法进行创作。在学习之后，能表演 2~3 首歌曲，展示 2~3 幅作品，更加喜欢民间艺术。 　　第五，通过学习与实践，拓展对民间艺术的认识，巩固基本的艺术创作技能技巧，增强感受与欣赏民间艺术的能力

续表

	项目主题	主题活动内容	课时	项目主题	主题活动内容	课时
学习主题活动安排	第一章"棕编"	学习本"课程纲要"	1	第六章"版画"	"黑白版画"	2
		认识记住图标	1		"认识綦江版画"	2
		"四川新繁棕编"	2		"版画创作"	4
		"走进身边的民间棕编艺人"	2	第七章"古老神秘的羌族民间乐器"	"羊皮鼓"	4
		"独特的棕编玩具"	4		"羌笛"	4
		"歌曲:奇妙的棕编"	2		"口弦"	2
		"棕编作品展演会"	4	第八章"云朵上的斑斓"	"走进羌寨"	1
	第二章"傩戏"	"神秘的傩戏"	4		"羌族鞋垫"	1
		"做个傩戏面具演起来"	4		"羌族头饰"	1
	第三章"剪纸"	"家乡剪纸"	2		"羌族围腰"	1
		"剪纸歌"	2		"羌族云肩"	1
		"百变团花"	4		"羌族服饰中的色彩、图案美"	2-4
		"小剪刀大世界"	4		"仿制羌鼓"	1
	第四章"风筝"	"家乡的风筝"	2		"水墨羌寨、仰望羌碉"	2~3
		"风筝欣赏"	2		"羌族萨朗舞"	1~2
		"让我们的风筝飞起来"	6		"现代生活中的羌族风"	1

有趣的民间艺术

续表

学习主题活动安排	第五章"川剧"	"川剧简介"	2	第九章"尔玛的歌"	"山歌"	2
		"学唱川剧"	4		"劳动歌"	2
		"欣赏川剧脸谱"	2		"风俗歌"	2
		"绘制川剧脸谱"	2		"巫师歌"	2
	备注:根据年级的不同、学生的实际,授课教师需制定课时教学目标					
	实施要求 (一)课程资源 1. 义务教育音乐、美术课程标准。义务教育阶段音乐、美术教科书(人民教育出版社、人民美术出版社出版)。 2. 课内资源。利用教材中的审美教学结构性要素:"你知道吗""思考与讨论""小常识""评一评""艺术实践"等环节进行教学。 3. 课外资源。可利用网络"艺术资源库"等拓宽学生民间艺术学习的视野,还可以通过采访、采风、上网、实地参观调查、开展作品展演会等方式,激发学生的学习兴趣,提高其学习效率。 (二)教、学活动原则 1. 艺术知识学习。通过对"你知道吗""小常识"的学习,让学生认识了解四川九项民间艺术,引导学生深入探究,促进学生主动参与,运用已有的知识和经验自主探索学习。 2. 艺术审美训练。精选典型作品,教师引导学生对典型作品进行思考、讨论,发现美、欣赏美,树立正确的审美价值取向,加深对本地民间艺术的了解;通过多种方式,拓宽民间艺术学习和运用的领域,对感兴趣的民间艺术有个人感受,乐于和同学交流分享。 3. 组织开展采访、采风、作品展演等多种实践活动,要求学生运用所学知识创作出独特的艺术作品。 4. 通过示范引导、自评互评、认真修改等方式提高学生感受、欣赏、表现艺术的水平。 5. 通过教材中的"提示"板块强调创作过程中的安全教育					

续表

评价活动成绩评定	（一）评价方式 学期总评成绩=过程评价成绩（70分）+结果评价成绩（30分）。 1. 过程评价（70分） 过程评价（70分）=课堂用具准备表现（15分）+作品完成表现（15分）+表演充满自信（10分）+创编新颖独特（15分）+合作交流表现（15分）。 2. 结果评价（30分） 平时表现：参与活动的态度（10分）。 课堂评价：很好、可以、继续努力等（10分）。 实践活动评价："演（表演）、展（展示）、赛（比赛）"活动中的表现情况。主要以作品获奖或者进入学校"榜上有名"（艺术橱窗展览）为标准（10分）。 （二）评价结果处理 以上两项内容按百分制计算，所有成绩最后将转化为对应等级：优（90分及以上）、良（80~89分）、合格（60~79分）、不合格（60分以下）。合计后将结果放入成长记录袋，教师给予具有针对性的评价和建议
备注	

 有趣的民间艺术

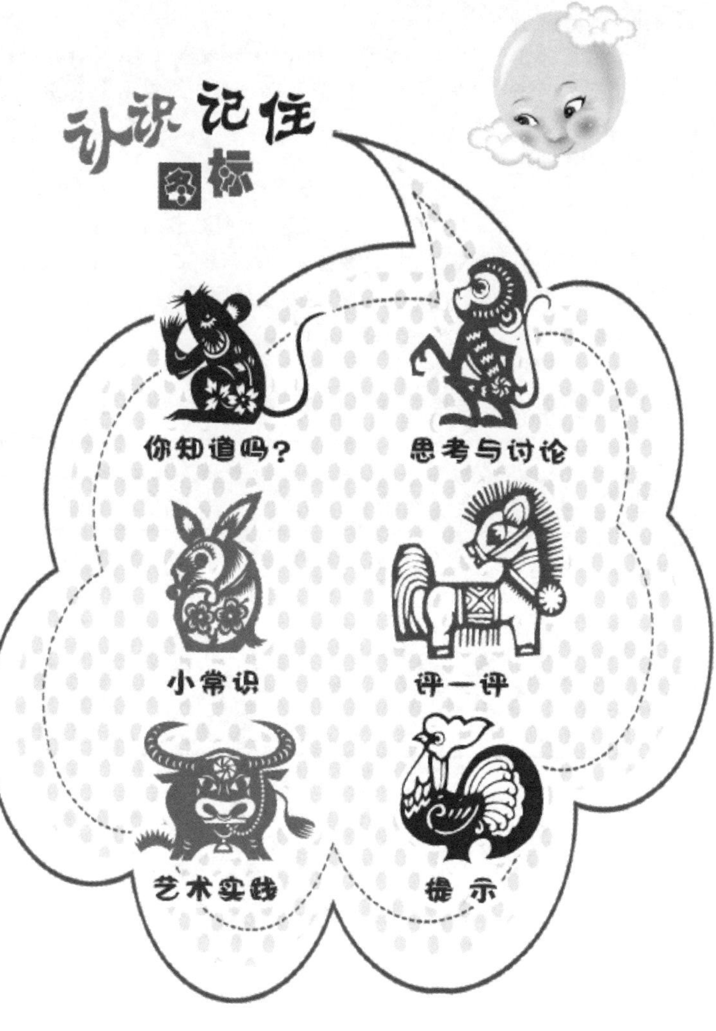

认识 记住 图标

- 你知道吗?
- 思考与讨论
- 小常识
- 评一评
- 艺术实践
- 提示

第一章　棕编

第一节　"棕编"课程方案

主题名称	棕编			
适用年级	小学一至六年级学生	课时安排	15课时	课程类型	选修
指导思想	习近平总书记指出：中华优秀传统文化是中华民族的精神命脉，是涵养社会主义核心价值观的重要源泉，也是我们在世界文化激荡中站稳脚跟的坚实根基。要结合新的时代条件传承和弘扬中华优秀传统文化，传承和弘扬中华美学精神。《义务教育音乐课程标准》(2011年版)提出：地方和学校应结合当地人文地理环境和民族文化传统，开发具有地区、民族和学校特色的课程资源。要善于将本地区民族民间艺术（尤其是非物质文化遗产中的艺术项目）运用到课程中来，使学生从小受到民族艺术文化熏陶，树立传承民族文化的意识。 棕编是汉族传统手工技艺之一，是以棕榈树叶为原料编制的工艺品。2011年5月23日，棕编经国务院批准列入第三批国家非物质文化遗产名录。棕编起源于四川新繁，至今已有两百多年的历史。四川新繁棕编用料比一般的草编要细密、轻便、不易受潮，此种棕丝在国际市场被称为"四川草"，其工艺水平有很大提高，产品经销四方，极受欢迎。棕编植根四川，特色鲜明，是我们"家门口"的民间艺术。我们身边的民间资源不仅具有经济实用的价值，而且还具有很高的艺术价值。				

续表

指导思想	通过引导学生对棕编历史和身边艺人的了解，以及对棕编歌曲、棕编基本手法、棕编玩具编制方法的学习，使其能够量物之材、尽物之美、得物之趣。让四川优秀的民间工艺浸润学生心田，并得到发扬光大，让四川的棕编工艺成为中国工艺美术中的一朵奇葩，绽放出最绚丽的色彩。 通过本课程学习，培育师生深厚的民族情感和家国情怀，激发师生的想象力和创新意识；加深学生对本地民间艺术的了解，并乐于和同学交流分享
培养目标	尊重、接纳、保护、发扬民间棕编艺术，了解当地民间棕编艺术的精美、别致、朴实等特点，培养学生对棕编艺术的热爱之情，增强学生的民族自豪感，提高学生的审美能力。 感悟棕编的工艺美感，体验棕编艺术品的制作程序，能制作出简易的棕编作品。 理解民间棕编艺术文化，乐于参与棕编的编织与创新，具有探究兴趣。 讲述民间棕编故事，运用多种表现手段，设计活动场景，将棕编歌曲、玩具等运用其中，结合运用自己所创编的棕编作品和肢体语言，表现不同的故事场景
内容框架	欣赏经典。参观身边棕编制作坊，认识身边民间棕编非遗传人，观赏、认识棕编玩具、工艺品，了解棕编玩具、工艺品简单的手工制作独特的艺术魅力。 审美训练。引导学生欣赏民间棕编艺术品的精美，培养学生对棕编的审美情趣，提高学生的审美能力。 操作体验。通过采风、采访、"玩、唱、说、看、做、演"等教学活动，帮助学生了解棕编玩具和工艺品的特点，学习棕编的基本手法，激发学生对棕编艺术的热爱之情，增强学生的民族自豪感
实施方案	建议安排十五课时完成。了解身边的民间棕编艺术及艺人，学习棕编的基本手法，创编棕编玩具。另外，还可根据玩具创编一些故事情景进行表演活动。 棕编歌曲的教学。可以根据具体学情安排两课时完成歌曲教学。主要是引导学生了解歌曲内涵的文化背景，感悟棕编音乐特点。 可采用"玩、唱、说、看、做、演"等教学活动。 玩。玩一玩棕编玩具，了解棕编玩具多变的造型特点、材质等，感受棕编玩具独特的艺术魅力。 唱。唱棕编活动主题歌曲，掌握歌曲的节奏，了解歌词里蕴含的民间艺术文化和表达的音乐意境。 说。采风、采访，查阅相关资料，讲述棕编的历史文化和身边的棕编艺术及棕编艺人。

续表

实施方案	看。欣赏大量的棕编作品,能发现作品的材质、艺术美感和蕴含的文化内涵。. 做。学习棕编的基本手法,创编一些独具特色的棕编玩具。 演。根据自己创编的棕编玩具,创编一个故事场景,运用棕编玩具,并结合肢体语言演一演
支撑条件	教学资源。教师、民间艺人、非遗传人、网络资源、非遗基地、非遗节等。 经费支持。课题组专用经费用于购买棕编材料、聘请民间非遗传人、师生采风采访、作品展演等多种实践活动。 物质支持。学校结合实际,提供教具、多媒体、展演厅、演播室等物质保障。 时间保障。学校统筹,确保落实学习实践时间
课程评价	过程性评价。过程评价(70分)=课堂用具准备表现(15分)+作品参与表现(15分)+表演充满自信(10分)+创编新颖独特(15分)+合作交流表现(15分)。 表现性评价。表现性任务完成情况(10分)。 情景性评价。"演(表演)、展(展示)、赛(比赛)"活动中的表现情况。主要以作品获奖或者进入学校"榜上有名"(艺术橱窗展览)为标准(10分)。 档案袋评价。个人艺术档案袋设计富有个性和艺术性,并将个人的作品、在各项活动中的表现、获奖信息等方面的资料存入艺术成长袋(5分)。 作品评价(5分)。
自我评价	我收集的棕编知识(图片、文字丰富,20分)。 我采访了棕编民间艺人(撰写了采访方案和报告,20分)。 我设计制作的棕编作品(参加展评15分,展评获奖40分)。 我参与小组棕编作品情景创设表演(20分)

第二节 "有趣的棕编玩具"主题活动及其说明

学段	活动主题	简要说明	评价建议	课时建议
1~2年级	棕编玩具知多少——四川独特的棕编玩具	参观棕编制作坊,认识民间棕编非遗传人,并虚心请教。通过观赏、把玩、情景表演等,认识棕编玩具,了解棕编玩具简单的手工制作方法,激发对棕编玩具的兴趣	参观时文明守纪,态度积极。表演生动有趣	2课时
3~4年级	我有一双小巧手——学习编制简单的棕编玩具	选择新鲜棕树叶子或日常生活中的可替代的材料(如毛线、编绳、纸片等),制作简单的蛇、虾、蚂蚱、青蛙、蚂蚁、蜻蜓等玩具。探究、交流制作方法,提高动手操作能力及探究兴趣。通过网络查找,了解更多的棕编玩具,举行棕编玩具欣赏会	制作态度认真,遵守安全提示。所制作的作品完整、有趣,积极分享交流。网络查阅内容丰富、保存完整,积极分享交流	4课时
5~6年级	小小棕编传承人——学会编制棕编玩具	采风:以小组为单位,讨论、拟定采风提纲,采访民间棕编艺术非遗传人,在班上模拟召开"新闻发布会",交流采风收获,讲有关棕编的故事。掌握几种简单的棕编编制的基本方法、技能及编制步骤,熟练掌握编扣、打结等技巧,培养实践创新精神、动手能力和审美情趣,感受四川民间艺术的魅力	采风方案合理,实践性强,组织有序。新闻发布会效果好,师生喜欢。编制技术熟练,作品生动有趣	4课时

续表

奇妙的棕编 ——学习歌曲《奇妙的棕编》	学唱教师创作歌曲《奇妙的棕编》并配合动作表演。 尝试选择合适的打击乐器为歌曲伴奏。 用自己喜欢的方式记录歌声和表演，存入艺术档案夹	能用欢快的情绪演唱歌曲，背唱歌曲。能表演歌曲	2课时
魅力棕编世界 ——棕编作品展演会	在学习棕编基本技艺过程中，学习创意表达，提高动手实践能力，体验工匠精神。 棕编作品展演会。学会分工合作，创设情境，以小组为单位，将自己编制的棕编作品融入创编节目	能创编作品，并用自己的作品进行情景表演	4课时

第三节 "棕编"课程

四川新繁棕编

棕编工艺是中国编织工艺的主要品类之一,它巧妙地将实用性与艺术性融为一体,能够量物之材、尽物之美、得物之趣,是中国工艺美术中的一朵奇葩。

四川新繁棕编是国家非物质文化遗产,至今已有两百多年的历史。

四川新繁棕编用料比一般的草编要细密、轻便,不易受潮,此种棕丝在国际市场被称为"四川草"。

1. 你最喜欢哪一个棕编作品，为什么？
2. 想一想棕编在生活中有什么用处？

1. 通过采风和网络收集信息，了解更多的编制艺术。

2. 把玩棕编艺术品，和身边的朋友谈一谈你的感受。

走近身边的民间棕编艺人

吴龙勇,四川新繁人。曾在"1992年中华百绝博览会""成都市第三届艺术节"中获等。四川电视台曾以《从农民到艺术家》为题对他及其作品做过专题报道。

棕编艺术家:吴龙勇

1. 以小组为单位,讨论拟定采访提纲,对吴老师进行采访。

2. 想一想,你最喜欢吴老师创作的哪一件作品?为什么?

3. 在班级召开新闻发布会,谈一谈吴老师及其作品。

1. 我知道"四川草"的制作过程和方法。
2. 吴老师的作品在造型、装饰和色彩方面有什么特点?

独特的棕编玩具

编制步骤

第一步:选择合适的棕叶,把棕叶两边撕整齐。

第二步:把叶脉与叶片分离至叶梢约十厘米处。

第三步:编扣、打结(切记每一个结一定要拉紧)。采用这种基本手法,加上一些叶片或豆子、毛线等辅助材料就能编制出各种各样的棕编作品。

小朋友们,在编制作品时要小心使用剪刀、针等工具,一定要注意安全。

动起手来，你也可以编出一个独具特色的棕编小玩具。

1. 我学会了棕编的基本方法。
2. 看谁做的棕编小玩具更精美，更有创意。

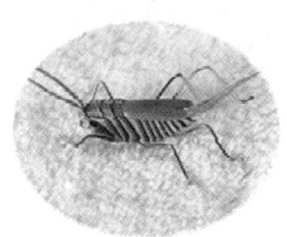

有趣的民间艺术

棕编作品展演

（编一编　玩一玩）

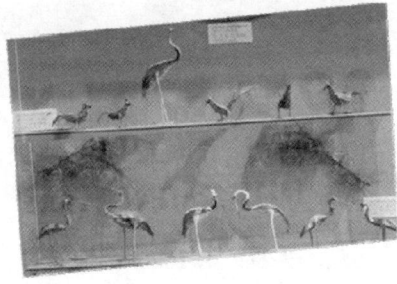

1. 我学会了分工合作展示自己创作的作品，并用它们来表演节目。

2. 哪个组的作品解说、编排最生动、最有趣？

3. 谁是最文明的观众？

4. 以小组为单位，运用自己编制的棕编作品创编节目，并进行表演。

蜻蜓点水

老牛拉车

龙搁浅滩

双龙戏珠　昆虫世界

蚂蚁上树

蝶恋花

奇妙的棕编

1=D 2/4

寇红梅 词曲

```
4﹨5 0  4﹨5 0 | 5 3 5 | 5 1̇ 1̇ 7 6 | 5 3 5 |
 编，   编，   真 奇 妙， 我 们 的 小 手   灵 又 巧，
 编，   编，   真 奇 妙， 我 们 的 脸 上   微 微 笑，

6 5̇ 6 5 3 | 1 3 2 | 5 5 3 2 3 | 2 1 1 | 5̣· 5 |
小 小 年 纪 技 艺 高， 又 动 手 来   又 动 脑， 又  动
互 送 棕 编 多 友 好， 齐 唱 歌 来   齐 欢 笑，

3 2 3 | 2 1 1 :‖ 5̣· 5 | 3 2 3 | 5 1̇ 1̇ ‖
手 来 呀 又 动 脑，   齐  唱  歌  来 呀 齐 欢 笑。
```

1. 学唱歌曲并配合动作表演。
2. 请试着用下面的打击乐器为歌曲伴奏，唱一唱、演一演。
3. 用你喜欢的方式记录自己的歌声和表演，并存入艺术档案夹。

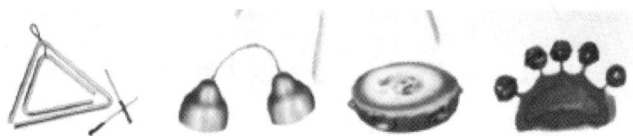

第二章 傩戏

第一节 "傩戏"课程方案

主题名称	傩戏			
适用年级	小学一至六年级学生	课时安排	8课时	课程类型	选修
指导思想	《国务院办公厅关于全面加强和改进学校美育工作的意见》要求"把培育和践行社会主义核心价值观融入学校美育全过程,根植中华优秀传统文化深厚土壤,汲取人类文明优秀成果,引领学生树立正确的审美观念、陶冶高尚的道德情操、培育深厚的民族情感、激发想象力和创新意识、拥有开阔的眼光和宽广的胸怀,培养造就德智体美全面发展的社会主义建设者和接班人"。 新课标提出:"地方和学校应结合当地人文地理环境和民族文化传统,开发具有地区、民族和学校特色的课程资源。要善于将本地区民族民间艺术(尤其是非物质文化遗产中的艺术项目)运用到课程中,使学生从小受到民族艺术文化熏陶,树立传承民族文化的意识。" 傩戏是民间艺术的一种,被誉为戏剧的"活化石"。我校位于城乡接合部,学生主要是农民和外来务工人员的子女。农村在过年过节或红白喜事时,常举行"跳大神""闹大夜""打丧火"等表演活动,学生对此很好奇,也很感兴趣,还时常在学校模仿表演。其实这些活动基本属于傩戏,但学生在观看这些傩戏时良莠不分,全盘吸收。我们有责任、有义务引导学生对傩戏这种民间艺术进行了解,学会欣赏,正确引导学生关注这种民俗动态,了解这种民俗文化。 通过欣赏,了解傩戏文化,知道中国民间艺术的博大精深,激发学生的学习兴趣;学习制作傩戏面具并进行简单的表演,提高学生的审美能力、手脑协作能力和表演能力、美术鉴赏能力,最终达到提高学生艺术素养的目的				

续表

培养目标	了解傩戏相关知识，以及该剧种的特点及风格，使学生知道傩戏既是我国戏剧的"活化石"，又是我国民间艺术的"瑰宝"。 认识傩戏艺术造型重要手段——傩戏面具，使学生了解傩面具造型色彩特征，培养学生的探索精神。 掌握创作傩戏面具的基本方法，培养学生的创新精神和制作能力，提高学生的艺术素养。 学生初步了解傩戏艺术、制作傩面具，培养学生热爱传统民间艺术的感情，增强学生的民族自豪感，弘扬我国民间艺术文化
内容框架	欣赏经典：欣赏傩戏表演，感受其独特的审美价值和意蕴。 审美训练：引导学生欣赏傩戏的造型和色彩特点，深入了解傩戏文化。 操作体验：通过"创设情境、欣赏体验、探讨学习、创作展评"等教学活动，帮助学生了解傩戏相关知识，以及该剧种的特点及风格，认识傩戏艺术造型重要手段——傩戏面具，掌握创作傩戏面具的基本方法，激发学生的学习兴趣
实施方案	本课建议安排八课时完成。初步了解傩戏，知道傩戏的来源，以及学会赏析傩戏的美。 傩戏艺术造型重要手段——傩戏面具，使学生了解傩面具造型和色彩特征，学会制作傩戏面具。 采用"创设情境、欣赏体验、探讨学习、创作展评"等教学活动。创设情境：通过创设情境让学生认识傩戏。欣赏体验：欣赏傩戏，了解傩戏文化，学会赏析傩戏的美。探讨学习：在老师的引导下探索傩戏面具的造型特点和特征。创作展评：自己动手做一个傩戏面具。模仿傩戏片段，带上自己制作的傩戏面具跳一段傩戏
支撑条件	教学资源：教师、民间傩戏艺人、网络资源等。 经费支持：课题组专用经费用于聘请民间非遗传人、师生采风采访、作品展演等多种实践活动。 物质支持：学校结合实际，提供教具、多媒体等物质保障。 时间保障：学校统筹，确保落实学习实践时间
课程评价	课堂评价：过程评价（50分）=美术工具准备情况（10分）+课堂参与度（10分）+小组合作有效性（10分）+课堂礼仪评价（10分）+作品创新性（10分）。 成果展示评价：作业效果呈现（30分）。 参赛获奖评价：参加作品展示、比赛活动中表现情况（10分）。 资料收集整理：通过网络、书籍等收集相关资料，并整理归纳（10分）

有趣的民间艺术

续表

自我评价	我收集的傩戏知识（图片、文字丰富，20分）。 我办的傩戏知识小报（参加展评15分，展评获奖20分）。 我设计制作的傩戏面具（完整、美观、新颖30分）。 我参与小组编创的傩戏表演（30分）

第二节 "傩戏"主题活动及其说明

学段	活动主题	简要说明	评价建议	课时建议
1~3年级	初步了解我国戏剧的活化石——傩戏	欣赏民间傩戏，了解傩戏的作用和有关传说、（可以通过平时生活了解）。 观看相关视频，深入了解傩戏文化，感受傩戏文化的审美价值和意蕴。 认识傩戏艺术造型重要手段——傩戏面具，使学生初步了解傩面具	课堂参与态度（是否认真欣赏，是否主动提出疑惑）。 主动分享生活中收集到的资料。 是否学会整理收集的文字、图片、音像资料等	4课时
4~6年级	傩戏面具的设计制作	通过初步认识傩戏，已经掌握傩戏的特点和作用，深入认识傩戏艺术造型重要手段——傩戏面具。 探究傩戏面具的造型和色彩特征，利用身边的材料制作一面傩戏面具，模仿一段傩戏，演给大家看。 在生活中观察傩戏，发现傩戏的美，在课堂中交流自己收获。 拓展：通过网络查找相关资料，了解更多傩戏知识，在课堂上举行分享交流会	课堂参与态度，遵守安全提示。 课堂兴趣，作品呈现，表演生动有趣。 资料收集，课堂分享交流，是否收集到艺术档案夹中 观察时做到文明有序	4课时

第三节 "傩戏"课程

神秘的傩戏

傩戏,中国戏曲剧种,是在民间祭祀仪式基础上吸取民间歌舞、戏剧而形成的一种戏曲形式。

1. 你的家乡有傩戏吗?
2. 谈一谈你对傩戏的认识。

有趣的民间艺术

傩戏 表演

中国的傩戏有着悠久的历史，它源于原始社会图腾崇拜的傩祭。傩戏被誉为戏剧中的"活化石"，傩戏表演的主要特点是角色都戴木制假面，扮作鬼神歌舞，表演神的身世事迹，娱人娱神。

1. 我了解傩戏。
2. 你知道傩戏面具的特点吗？

讲一出傩戏，看谁讲得生动有趣。

做个傩戏面具演起来

傩戏面具形态朴实夸张，色彩艳丽，千姿百态，主要以五官的变化和装饰来完成人物的剽悍、凶猛、狰狞、威武、严厉等性格和形象塑造。

早期的傩面具多用木制而成，造型夸张生动。

1. 看一看同学们的傩面具运用了哪些艺术创作手法？
2. 你想如何凸显面具表情？

知识链接：小朋友，你们知道"傩戏面具王"吗？它高 2.5 米、宽 1.35 米，由一棵千年古槐雕刻而成。

学生作品展示

制作步骤：构思—构图—装饰—粘贴

运用变形和夸张的手法，巧用材料，制作一个特点突出的傩戏面具并进行表演。

谁在面具制作过程中巧妙地运用了变形与夸张的手法？哪个小组表演得生动有趣？

第三章 剪纸

第一节 "剪纸"课程方案

主题名称	剪纸				
适用年级	小学二至六年级学生	课时安排	12课时	课程类型	选修
指导思想	中国民间剪纸是世界非物质文化遗产。在我国广大农村,每逢婚嫁喜庆或逢年过节,农民们贴剪纸、扎花灯,把生活环境布置得喜气洋洋。 剪纸是一种民族工艺,具有制作工具简单、制作流程简便和便于少儿接受的特点。川西剪纸是川西坝子的人民为了满足自身精神生活的需要而创造的,与日常生活紧密相连,精细婉约,体现了川西人最基本的审美观念和精神品质,具有鲜明的艺术特色和生活情趣。在课题"开发运用民间艺术资源,优化艺术教育内容"的研究中,我们将川西民间剪纸引进小学艺术课堂,开发校本活页资料"有趣的剪纸",把剪纸课程作为我校系列课程之一,从小培养学生对民间传统艺术的兴趣,提高他们的审美能力,陶冶他们的情操。通过教学,培养学生了解家乡、热爱家乡、建设家乡的情感。				
培养目标	通过走访剪纸艺人、欣赏剪纸作品,初步了解我国剪纸艺术的历史及文化底蕴,感受劳动人民的高超技艺。 通过接触剪纸作品,树立民族自豪感,培养学生热爱祖国传统的民族民间艺术,形成保护和传承的意识。 学会运用剪纸的基本技法,理解和掌握川西民间剪纸的造型装饰手法,培养学生创造性地设计剪纸作品的能力				

续表

内容框架	欣赏经典：欣赏非遗传承人的剪纸作品，感受民间剪纸艺术的独特魅力。 审美训练：引导学生欣赏剪纸艺术折、剪、刻等技法。 操作体验：通过赏析、试剪等教学活动，帮助学生了解剪纸相关文化，学习简单的剪纸技巧，激发学生对剪纸艺术的探究兴趣，继而创作优秀的剪纸作品
实施方案	本课程建议安排12课时完成。 了解剪纸艺术表现的内容、题材及寄托的美好寓意。通过学习家乡剪纸、自由创作、学唱剪纸歌和作品展示等方式进行学习活动。 欣赏教学，可以根据具体学情安排一定课时完成。主要了解剪纸的由来和剪纸与生活的联系等。 在创作中巧妙运用阳纹、点色、套色、分色、衬色等形式来表现艺术情趣和意境，创作出新颖有趣的剪纸作品
支撑条件	教学资源：教师、民间艺人、非遗传人、网络资源、非遗基地、非遗节等。 经费支持：课题组专用经费用于购买剪纸材料、聘请民间非遗传人、师生采风采访、作品展演等多种实践活动。 物质支持：学校结合实际，提供教具、多媒体、展演厅、演播室等物质保障。 时间保障：学校统筹，确保落实学习实践时间
课程评价	过程性评价：过程评价（70分）=课堂用具准备表现（15分）+作品参与表现（45分）+合作交流表现（10分）。 表现性评价：表现性任务完成情况（10分）。 作品评价：主要以作品获奖或者进入学校"榜上有名"（艺术橱窗展览）为标准（15分）。 档案袋评价：个人艺术档案袋设计富有个性、艺术性，并将个人的作品、各项表现、获奖信息等资料存入艺术成长袋（5分）
自我评价	我收集的剪纸资料（图片、文字资料等丰富，15分）。 我采访民间剪纸艺人（图片、采访方案等，15分）。 我办的民间剪纸小报（参加展评15分，展评获奖20分）。 我设计制作的剪纸作品（完整、美观、新颖，30分）。 我参与剪纸作品义卖、环境美化、社区文化宣传等活动（20分）

第二节 "剪纸"主题活动及其说明

学段	活动主题	简要说明	评价建议	课时建议
2~6年级	剪纸艺术知多少	参观剪纸作坊,认识剪纸非遗传人,虚心请教。观赏、认识剪纸作品,了解剪纸简单的制作方法,激发对剪纸学习的兴趣	参观时文明守纪,参与态度积极。主动思考,积极提问	2课时
2~6年级	我有一双小巧手——学习剪简单的团花	通过折剪的方式,参考月牙纹、毛毛纹、柳叶纹、瓜子点、圆点等纹样尝试剪一些团花作品。探究、交流制作方法,提高动手操作能力及探究兴趣	制作态度认真,遵守安全提示。所制作的作品完整、有趣,积极分享交流	2课时
2~6年级	小小传承人——学会创作剪纸作品	采风:以小组为单位,讨论拟定采风提纲,采访剪纸艺术非遗传人,在班级召开新闻发布会,交流采风收获。掌握几种简单的剪纸基本方法,学会步骤,熟练掌握折纸、设计纹样、剪刻等技巧,初步;树立技术意识,培养实践创新精神、动手能力和审美情趣,感受民间剪纸的魅力	采风方案制定合理,实践性强,组织有序。折剪技术熟练,作品生动有趣	4课时

有趣的民间艺术

续表

学段	活动主题	简要说明	评价建议	课时建议
2~6年级	学习歌曲《剪纸歌》	学唱教师创作歌曲《剪纸歌》并配合动作表演。 尝试选择合适的打击乐器为歌曲伴奏。 用自己喜欢的方式记录歌声和表演,并存入艺术档案夹	能用欢快的情绪演唱歌曲,会背唱歌曲。 能表演歌曲	2课时
	走进剪纸世界——剪纸作品展演会	在学习剪纸基本技艺过程中,学习创意表达,提高动手实践能力,体验工匠精神。 剪纸作品展演会。学会分工合作创设情境,以小组为单位,用自己创作的剪纸作品装饰生活环境	能创作剪纸作品,并将自己的作品用于美化生活	2课时

第三节 "剪纸"课程

家乡剪纸

四川剪纸是我国非物质文化遗产。四川民间剪纸稚拙古朴、粗犷浑厚、简洁灵活、自然风趣,充分展现了四川独特的艺术魅力。

1. 四川剪纸有什么特点?
2. 了解家乡的剪纸及剪纸艺人。
3. 你还能通过哪些方式了解更多的剪纸作品及剪纸艺人?

有趣的民间艺术

剪纸歌

1=F 2/4

寇红梅 词曲

中速稍快

6 3 2 | 5 1 2 | 2·3 2 1 | 6 1 2 0 |
小剪刀，多有用，能剪龙（来）能剪凤。

X X X | X X X | X X X X | X X X | 6 3 2 |
能剪山，能剪水，能剪鸭子 扁扁嘴。小剪刀，

5 1 2 | 2·3 2 1 | 5 1 2 0 | X X X |
有多能，剪什么（来）什么成。 能剪鸡，

X X X | X X X X | X X X | 5·3 5 3 | 5 1 2 |
能剪鹅，能剪鲤鱼 戏天河。再剪一棵 万年青，

6 1 2 | 3 1 2 | 2·3 2 1 | 2 6 | 1 - ‖
万年青，青万年，家庭幸福 代代 传。

1. 学唱歌曲并配合动作表演。
2. 选择合适的打击乐器为歌曲伴奏。

百变团花

团花是折纸和剪纸相结合的艺术，它简单易学，装饰性和艺术性都很强。一张纸、一把剪刀，通过巧妙的构思和不同的折叠方法，便可剪出令人喜出望外的图案来。

对角折　　对角折　　对角折　　折好　　画纹样　　剪纹样

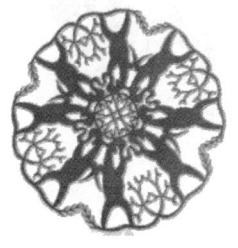

团花剪纸步骤

1. 以正方形纸的中心点为顶点连续对边、对角折叠数次。
2. 画出几个大小不同的单元纹样。
3. 沿着纹样剪出花纹，展开，制作完成。

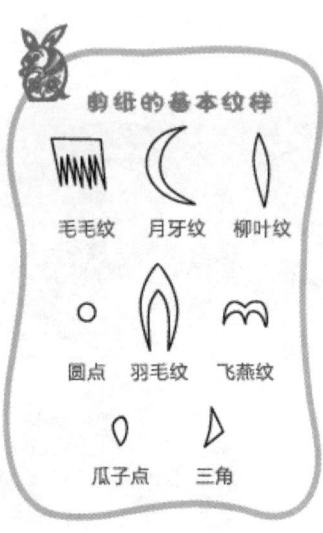

1. 说一说，除了本课中介绍的团花折法之外，你还知道其他的折法吗？
2. 想一想，怎样剪才能保持剪纸的完整外形？

请你折一折、剪一剪，剪几朵大小不同的团花，并用它来装饰自己的房间。

我学会了用对称的方法剪团花。看一看谁剪的团花更有创意，更具有装饰性。

小剪刀　大世界

剪纸是我国民间艺术瑰宝，艺术形式质朴、单纯，有着独特的艺术魅力。分阴刻、阳刻、混合刻等表现手法。

阳刻

阴刻

阳刻是保留形体造型线条，剪或刻去线条以外的块面部分。

阴刻是剪或刻去形体造型线条，保留块面部分，靠剪刻后的空白显示形象。

你能从这些剪纸作品中分辨哪个是阳刻，哪个是阴刻吗？

创作一幅阳刻或阴刻剪纸作品，剪好后，向同学们介绍自己的创作，并用它装饰一件生活中的小物件。

第四章　风筝

第一节　"风筝"课程方案

主题名称	风筝				
适用年级	小学一至六年级学生	课时安排	10课时	课程类型	选修
指导思想	习近平总书记指出：中华优秀传统文化是中华民族的精神命脉，是涵养社会主义核心价值观的重要源泉，也是我们在世界文化激荡中站稳脚跟的坚实根基。要结合新的时代条件传承和弘扬中华优秀传统文化，传承和弘扬中华美学精神。 《义务教育音乐课程标准》（2011年版）提出：地方和学校应结合当地人文地理环境和民族文化传统，开发具有地区、民族和学校特色的课程资源。要善于将本地区民族民间艺术（尤其是非物质文化遗产中的艺术项目）运用到课程中，使学生从小受到民族艺术文化熏陶，树立传承民族文化的意识。 在我国历史上，不知有多少人写风筝、画风筝、咏风筝、放风筝。风筝艺术是中华民族的传统文化之一，是融科技、娱乐、文化等要素于一体的传统民间工艺美术，是老百姓喜闻乐见的娱乐活动载体。每到春暖花开的季节，家人、朋友就会相约去放风筝。 了解风筝文化，学习风筝制作，对增强师生民族情感和家国情怀，激发学生的想象力和创新意识，培养学生的动手能力、科学精神和审美情趣，提高学生的核心素养具有积极意义。				

续表

培养目标	知道风筝艺术是中华民族的传统文化之一，了解民间风筝艺术文化，树立发扬、传承民间风筝艺术的意识。 　　感悟风筝的美感，体验风筝的制作程序，乐于参与风筝的设计与创新，具有探究兴趣。 　　学习风筝设计、制作等方面的知识，能制作风筝，愉悦身心、美化生活，培养科学精神和审美情趣
内容框架	欣赏经典：欣赏民间艺人的经典作品，通过网络查阅、收集有关风筝的知识，到当地放风筝的地方参与放风筝活动，进一步认识风筝。 　　审美训练：引导学生欣赏民间风筝，掌握其造型优美、扎制巧妙、色彩鲜明、起飞平稳，具有浓郁的乡土气息和独特的地方色彩等特点，培养学生的审美情趣，提高学生的审美能力。 　　操作体验：学生通过采风、采访、"看、做、飞"等教学活动，初步学习扎、画、糊的工艺方法，小组合作设计制作自己喜欢的风筝，并让它飞上天
实施方案	建议安排10课时完成。 　　了解家乡的风筝、欣赏风筝，让我们的风筝飞起来。 　　开展"看、做、飞"等教学活动。 　　看：通过赏析风筝作品，让学生了解风筝的起源、著名产地、不同风格及所用材料；掌握风筝的制作方法、审美要点及其蕴含的文化内涵。 　　做：通过所学的风筝知识，小组合作设计、制作自己喜欢的风筝作品，愉悦身心、美化生活。 　　飞：放自己制作的风筝
支撑条件	教学资源：教师、民间艺人、非遗传人、网络资源、非遗基地、非遗节等。 　　经费支持：课题组专用经费用于购买风筝制作材料、师生采风采访、作品展演等多种实践活动。 　　物质支持：学校结合实际，提供教具、多媒体、制作工具、演播室等物质保障。 　　时间保障：学校统筹，确保落实学习实践时间

续表

课程评价	过程性评价：过程评价（70分）=课堂用具准备表现（15分）+作品参与表现（15分）+表演充满自信（10分）+设计新颖独特（15分）+合作交流表现（15分）。 表现性评价：表现性任务完成情况（10分）。 情景性评价："演（表演）、展（展示）、赛（比赛）"活动中的表现情况。主要以作品获奖或者进入学校"榜上有名"（艺术橱窗展览）为标准（10分）。 档案袋评价：个人艺术档案袋设计富有个性、艺术性，并将个人的作品、各项活动中的表现、表演、获奖信息等资料存入艺术成长袋（5分）。 作品评价：作品参赛、参展、公益义卖、义演、艺展等情况（5分）
自我评价	我收集的与风筝有关的知识、诗词（图片、文字丰富，20分）。 我办的风筝知识小报（参加展评15分，展评获奖20分）。 我们小组设计制作的风筝（完整、美观、能飞，40分）。 我们小组采访了风筝民间艺人（撰写了采访方案和采访报告，20分）

第二节 "风筝"主题活动及其说明

学段	活动主题	简要说明	评价建议	课时建议
1~2年级	家乡风筝知多少——四川的风筝	在爸爸妈妈的带领下逛家乡的风筝市场,买一个自己喜欢的风筝,与爸爸妈妈一起放风筝。背诵一首有关风筝的诗词	参与态度积极、了解风筝知识。能自信地交流表达	2课时
3~4年级	丰富多彩的风筝	参观风筝制作坊,采访民间风筝制作艺人,虚心请教。观赏风筝作品、了解风筝简单的制作方法,激发对风筝的兴趣。了解风筝的历史,知道风筝艺术是中华民族的传统文化,是融科技、娱乐、文化等要素于一体的传统民间工艺美术。感悟风筝的美感,体验风筝的制作程序,具有探究兴趣。乐于参与风筝的设计与制作,培养科学精神和审美情趣	制作态度认真,遵守安全提示。所制作的作品完整、有趣,积极分享交流	2课时
5~6年级	争做风筝传承人——制作、放飞风筝	欣赏民间艺人的经典作品,上网查找,了解更多的风筝文化,举行风筝欣赏会。掌握风筝扎、画、糊等制作工艺。设计风筝图案,体现风筝的对称美、均衡美,动手制作风筝。培养创新精神和制作能力,提高学生的艺术素养。小组合作设计、制作自己喜欢的风筝,并进行放飞活动,让风筝飞起来	收集的资料内容丰富、保存完整,积极分享交流。技术熟练,作品均衡美,独具有对称美、特色。放自己制作的风筝,达到愉悦身心、美化生活的效果	6课时

第三节 "风筝"课程

家乡的风筝

四川风筝主要流行于成都、绵竹等地,半印半画,先在纸上印好人物或动物形象的墨线轮廓,再糊在骨架上,最后用红、黄、蓝、绿等水画粗粗刷几笔,显得潇洒流畅。

在四川,春风送暖便是放风筝的好日子。成都的东校场、三校场都是人们放风筝喜欢去的地方。风筝很多样式,如美人、仙、佛、鹰、雁、蝴蝶、蜻蜓等。

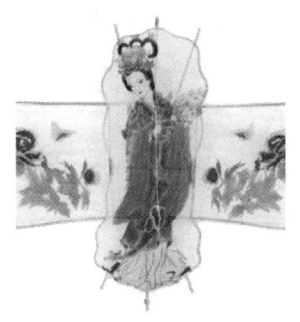

1. 你对家乡的风筝知道多少?
2. 你还能通过哪些方式了解更多有关风筝的知识?

成都的柏树林是过去有名的风筝市场,来自崇州、绵竹等地的民间艺人多在这里出售自己制作的风筝。

风筝欣赏

在中国,风筝有两千多年的历史。最初的风筝是用木头做的,叫"木鸢",后来改用纸做,叫"纸鸢"。在纸鸢上装上竹哨,风一吹动,竹哨便发出像古筝一样的声音,"风筝"便是这样来的。

硬翅类

立体类

中国风筝有北京、天津、潍坊、四川四大流派。山东潍坊是世界风筝之都,那里有世界最大的风筝博物馆。从1984年开始,那里每年都要举办一次国际风筝节。

串式类

微型礼品风筝

1. 了解风筝的放飞原理。
2. 你知道什么样的风筝才能飞得更高更远吗?

板子类

风筝种类繁多,风格多样,如串式、立体、硬翅、软翅、板子类等,令人眼花缭乱。

软翅类

北京风筝

开封、北京、天津、潍坊、南通、阳江并称中国六大传统风筝产地,所产风筝具有色彩鲜艳、图案美观的特点。放风筝是一项有益身心的娱乐活动。

1. 了解更多关于风筝的知识。
2. 选择一只喜欢的风筝,从图案、色彩、创作意图等方面进行评价。

让我们的风筝飞起来

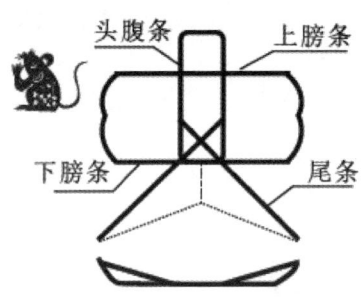

1. 风筝主要由哪几部分组成？

2. 怎样才能让风筝飞得更高？

3. 怎样装饰风筝更美丽，在天上更醒目？

制作风筝步骤

1. 扎：扎竹筋。

2. 糊：将风筝图样粘贴在竹筋上。

3. 绘：画图案。

4. 系：系上转轮与线。

大家在制作风筝时一定要小心使用剪刀、竹筋等工具，注意安全。

1. 四人一组,合作制作一只风筝。
2. 比一比谁的风筝飞得更高更远。
3. 创作一幅画——《放风筝》。
4. 说一说风筝给人们带来的快乐。
5. 与家人一起做一只漂亮的风筝,并到大自然中放飞。

第五章　川剧

第一节　"川剧"课程方案

主题名称	川剧				
适用年级	三至九年级学生	课时安排	10课时	课程类型	选修
指导思想	《国务院办公厅关于全面加强和改进学校美育工作的意见》要求"把培育和践行社会主义核心价值观融入学校美育全过程，根植中华优秀传统文化深厚土壤，汲取人类文明优秀成果，引领学生树立正确的审美观念、陶冶高尚的道德情操、培育深厚的民族情感、激发想象力和创新意识、拥有开阔的眼光和宽广的胸怀，培养造就德智体美全面发展的社会主义建设者和接班人"。 新课标提出："地方和学校应结合当地人文地理环境和民族文化传统，开发具有地区、民族和学校特色的课程资源。要善于将本地区民族民间艺术（尤其是非物质文化遗产中的艺术项目）运用到课程中来，使学生从小受到民族艺术文化熏陶，树立传承民族文化的意识。" "走进川剧"是课题"开发运用民间艺术资源，优化艺术教育内容"开发的校本教材。这一内容是对学校教材内容的新增和补充。目的在于让学生了解、学习家乡的音乐文化，让学生有机会近距离地接触到传统文化，体会川剧艺术的唱、念、做、打，感受川剧艺术那浓郁的生活气息和鲜明的艺术特色。				

续表

指导思想	感受、体验川剧音乐风格与韵味，进一步激发对民族民间音乐的热爱。欣赏川剧选段《易胆大》《空城计》《巴蜀秀才》《望江亭》《死水微澜》《变脸》等经典剧目，在学习中引导学生发现自然之美、生活之美、心灵之美，提升师生的审美素养，促进师生艺术学习社会化，形成文化个性和文化共性相统一的文化品格。让社会主义核心价值观、中华优秀传统文化基因浸润学生心田。 通过本课程学习，培育师生深厚的民族情感和家国情怀，激发想象力和创新意识。加深对本地民间艺术的了解，对感兴趣的民间艺术有个人感受，乐于和同学交流分享
培养目标	"走进川剧"是对学校教材内容的新增和补充。目的在于让孩子们了解学习家乡的音乐文化，让学生有机会近距离地接触到传统文化，体会川剧艺术唱、念、做、打，感受川剧艺术那浓郁的生活气息和鲜明的艺术特色。 感受、体验民族民间艺术宝库戏曲中的川剧音乐风格与韵味，进一步激发对民族民间音乐的热爱
内容框架	欣赏经典：欣赏非遗传承人的表演，学唱川剧，欣赏著名选段，学画川剧脸谱，了解川剧人物装饰等。 审美训练：了解托举、开慧眼、变脸、钻火圈、藏刀等川剧绝技，引导欣赏《白蛇传》《死水微澜》等川剧经典剧目。 操作体验：通过采风、采访、"看、听、讲、演"等教学活动，了解川剧的起源和发展以及相关文化，学习简单的唱腔以及表演形式，体会川剧艺术"唱、念、做、打齐全，妙语幽默连篇"的魅力，感受到川剧艺术浓郁的生活气息和鲜明的艺术特色
实施方案	建议安排 10 课时完成。了解川剧的起源和发展，川剧的基本唱腔。 根据具体学情安排一定课时了解川剧的起源和发展，学唱川剧，欣赏著名选段，学画川剧脸谱，了解川剧人物等。 可开展"看、听、讲、学、演"等教学活动。 看：观看托举、开慧眼、变脸、钻火圈、藏刀、吐火等川剧绝技，川剧服饰及道具等，激发兴趣。 听：欣赏川剧经典剧目，了解川剧的主要演唱形式

续表

实施方案	讲：采风、采访，查阅相关资料，了解川剧的历史文化。办一期川剧小报，介绍川剧文化知识、剧情、角色等。 学：在学生兴趣培养和提高的层面上开展研究，成立川剧票友会等，请民间艺术爱好者和艺术学院专业教师做讲座，进行辅导。 演：了解川剧角色行当。试着演一演。利用"红领巾"广播站播放川剧名优选段，在学校艺术节上展示川剧经典片段，举行川剧表演比赛等。
支撑条件	教学资源：教师、民间艺人、非遗传人、网络资源、非遗基地、非遗节等。 经费支持：课题组专用经费用于购买川剧服装、道具，聘请民间非遗传人，师生采风、采访，作品展演等多种实践活动。 物质支持：学校结合实际，提供教具、多媒体、展演厅、演播室等物质保障。 时间保障：学校统筹，确保落实学习实践时间。
课程评价	过程性评价：过程评价（70分）=课堂用具准备表现（15分）+作品参与表现（15分）+表演充满自信（10分）+创编新颖独特（15分）+合作交流表现（15分）。 表现性评价：表现性任务完成情况（10分）。 情景性评价："演（表演）、展（展示）、赛（比赛）"活动中的表现情况。主要以作品获奖或者进入学校"榜上有名"（艺术橱窗展览）为标准（10分）。 档案袋评价：个人艺术档案袋设计富有个性和艺术性，并将个人的作品、各项活动中的表现情况、表演情况、获奖信息等资料存入艺术成长袋（5分）。 作品评价：作品参赛、参展、公益义卖、义演、艺展等（5分）。
自我评价	我看过的川剧经典剧目（一部15分，两部以上20分）。 我学会的川剧唱段（一段15分，两段以上20分）。 我办的川剧小报（参加评展15分，展评获奖20分）。 我了解川剧的绝活（两个15分，三个以上20分）。 我采访了川剧民间艺人（采访15分，采访并撰写采访报告20分）。

 有趣的民间艺术

第二节 "川剧"主题活动及其说明

学段	活动主题	简要说明	评价建议	课时建议
3~4年级	魅力川剧——川剧知识知多少	采风、采访、查阅相关资料,了解川剧的历史文化,办一期川剧小报。欣赏著名川剧选段,学唱川剧,学画川剧脸谱,了解川剧人物装饰等	态度积极。从表演生动有趣等方面进行评价	2课时
5~6年级	学唱学绘——学习川剧唱段,绘制川剧脸谱	采访川剧演员和非遗传人,体会川剧艺术唱、念、做、打,感受川剧艺术浓郁的生活气息和鲜明的艺术特色,激发对川剧的兴趣。学唱川剧唱段,了解传统川剧和现代川剧。网上查阅,了解更多的川剧脸谱,群学交流自己最喜欢的川剧人物脸谱。探究、交流,绘制川剧脸谱,提高动手操作能力及探究兴趣	能拟定采访提纲,写出采访报告。参与态度认真,能完整演唱川剧唱段。所制作的作品符合人物性格,遵守安全提示。网络查阅,收集、整理更多关于川剧脸谱的资料,积极分享交流	2课时

续表

年级	主题	内容	目标	课时
7～9年级	经典永传承——欣赏经典川剧	欣赏经典川剧《易胆大》《空城计》《巴蜀秀才》《望江亭》《死水微澜》《变脸》等。了解川剧绝活，通过更多途径了解川剧知识，学习川剧文化	通过观看和学习不断提高自己的欣赏能力，真正感受川剧之美，享受川剧之美。能讲出自己喜欢的经典川剧剧目，并写出欣赏文字，培养专业和规范的欣赏品质	2课时
	川剧票友会——深入学习川剧	在学生兴趣培养和提高的层面上开展研究，成立川剧票友会等，请民间艺术爱好者、川剧演员、非遗传人和艺术学院川剧专业教师做讲座、进行辅导	参与态度积极，能与同伴交流，分享自己的学习收获	2课时
	川剧展演会——展示学习收获	在班会、艺术节、社区义演上展示自己学习川剧的收获。从经典川剧剧目中选择自己喜欢的人物，结合人物性格创制脸谱。举行作品展演会，戴上自己绘制的脸谱出演自己喜爱的人物	能自创作品，并进行情景表演	2课时

有趣的民间艺术

第三节 "川剧"课程

川剧简介

川剧,又称"川戏",国家非物质文化遗产,形成于乾隆年间,流行于四川、重庆及贵州、云南部分地区。成都是戏剧之乡,早在唐代就有"蜀戏冠天下"的说法。

川剧

角色　行当

旦角　小生　生角　花脸　丑角

川剧唱腔

在戏曲声腔上,由高腔、昆腔、胡琴腔、弹戏等四大声腔加一种本省民间灯戏组成。唱、做、念、打齐全,妙语幽默连篇,器乐帮腔烘托,"变脸""喷火""水袖"独树一帜,再加上写意的程式化动作,蕴含不尽的妙味。

水袖

喷火

变脸

1. 了解川剧绝活。
2. 你还能通过哪些方式了解更多川剧知识?

川剧经典剧目欣赏

《易胆大》

《空城计》

《望江亭》

《巴蜀秀才》

调查者:	调查时间:	调查地点:
调查项目	1. 你知道哪些川剧经典剧目？ 2. 你最喜欢哪一出川剧剧目？ 3. 你了解、认识哪些川剧演员？ 4. 你学会了哪些川剧唱段？ 5. 举例介绍著名的传统川剧。 6. 举例介绍著名的现代川剧。	

学唱川剧

学川剧先要练习唱、念、做、打基本功，基础扎实了，力度和体力有了保证，川剧的灵气才得以展现。

学唱川剧戏歌《铃儿响叮当》。

欣赏川剧脸谱

　　川剧以变脸闻名。川剧脸谱是川剧表演艺术中重要的组成部分。其脸谱形式十分丰富，造型夸张而又严谨规范、色彩艳丽又不失古朴、精美绝伦且寓意深刻。

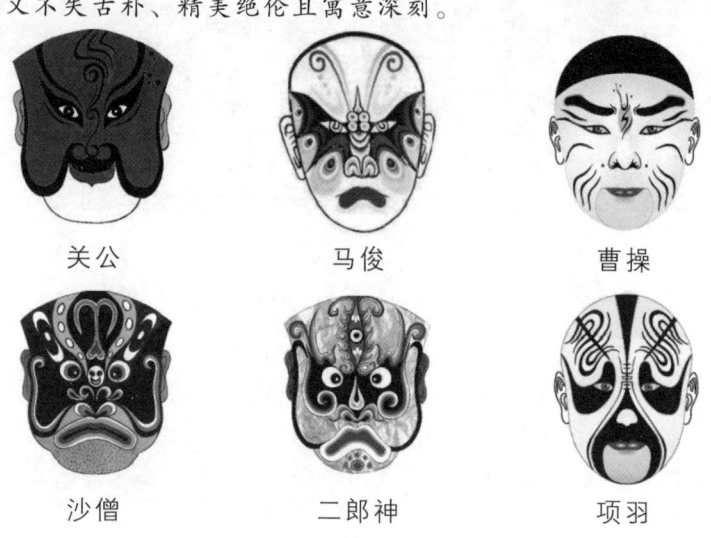

关公　　　　　马俊　　　　　曹操

沙僧　　　　　二郎神　　　　项羽

学生作品

　　颜色是最基本的角色标记，以颜色表现人物的基本特征。在颜色定调的前提下，在人物脸膛上勾画具有象征性和寓意性的图案，以显示剧中人物的特征。

绘制川剧脸谱

绘制步骤

1. 勾画出脸型。2. 找出脸部两条中轴线。3. 在刻画块面时，留出眼睛、口鼻位置。4. 在眉毛嘴巴及脸型上加以夸张和造型。5. 填色，挖空人物眼睛处。

说一说

1. 我知道了川剧脸谱的特点。
2. 你最喜欢哪一个脸谱，为什么？

说三国，画脸谱

1. 你知道哪些三国人物和三国故事？和同学说一说。
2. 绘制一张三国人物脸谱。

 有趣的民间艺术

第六章 版画

第一节 "綦江农民版画"课程方案

主题名称	版画				
适用年级	小学一至六年级学生	课时安排	8课时	课程类型	选修
指导思想	《国务院办公厅关于全面加强和改进学校美育工作的意见》要求"把培育和践行社会主义核心价值观融入学校美育全过程,根植中华优秀传统文化深厚土壤,汲取人类文明优秀成果,引领学生树立正确的审美观念、陶冶高尚的道德情操、培育深厚的民族情感、激发想象力和创新意识、拥有开阔的眼光和宽广的胸怀,培养造就德智体美全面发展的社会主义建设者和接班人"。 美术课程标准倡导:"在广泛的文化情境中认识美术特征,美术表现的多样性及美术对社会生活的独特贡献,并逐步形成热爱祖国优秀文化传统和尊重世界文化的多样性的价值观。" 儿童版画是绘画和手工结合的艺术,深受学生喜欢。教学时易于唤起其绘画灵感,发挥个性,发展其绘画表现力和创造力;体验不同材质的特性及效果。活动富有趣味性,更能满足小学生的游戏心理。 我校是一所新建的学校,学生大都是当地菜农子弟和外来务工人员的子女。学生对农民生活比较了解,结合学生的生活环境和生活阅历,初步尝试引导其学习綦江农民版画。学习联系生活,适合我校学生的实际情况。 通过本课程学习,师生皆感悟到强烈的地方艺术特色和版画的融合,感受到画、刻、印的乐趣,养成踏实、认真的学习态度和工匠精神,培养热爱祖国优秀传统文化的价值观				

续表

培养目标	用刻刀、色彩、油墨等媒介记录与表现所见所闻、所感所想，发展美术构思与创作的能力，表达思想与情感。进行简易版画创作。 感受綦江农民版画的艺术特点，尊重、理解綦江农民版画，并能利用版画工具表达感受和简单创作。乐于参与创作实践
内容框架	欣赏经典：赏析优秀的版画作品，感受版画的艺术魅力。 跟岗学习：向优秀版画大师、艺人学习。 艺术实践：通过赏析、观察、尝试体验版画刀法、油印、粉印的程序，在看、析、刻、印、拓等活动中，帮助学生了解版画用刀、用色的方法及艺术效果，激发学生对版画的兴趣
实施方案	建议安排8课时完成。赏析认识版画的艺术特点和表现方法，并能创作出自己的版画作品。 赏：欣赏大量优秀的綦江农民版画。通过描述、分析与讨论，用简单的美术语言对版画作品的内容与形式进行分析，表达对美术作品的感受和理解。 画：按照心中的构思，画出所想所感。 刻：通过尝试用刀、木刻等方式，了解版画用刀的方法。印制：根据需要，选择通过油墨或色彩上色，色彩自然大方，明亮欢快，厚实艳丽
支撑条件	教学资源：教师、网络资源、美术功能室、版画材料等。 经费支持：课题组专用经费用于购买版画器材、聘请民间非遗传承人、师生采风采访、作品展演等多种实践活动。 物质支持：学校结合实际，提供教具、多媒体、美术功能室和展示场所等物质保障。 时间保障：学校统筹，确保落实学习实践时间（学校社团、第二课堂等）

续表

课程评价	过程性评价：过程评价（50分）＝平时表现：课堂学习状态和小组合作学习交流表现（10分）＋课前带学具情况、材料准备情况（10分）＋课堂学习状态（听讲、回答、讨论、合作）（10分））＋作业本、教科书的保护及美术习惯养成（10分）＋作业完成情况：是否按时完成作业，上交作品参加班级、学校美术作品展示情况（10分）。 表现性评价：表现性任务完成情况（20分）。 情景性评价：各级各类展示活动、比赛中的表现情况。主要以作品获奖或者进入学校"榜上有名"（艺术橱窗展览）为标准（10分）。 档案袋评价：个人艺术档案袋设计富有个性和艺术性，并将个人的作品、在各项活动中的表现情况、获奖信息等资料存入艺术成长袋（10分）。 作品评价：作品参赛、参展、公益义卖、义演、艺展等（10分）
自我评价	我收集的版画资料（图片、文字资料等丰富30分） 我参观了版画展或民间版画制作坊（图片，记录等30分） 我设计制作的版画作品（参加展评20分，展评获奖40分）

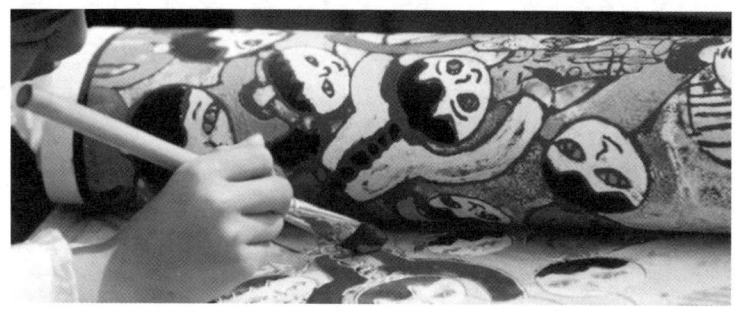

第二节 "綦江农民版画"主题活动及其说明

学段	活动主题	简要说明	评价建议	课时建议
1～3年级	黑白版画	通过欣赏、讲解，尝试刻、拓印等方法，认识黑白版画，了解不同材质的黑白版画简单的制作方法，激发对版画学习持续的兴趣	主动思考，积极提问，能够通过欣赏、描述认识不同材料的黑白版画，运用多种材料表现所见所闻、所感所想，发展美术构思与创作的能力，表达思想与情感	2课时
3～6年级	认识綦江版画	感受、认识綦江农民版画的艺术特点及美感，尊重、理解綦江农民版画。通过赏析、观察，尝试体验綦江农民版画刀法、粉印的程序，在看、析、刻、印、拓等活动中，帮助学生了解綦江版画用刀、用色的方法及艺术效果，激发学生对版画的兴趣	主动思考，积极提问，能够分辨綦江农民版画，并能用自己的语言进行评价，能描述綦江农民版画的特点及美感。制作态度认真，遵守安全提示。制作作品完整、有趣，积极分享交流	2课时
	版画创作	构思草图，将图稿印到木板或吹塑纸上，一步一步完成图稿。掌握几种简单刻版基本方法，学会步骤，初步树立技术意识。培养实践创新精神、动手能力和审美情趣，感受綦江农民版画的魅力。细致刻画作品，上色、拓印。利用作品布展、装饰	技术熟练，作品生动有趣。作品具有綦江农民版画的特点，且有自己的创作理念	4课时

第三节 "版画"课程

綦江版画欣赏

綦江农民版画源于明清年间的木板年画,是一种先在木板上雕刻出图画,再拓印而成的纯手工之作。

版画具有间接性(以版材为媒介)和复数性(一版多印)。綦江农民套色版画大多一版一印。

綦江农民版画构图明快,色彩艳丽,大都取材于广大农民群众的生产和生活实践,具有浓郁的民族民间风情和生活气息。

1. 綦江版画有什么特点?
2. 你还能通过哪些方式了解更多的版画知识?

版画基本刀法

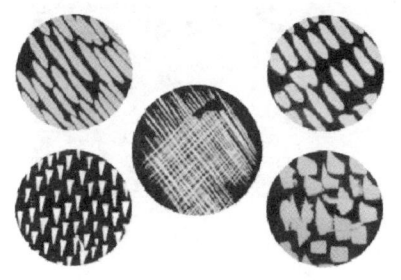

点、线、面是版画刀法的基本组织方式。

工具

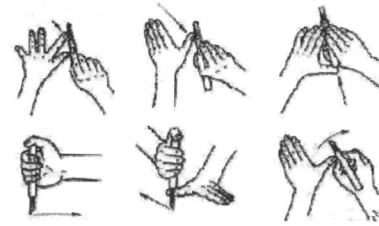

执刀方法

1. 版画的特点是什么？你喜欢哪幅版画？说出你喜欢的理由？

2. 身边什么材料可以用来制作版画？

温馨提示：在制作版画过程中应注意工具使用安全。

有趣的民间艺术

根据给出的图例,选择一种光线表现手法表现主体物。选择1~2种刀法组织画面。在画面中要体现点、线、面。

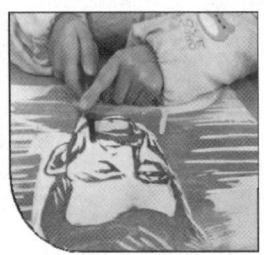
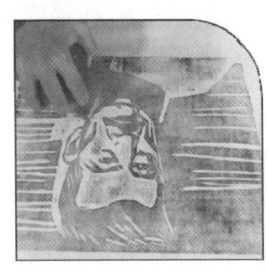

版画的创作

创作步骤

1. 起稿

2. 刻板

3. 刻板完成

4. 上油墨

5. 印制

6. 印制完成

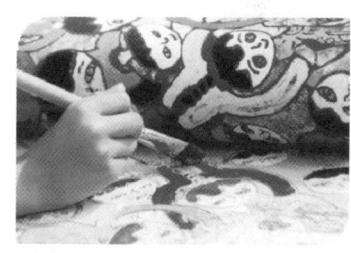

用学到的方法和步骤,独立创作完成一幅版画作品

有趣的民间艺术

学生作品欣赏

1. 我学会了怎样制作版画。

2. 说一说谁制作的版画更精美，更独特？

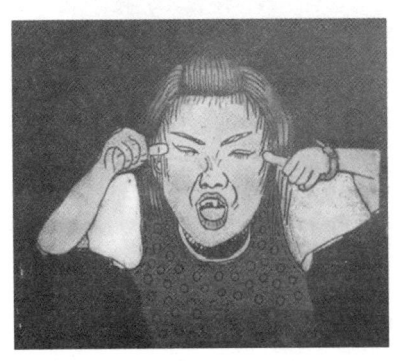

第七章　古老神秘的羌族民间乐器

第一节　"古老神秘的羌族民间乐器"课程方案

主题名称	古老神秘的羌族民间乐器			
适用年级	小学一至六年级学生	课时安排	10课时	课程类型	选修
指导思想	《国务院办公厅关于全面加强和改进学校美育工作的意见》要求"把培育和践行社会主义核心价值观融入学校美育全过程,根植中华优秀传统文化深厚土壤,汲取人类文明优秀成果,引领学生树立正确的审美观念、陶冶高尚的道德情操、培育深厚的民族情感、激发想象力和创新意识、拥有开阔的眼光和宽广的胸怀,培养造就德智体美全面发展的社会主义建设者和接班人"。 新课标提出:"地方和学校应结合当地人文地理环境和民族文化传统,开发具有地区、民族和学校特色的课程资源。要善于将本地区民族民间艺术(尤其是非物质文化遗产中的艺术项目)运用到课程中来,使学生从小受到民族艺术文化熏陶,树立传承民族文化的意识。" 羊皮鼓、羌笛、口弦是羌族传承至今的最具有代表性的古老乐器,植根四川,特色鲜明,是我们"家门口"的民间艺术。不仅文化含量高,品格高雅,而且比较经济,资源容易获得。 通过羊皮鼓、羌笛、口弦的学习,引导学生发现自然之美、生活之美、心灵之美,提升师生的审美素养,促进师生艺术学习社会化,形成文化个性和文化共性相统一的文化品格。让社会主义核心价值观、中华优秀传统文化基因浸润学生心田。			

续表

指导思想	通过本课程学习，培育师生深厚的民族情感和家国情怀，激发学生的想象力和创新意识，加深学生对本地民间艺术的了解，乐于和同学交流分享
培养目标	尊重、接纳、保护羌族民间乐器，了解这些乐器的结构、音色、相关文化，知道羌族是一个古老的能歌善舞的民族。 感悟羌族音乐特点，体验羌族民间乐器演奏，学习相关的具有代表性的音乐。 理解羌族的音乐文化，乐于参与羌族民间乐器的演奏，具有探究兴趣。 讲述羌族民间故事，运用多种表现手段，结合身边的材料、音源等创设情境，设计音乐活动，用羊皮鼓、羌笛、口弦等羌族民间乐器伴奏
内容框架	欣赏经典：欣赏非遗传承人的表演，感受羌族具有代表性的民间乐器羊皮鼓、羌笛、口弦的表现魅力。 审美训练：引导学生欣赏羊皮鼓、羌笛、口弦的音色特点，学习简单的演奏技法。 操作体验：通过采风、采访、"玩、听、讲、演"等教学活动，帮助学生了解羊皮鼓、羌笛、口弦的结构、音色和相关文化，学习简单的演奏技巧，激发学生对羌族民间乐器的接纳、喜欢之情和探究兴趣
实施方案	建议安排10课时完成。了解羊皮鼓，学习一些基本的敲击方法，设计基本节奏型，为熟悉的羌族民歌伴奏，开展以"祭祀山神"为主题的编创活动。 可以根据具体学情安排一定课时完成羌笛、口弦教学。主要了解乐器形状、音色、制作等相关知识，学习具有代表性的音乐，感悟羌族音乐特点。 可进行"玩、听、讲、演"等教学活动。 玩：玩一玩乐器，了解乐器的形状、材质等结构。 听：通过聆听经典范奏曲目，了解乐器的音色、发声原理、演奏特点以及表达的音乐意境。 讲：采风、采访、查阅相关资料，讲述乐器的历史文化。 演：讲一个羌族民间故事，结合运用身边的材料、音源等创设情境，设计音乐活动，用羊皮鼓、羌笛、口弦等羌族民间乐器伴奏

支撑条件	教学资源：教师、民间艺人、非遗传人、网络资源、非遗基地、非遗博览会等。 经费支持：课题组专用经费用于购买乐器、聘请民间非遗传人、师生采风采访、作品展演等多种实践活动。 物质支持：学校结合实际，提供教具、多媒体、展演厅、演播室等物质保障。 时间保障：学校统筹，确保落实学习实践时间
课程评价	过程性评价：过程评价（70分）=课堂用具准备表现（15分）+作品参与表现（15分）+表演充满自信（10分）+创编新颖独特（15分）+合作交流表现（15分）。 表现性评价：表现性任务完成情况（10分）。 情景性评价："演（表演）、展（展示）、赛（比赛）"活动中的表现情况。主要以作品获奖或者进入学校"榜上有名"（艺术橱窗展览）为标准（10分）。 档案袋评价：个人艺术档案袋设计富有个性和艺术性，并将个人的作品、在各项活动中的表现、表演情况、获奖信息等资料存入艺术成长袋（5分）。 作品评价：作品参赛、参展、公益义卖、义演、艺展等（5分）
自我评价	我收集的羌族民间乐器资料（图片、文字资料等丰富10分）。 我采访了羌族民间乐器演奏艺人（图片、文字记录等齐全20分）。 我办了小报介绍羌族民间乐器（参展20分）。 我参观了羌族民间乐器制作坊（图片、文字记录等齐全20分）。 我学习了羌族民间乐器的演奏方法（参加表演20分，获奖30分）

第二节 "古老神秘的羌族民间乐器"主题活动及其说明

学段	活动主题	简要说明	评价建议	课时建议
3~4年级	古老神秘的羌族乐器——看一看、听一听	参观羌族非遗传人工作坊、非遗博览园等，认识、了解羌族非遗传人，听羌族乐器非遗传人讲故事。 聆听非遗传人的演奏，知道乐器的音色。 看一段羌族乐器演奏视频，感受羌族乐器的魅力。 了解羊皮鼓、羌笛、口弦等羌族乐器的手工制作方法，认识乐器的形状，激发兴趣	参观时文明守纪，参与态度积极，虚心询问请教。 乐于分享自己旅游、参观见闻。 将自己参观时收集的文字、图片、音像资料等存于艺术档案夹	2课时
4~5年级	羌族乐器知多少——玩一玩、讲一讲	以小组为单位，讨论拟定采风提纲，采访民间羌族乐器非遗传人，在班级交流采风收获。 上网查阅，收集整理相关资料，办一期小报。 通过观赏、把玩等，认识了解这些乐器的结构、音色，知道羌族是一个古老的能歌善舞的民族。 利用身边的材料，自制简易羌鼓，设计鼓面，向民间艺人学习简单的演奏方法，设计基本节奏型，并表演	参与态度认真，遵守安全提示。 乐于尝试演奏、制作，兴趣浓。 网络查阅内容丰富，将收集的文字、图片、音像资料等存于艺术档案夹。积极分享交流。 采风方案制定合理，实践性强，组织有序	4课时

续表

年级				
5~6年级	我是小小羌族乐器传承人——舞一舞、演一演	选一件自己喜欢的羌族乐器学习。学唱《顶跟儿》《欧央舍西央舍》《西斯古》《吹起羌笛跳锅庄》《思念》等歌曲，并配合动作表演，尝试选择合适的打击乐器为歌曲伴奏。 讲一个羌族民间故事，运用多种表现手段，结合运用身边的材料、音源等创设情境，设计音乐活动，用羊皮鼓、羌笛、口弦等羌族民间乐器伴奏。 用自己喜欢的方式，记录歌声和表演，存入艺术档案夹	参与态度积极、认真。 演奏技术熟练，表演生动有趣。 能用欢快的情绪演唱歌曲，能有感情地朗诵。 情景创设表演完整、有创意、生动有趣	4课时

第三节 "古老神秘的羌族民间乐器"课程

羊皮鼓

羊皮鼓,鼓框木制,单面蒙以羊皮。演奏时,左手握弓形木把持鼓,右手持鼓槌敲击。鼓心声音低沉浑厚,鼓边声音高亢清脆。

羊皮鼓与盘铃都是羌族释比祭祀驱邪的法器。仪式时,释比手执羊皮鼓,口中念唱咒语、经文而舞,动作轻盈敏捷,和着鼓声、盘铃的摇荡声,充满了神秘气氛。

羌族巫舞后来逐渐演变成民间自娱性舞蹈,成为现代羊皮鼓舞。羊皮鼓舞由男子表演,动作粗犷奔放,尽显男子汉的阳刚之气。

羊皮鼓介绍

羊皮鼓的唱腔有固定的曲调和唱词。如[立五门][甲子][十大古人][学家子][还喜神][舞坛][四点红][十二花]等。

羊皮鼓的打法和鼓点的节奏变化丰富。有[硬三鞭][软三鞭][野鸡扑][偷点子][牛擦痒]等十多种。

羊皮鼓的基本动作

有"襄鼓""揉麻窝子""单腿跳""凤凰三点头""线笵子""襄星辰""勾腿跳"等。

羊皮鼓传说

据说很早以前，羌族是有文字的。祖师爷把从天神那里得来的各种经文记录保存在一卷卷桦树皮上。某天，在山坡上晾晒经卷时，一只山羊竟将经卷全部偷吃，并逃逸。祖师爷捶胸顿足，四处寻觅这只山羊却不得踪影。这时，一只金丝猴告诉祖师爷山羊吃掉经卷的经过。从此，祖师爷便在金丝猴的协助下追捕这只山羊。经过千辛万苦，终于找到了它。祖师爷把宰杀后的山羊的皮制成了祭神用的鼓。每当祖师爷敲打单鼓时，眼前就会出现写在桦树皮上的经文。为了使这些宝贵的经文永远不再丢失，祖师爷背下所有的经文，并以口传心授的方法传授给后代巫师，不再使用文字。同时，为了感谢金丝猴引路，在金丝猴死后，羌族人将它的头和皮制成帽子，并饰以驱邪镇魔的小铜镜、海螺等法器，作为祭祀中不可缺少的物品。

1. 敲一敲，听一听，说一说。
2. 探索羊皮鼓不同的敲击方式，设计几种节奏型，为熟悉的歌曲伴奏。

羌笛

羌笛是羌族独有的一种民间竖吹乐器,其演奏及制作技艺始于秦汉。

羌笛管身竹制或骨制,长 15 至 20 厘米,两管相并用丝线缠绕,管头插竹黄,管上设五个或六个按孔。吹奏时需用口腔、鼻腔、胸腔循环换气,一气呵成。

羌笛音质明亮清脆、略有悲凉之感。主要是传达羌族人的思念向往之情,适于独奏,也可为歌舞伴奏。羌笛在民间有"一个人的乐队"之美誉。2006 年,羌笛吹奏及制作技艺被列入首批国家级非物质文化遗产名录。

《凉州词》

王之涣

黄河远上白云间,
一片孤城万仞山。
羌笛何须怨杨柳,
春风不度玉门关。

收集有关羌笛的诗句,并朗诵。

羌笛制作

羌族羌笛制作传人 赵福寿

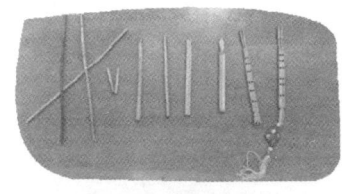

哇，小小的竹竿变成了羌笛

原来是这些工具制作的

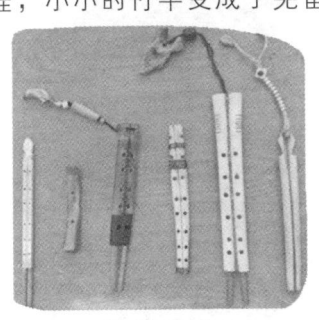

骨质羌笛

原来羌笛有这么多的样式

银质羌笛

羌笛具有代表性的传承人

何王全,羌族,1965年出生于四川省阿坝藏族羌族自治州茂县黑虎乡。非物质文化羌笛传承人。

羌笛传说

从前有个传说，勒布寨的羌族同外族人争夺山林。有一次，寨子里突然传来阵阵动听的笛声。大家都跑出寨子去看，见半山腰有个眉清目秀的男娃娃，在吹一根用两截竹管做的笛子。

恰恰在这个时候，大家看见来偷袭的外族人已经爬到山顶了。大家赶紧抽出短刀，和外族人打起来，赶跑了外族人。大家感激地对吹笛子的娃娃说："多谢你了。要不是你的笛声引我们出来，恐怕我们已遭大难了！"那个娃娃笑笑说："我是天上派下来的。下来的时候，正好碰到那些人来偷袭寨子，我就吹起羌笛。从今天起，你们就用笛子来报信吧。"说完，娃娃把笛子送给大家。

从此，羌族人民就用羌笛互相报信，只是后来才变成乐器的。

有趣的民间艺术

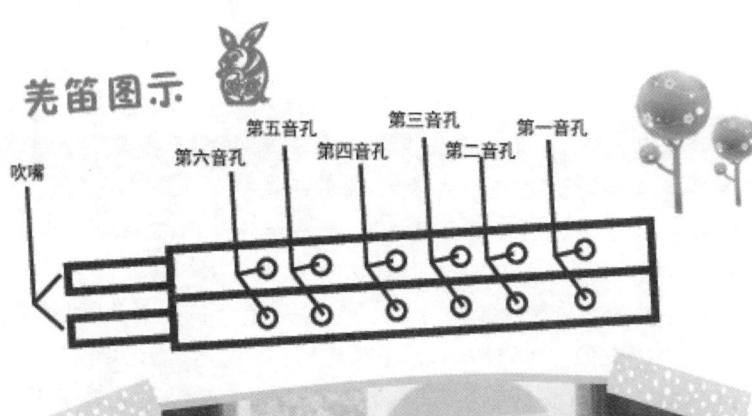

羌笛图示

羌笛全按作5指法表

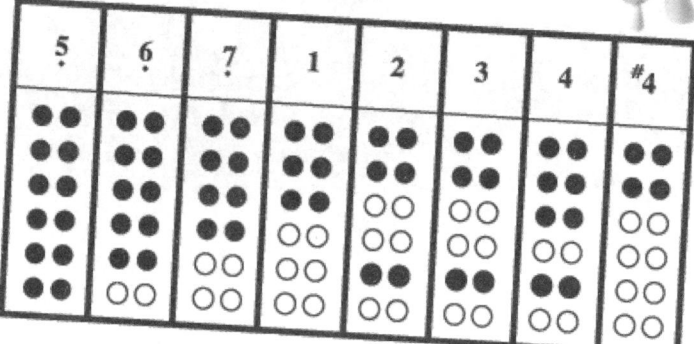

表中是从下到上按一至六孔的顺序排列
● 表示闭孔　　○ 表示开孔

思 念

1=C $\frac{4}{4}$ $\frac{2}{4}$　　　　　　作曲：何王全
悠扬、自由　　　　　　　　整理：袁永杰　张静芝

$\overset{3213}{6}$ - - - | 1　2　$\underline{2}$$\overset{\frown}{\dot{3}}$·| 3 - - | $\overset{3}{\underline{3}}$ $\overset{2}{\underline{3}}$ $\overset{1}{\underline{3}}$ $\overset{1}{\underline{3}}$ |

4·$\underline{3}$　2·　4　$\underline{3\,2\,3}$ | $\underline{1\,2\,3}$ $\underline{2\,3}$ 1　$\overset{\frown}{\underline{7\,6}}$ | 6 - - - |

$\underline{2\,3}$ $\underline{1\,2}$ 4·　3 | $\underline{2\,3}$ $\underline{1\,2}$ - - | 4·$\underline{3}$　2·　4　$\underline{3\,2\,3}$ |

$\underline{1\,2}$ $\underline{3\,2\,3}$ 1　$\underline{7\,6}$ | 6 - - ‖: $\underline{1\,1}$ $\underline{6\,1}$ 2 | 3 - |

$\underline{3\,6}$ $\underline{1\,2\,1}$ | 6 - | $\underline{2\,2\,1\,2}$ $\underline{3\,3\,2\,1}$ | $\underline{6\,2\,1}$ $\underline{6\,5\,6}$ |

$\underline{2\,2\,1\,2}$ $\underline{3\,3\,2\,1}$ | $\underline{6\,2\,1}$ $\underline{6\,5\,6}$ | 6　$\underline{2\,1\,2}$ | 3 - |

6　$\underline{2\,1\,2}$ | 2·　3 | $\underline{1\,2\,2\,2}$ $\underline{2\,1\,1\,6}$ | 6 - :‖

　　　　　　　　　　　　　　　　　　　　　　　D.S.

注：此曲快板两段结束后，再慢板结束

吹起羌笛跳锅庄

羌族民歌
周小泉编词曲

1 = A 2/4

(5656 2323 | 5656 2323 | 5656 2123 |
1 10) | 5 1 | 2161 5 | 2 5 | 53 23 2 |
　　　　　1.2.吹 起 羌 笛（哟）{跳 锅 庄（罗 喂），
　　　　　　　　　　　　　　　 把 歌 唱（罗 喂），

2255 | 3321 | 6626 | 5 50 | 25 255 |
羌族人民 喜洋 洋，喜呀喜洋 洋（呃）。{在这祖国的
　　　　　　　　　　　　　　　　　 在这欢腾的

6 65 | 2 5 | 5323 2 | 2255 | 3321 |
土 地上，生 活 多 幸 福， 我们怎能 不跳 舞，
节 日里，心 情 多 激 荡，

6626 | 5 50 | 5·2 | 5·2 | 6·5 62 |
怎能不歌 唱（呃）。跳 吧！跳 吧！跳得心花

5 - | 2·3 | 2·5 | 2226 | 5 - |
放， 唱 吧！唱 吧！歌声传四 方。

5555 | 1 05 | 1 0 ‖ 1 05 | 1 0 ‖
歌声传四方。（罗 喂） 方。（罗 喂）

1. 收集羌笛的相关资料，与同学们交流。
2. 唱一唱何王全老师创作的羌笛独奏曲《思念》。

口弦

　　口弦，是一种自娱自乐的羌族民间竹簧乐器。其形制为油竹削制成的约 10 厘米长叶片，内刻 7 厘米左右细长舌簧，末端缚以细麻线。

　　演奏时，左手的拇指和食指夹住乐器的手柄，将簧舌部分放在两唇之间，用右手的拇指和食指来回扯线，使簧片振动而发音。其音的改变全凭演奏者扯动麻线的力度和舌头触及簧片的位置以及口形大小、口中气流的强弱。曲调大多即兴创作，音域八度之内，音量细小，一般只能演奏出简单朴素的旋律。

　　口弦主要在劳作间歇、婚丧嫁娶、节日庆典时由妇女吹奏，可独奏或合奏。有情歌、颂歌、劳动歌等。其音色绵绵悠长，所表达的意蕴往往只可意会不可言传。

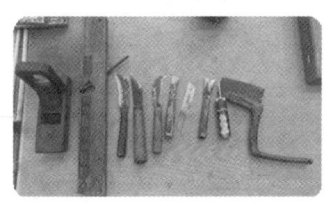 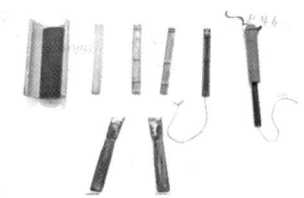

　　原始的工具让竹片一下子就变成了小巧的口弦哦！

羌族口弦具有代表性的传承人

王泽兰,羌族。1953年出生于北川羌族自治县,四川省非物质文化遗产羌族口弦传承人。

羌族口弦传说

据说几千年前,羌族小伙尔玛撒哈看上了羌族姑娘白珠。为打动白珠的芳心,尔玛撒哈试着用竹片做了一个简单的乐器送给白珠。白珠试奏后,芳心大悦。后来,尔玛撒哈的舅舅给他定了一门亲事。尔玛撒哈成亲那天,白珠伤心地爬到对面山上,吹着口弦,跳下了山崖。

从那以后,羌族男女恋爱时,男青年都要制作口弦送给女方作为信物。有诗曰:"小小竹片中间空,麻绳扯奏响叮咚,房前屋后碉楼上,花前月夕起春风。"

羌笛、口弦的美丽传说

这是羌族人迁徙时发生的一个爱情故事。小伙子叫姆斯基,姑娘叫姆斯满,两人非常相爱。姑娘家里很富有,小伙子家里很穷,姑娘随部落南迁,而小伙子留在了原来的地方,从此这对恋人天各一方。

姆斯基每天都要到山上遥望着恋人的方向。为了倾诉自己的思念之情,他随手摘了一根蒲公英的花茎,含在嘴里,不停地吹。蒲公英的花茎虽然能吹出声音,但吹不出旋律。于是他到山上砍来竹子,钻了孔,做成笛子吹奏。他做的笛子和其他笛子不一样,他把两只笛子绑在一起,以代表他和姆斯满忠贞的爱情,这根笛子就是后来的羌笛。姆斯满也非常思念姆斯基,她用竹子做成了口弦,每天坐在房顶上,扯着口弦,表达思念之情。他们通过羌笛、口弦相互诉说着自己的思念,日复一日,从未间断。

这样过了很长的时间,他们的真情感动了阿巴斯。阿巴斯施法,让他们听见了对方的乐声,他们彼此约定,无论路途多么遥远也要相会。于是,他们追寻着乐声向对方走去。不知趟过了多少条河,翻过了多少座山,磨破了多少双鞋,功夫不负有心人,多年后他们终于走到了一起。

相会那天,两鬓斑白、满脸皱纹的他们已经认不出彼此。姆斯满问一路人:你要到哪里去?路人答:"我要去找扯口弦的人。""我就是啊!"姆斯满回答道。他们抑制不住内心的激动,抱头痛哭。这对有情人历经千辛万苦,终于相会了。他们在相会的地方修房子,开垦荒地,幸福地生活在一起。

1. 收集羌族口弦的相关资料,与同学们交流。
2. 看一看、玩一玩、听一听、讲一讲。

第八章　云朵上的斑斓

第一节　"云朵上的斑斓"课程方案

主题名称	课题主题：课程架构图 单元子题：云朵上的斑斓 （1）认识羌族："走进羌寨""羊角花" （2）羌族服饰："羌族鞋垫""羌族围腰""羌族头饰""羌族云肩""羌族服饰色彩" （3）羌鼓："仿制羌鼓" （4）羌碉："水墨羌寨""仰望羌碉" （5）萨朗动态："羌族萨朗舞" （6）拓展羌艺："现代生活中的羌族风"
延伸活动	美术作品展、校园文化建设、校园艺术节、各级各类比赛和展演活动
指导思想	习近平总书记于 2014 年 10 月 15 日在北京文艺工作座谈会上指出：中华优秀传统文化是中华民族的精神命脉，是涵养社会主义核心价值观的重要源泉，也是我们在世界文化激荡中站稳脚跟的坚实根基。要结合新的时代条件传承和弘扬中华优秀传统文化，传承和弘扬中华美学精神。 新课标提出："地方和学校应结合当地人文地理环境和民族文化传统，开发具有地区、民族和学校特色的课程资源。要善于将本地区民族民间艺术（尤其是非物质文化遗产中的艺术项目）运用到课程中来，使学生从小受到民族艺术文化熏陶，树立传承民族文化的意识。" 如何将中国非物质文化遗产恰当地引入学校，既丰富学校文化和课程，又促进优秀民族文化的传承，这是一个国家民族文化发展的战略问题。羌族有四十多项非物质文化遗产，植根四川，特色鲜明，是我们"家门口"的民间艺术。其中艺术类非遗项目丰富多彩，艺术价值极高，把更多的适合师生发展的羌族非遗艺术资源、民族艺术文化引进学校成为我们的热切需要。

续表

指导思想	通过课题研究，提高师生综合艺术素养，培养正确的多元文化观，理解不同民族的文化传统，尊重、接纳、保护、传承优秀的民族文化，加强各民族之间的文化与艺术的交流，促进各民族团结与和谐
培养目标	开发了解各种羌族特色艺术资源，提炼羌族萨朗本体文化特征。让师生对羌族具有代表性的艺术文化有一定的认知，能理解、包容与接纳民族特色艺术。 感悟羌族特色艺术资源的特点，尝试体验羌族特色艺术，学习相关知识。 理解羌族艺术特色资源，乐于参与羌族艺术特色资源的学习、仿制、运用等实践活动，具有可持续的探究兴趣。 能叙述羌族艺术特色资源，运用多种表现手段，学以致用
内容框架	第一单元 认识羌族（2课时）："走进羌寨""羊角花"。 1. 单元内容 （1）小组收集资料汇报PPT。（2）带领学生调查访谈。（3）用身边常见的材料表现羊角花。 2. 单元目标 （1）初步感受羌族的特色艺术，知道羌碉、羌鼓、羌绣、萨朗等艺术形式及美感。（2）认识、了解羌族服饰中的羊角花纹的造型、色彩特点、表现方法及艺术美感等，能用身边的材料表现羌族服饰中的羊角花纹。 3. 教学方法 （1）课前收集归纳自学法。（2）碰撞交流合学法。（3）观察赏析法。（4）师生互动交流，展示。（5）教师示范。（6）实践创作。（7）情景创设法。（8）交流展示展学法。 4. 教学资源 （1）调查表、任务学习单。（2）手机、相机、笔。（3）常见的绘画工具。 5. 教学评价 （1）积极参与问卷调查。（2）积极参与资料收集。（3）能说出羌族特色的艺术资源。（4）在合作学习中有担当，学以致用。

续表

内容框架	第二单元 羌族服饰（6课时）："羌族鞋垫""羌族围腰""羌族头饰""羌族云肩""羌族服饰色彩"。 1. 单元内容 以羌族服饰特色为线索，认识羌族服饰中鞋、云肩、头饰等的特点，并能用身边的材料表现。 2. 单元目标 以羌族服饰中的图案（羊角纹、云朵纹、羊角花纹）、色彩（黑、白、红、蓝）为主要线索，认识云肩、围腰、羌族头饰、云纹鞋等的特点，并能用身边材料表现。 3. 教学资源 （1）服饰实物、图片。（2）教学PPT。（3）常规学习用具。 4. 教学思路、策略 （1）以羌族特色美术为载体，解构教材，挖掘自主学习能力，启发学生自学、自探、自知。（2）以羌族特色艺术资源为目标，以碰撞式学习授课模式、探究性学习、合作性方式为主，充分引导学生在各环节中融入自学、合学、群学、展学等方式，立足以生为本，发展学生个体。 5. 教学评价 （1）能区别、判断羌族服饰。（2）能判断羌族常用图案及具有代表性的色彩。（3）能说明自己创作羌族服饰的思路。 第三单元 羌鼓（1课时）。 1. 单元内容 对收集的关于羌鼓的资料、老师提供的实物进行探索分析，用身边废旧材料仿制羌鼓。 2. 单元目标 认识羌鼓的艺术特色及色彩、造型、材质之美。 3. 教学资源 （1）教学PPT。（2）实物羌鼓。（3）身边的废旧材料、生日蛋糕盒子、手工纸等。 4. 教学评价 （1）能认识羌鼓。（2）能抓住主要特点，并能利用废旧材料仿制。

续表

内容框架	第四单元 羌碉（2课时）。 1. 单元内容 了解羌碉的特点，用身边的材料表现。 2. 单元目标 认识羌族建筑碉楼的造型、色彩、材质之美，并用水墨、泥塑等形式表现。 3. 教学资源 （1）教学PPT。（2）实物范画。（3）生宣纸等中国画材料、泥塑材料。 4. 教学评价 能用水墨或彩墨泥塑等形式表现羌族碉楼的建筑形态，感受羌族碉楼的艺术之美。 第五单元 萨朗动态（2课时） 1. 单元内容 （1）认识萨朗人物动态。（2）用绘画、撕刻、捏塑等方法造型表现萨朗人物动态。 2. 单元目标 以学校课间操的舞蹈动作为基础，认识羌族萨朗舞及其动态美感，并能用撕刻、绘画、捏塑等方法表现。 3. 教学资源 （1）每天课间操练习的羌族舞蹈动作。（2）萨朗舞动态照片。（3）各种常用造型工具 4. 教学评价 （1）能通过舞蹈动作判断是否属于羌族萨朗舞。（2）能叙述羌族萨朗舞的种类和用途。（3）在理解萨朗舞的动作基础上，用身边常见的美术材料表现人物动态及美感。 第六单元 拓展羌艺（1~2）课时。 1. 单元内容 能将羌族特色图案及色彩运用到创作中。 2. 单元目标 联系生活实际，学以致用。 3. 教学资源 （1）教学PPT。（2）身边常见工具。 4. 教学评价 能抓住羌族美术资源的主要特色，并将其用于创作。

续表

支撑条件	教学资源：教师、网络资源、美术功能室、各种美术用具和材料等。 经费支持：课题组专用经费用于购买美术用具、聘请民间非遗传承人、师生采风采访、作品展演等多种实践活动。 物质支持：学校结合实际，提供教具、多媒体、美术功能室和展示场所等物质保障。 时间保障：学校统筹，确保落实学习实践时间（学校社团、第二课堂等）
课程评价	过程性评价：过程评价（50分）＝平时表现：课堂学习状态和小组合作学习交流表现（10分）＋学具、材料准备情况（10分）＋课堂学习状态（听讲、回答、讨论、合作）（10分））＋作业本、教科书的保护，美术习惯养成（10分）＋作业构成情况：是否按时完成作业、上交作品参加班级以上美术作品展示情况（10分）。 表现性评价：表现性任务完成情况（20分）。 情景性评价：在各级各类展示活动、比赛中的表现情况。主要以作品获奖或者进入学校"榜上有名"（艺术橱窗展览）为标准（10分）。 档案袋评价：个人艺术档案袋设计富有个性和艺术性，并将个人的作品、在各项活动中的表现情况、获奖信息等资料存入艺术成长袋（10分）。 作品评价：作品参赛、参展、公益义卖、义演、艺展等（10分）
学生自评	我给自己打分：_____分 （1）我对羌族文化的理解：_____ （2）我在课程中最大的收获：_____ （3）我还需要加强的是：_____ （4）本课程中我还想学习的是：_____ （5）我对本课程的建议：_____

第二节 "云朵上的斑斓"主题活动及其说明

学段	活动主题	简要说明	评价建议	课时建议
1~2年级	认识羌族——感受羌族艺术	走进羌寨，感受羌族的特色艺术，了解羌碉、羌族服饰、羌鼓、羌绣、萨朗等羌族特色艺术。感受羌族人民的质朴，激发学习兴趣。 认识、了解羌族服饰中的羊角花纹、云云纹、羊角纹等图案的造型、色彩特点、表现方法及艺术美感等，能用身边的材料表现羌族服饰中的特色花纹图案	认真欣赏，课堂参与态度积极。 认真收集与课程有关的羌族服饰资料。 是否学会羌族服饰中的元素	2课时
3~4年级	心灵手巧——表现羌族艺术	在已了解羌族文化和羌族服饰的基础上，学习并设计、仿制羌族云肩、头饰、围腰、云云鞋等。 学习羌族服饰中的色彩搭配，灵活地将玫红、湖蓝、黑、白等色彩运用到服饰中。 欣赏羌族的羊皮鼓，并了解羊皮鼓的制作方法，利用身边的材料，自制简易羊皮鼓，设计鼓面。 认识羌族建筑碉楼的造型、色彩、材质之美，并用水墨等方式表现。 拓宽知识面，了解更多的羌族服饰文化和羊皮鼓的演奏方法	参与态度认真，谨记安全提示，爱护教室环境卫生。 设计作品有趣，色彩搭配得当，与同学积极分享交流。 网络查阅内容丰富、保存完整，积极分享交流。 能够积极独学、合学、群学，分享学习收获	8~9课时

续表

5~6年级	文化传承——运用羌族艺术	羌族人民喜欢载歌载舞，观察生活中的萨朗舞蹈表演，发现萨朗舞的美，并在画中生动地表现萨朗舞姿和人物动态。将所学的羌族元素拓展到生活中，做一个小小的设计师，培养实践创新精神、动手能力和审美情趣，感受羌族文化的艺术魅力。拓展羌族艺术知识：与家人一起实地参观，网上查找相关资料，并建档保存	课堂参与态度积极认真。课堂作品生动有趣。积极分享并和同学交流。文明参观	3~4课时

第三节 "云朵上的斑斓"课程

走进羌寨

羌族,是中华民族大家庭中最古老的民族之一,又称"云朵上的民族"。现主要聚居在四川省阿坝藏族羌族自治州东部,绵阳市的北川县、平武县等地。千百年来,羌族人民形成了自己独特的民族民间艺术,有四十多项非物质文化遗产,然而,随着历史的不断变迁,特别是"5·12"地震之后,其神秘厚重、丰富多彩的古老文化正在慢慢消失。在抢救、保护和弘扬优秀的羌族文化过程中,我们能做些什么呢?

羌族的羊图腾

多姿多彩的羌绣

羌笛演奏

萨朗舞蹈

羊皮鼓

1. 羌族及羌族艺术给你的第一印象是什么?
2. 你最喜欢羌族的哪个艺术项目?
3. 羌族最有特点的图案是哪些?有什么特点?
4. 看一看,同学们是怎么表现羌族特色艺术的?你有没有更好的想法?

云云鞋

花鞋垫

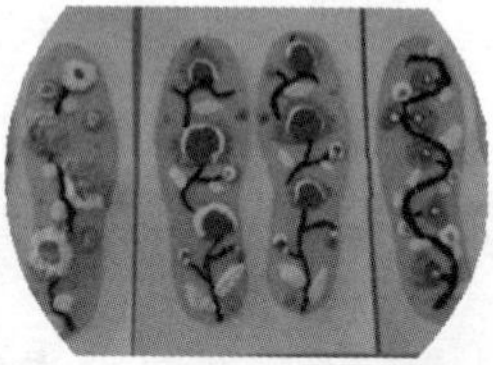

有趣的民间艺术

了解羌族特色，从造型、色彩、花纹、材料等方面简要评述你对羌族的感受，也可以查阅资料，用不同的材料表现羌族特色。

1. 我认识了羌族，能从舞蹈、乐器、服饰、碉楼等方面评述羌族特色之美。

2. 谁能从造型、色彩、花纹、题材等方面更有新意地表现羌族特色？

羌族鞋垫

羌族是我国一个古老的民族,羌族人喜爱一切美好的事物,他们经常把大自然中看到的美好景象通过刺绣的方式表现出来,并装饰他们的服饰,就连藏在鞋底的鞋垫也不例外。

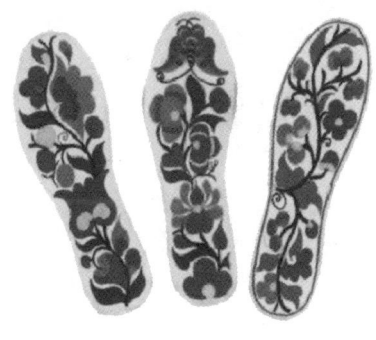

1. 看一看,这些鞋垫都是一些什么材质的,他们的花纹有什么样的特征。
2. 说一说,这些鞋垫上的图案主要有哪些色彩。
3. 想一想,羌族人采用这样的色彩和图案是想要表达怎样的愿望。

有趣的民间艺术

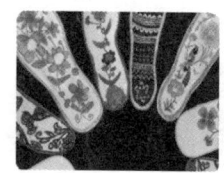

动手画一双左右对称的、具有羌族特色的鞋垫。
1. 看一看谁画的鞋垫左右对称。
2. 看一看谁画的鞋垫运用了羌族独特的纹样和色彩。

羌族围腰

小知识

羌族围腰是羌族服饰非常重要的组成部分，图案面积最大、图案最美、色彩最绚丽。有浓郁的装饰图案美，围腰上的带包是重点装饰部分。满襟围腰呈凸形，带包多为一个大包或两个相连的小包，位于围腰中心。

羌族围腰上的图案的题材大多为现实生活中的自然景观，或是一些古老民族图腾的演变图案。比如植物中的花一般有羊角花、牡丹花、苹果花等，与羌族生活息息相关。云朵纹样、羊角纹都来自生活，具有独特的寓意。

小组研究

1. 羌族围腰的外形图案和色彩有什么特点？带给你怎样的美感？

2. 你能用哪些方法表现围腰上对称的图案？

制作过程

1. 用黑色卡纸设计外形。

2. 同桌合作，用已有的基础图案材料摆一摆，设计围腰的对称图案。

3. 用白色油画棒添加图案的连接装饰。

4. 系上仿制的羌族围腰，跳起欢乐的萨朗舞蹈。

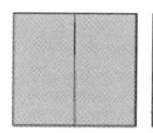
中心对称

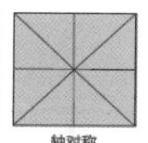
轴对称

有趣的民间艺术

学生作业

我学会了羌族围腰的设计方法。看一看谁设计的羌族围腰好看又有新意。

羌族头饰设计

羌族头饰不同于其他少数民族头饰。羌族头饰色彩艳丽，头饰纹样具有丰富的民族传统意义，表现了羌族人民原始的宗教信仰及对生活的热爱。

1. 羌族头饰主要运用了哪些色彩？
2. 羌族头饰主要运用了哪些纹样？

 有趣的民间艺术

1. 小组合作完成设计一个羌族头饰,要求色彩和图案具有羌族特色。
2. 头饰图案布局美观。

我知道羌族头饰的设计与有关寓意。看谁设计制作的羌族头饰更精美。

学生作业

羌鼓

羌鼓是宗教仪式打击乐器，又名"羌铃鼓"。圆形鼓面的铃鼓，直径30～40厘米。鼓边宽约15厘米，鼓柄置于正中，抓柄的长度与鼓面的直径相同，左手从背面握柄。

羌 鼓 风 采

1. 羌鼓主要流传于哪些地方？给你留下了哪些深刻的印象？

2. 羌鼓的造型、色彩和花纹有什么特点？

 有趣的民间艺术

在制作羌鼓时先制作羌鼓的外轮廓和手柄，然后用油布纸粘到刚刚制作好的外轮廓边缘，最后用羌图案去装饰。

学生制作

我知道羌鼓是民间艺术也是非物质文化遗产，我们要热爱民间艺术。

看看谁制作的羌鼓最有特色，哪个小组表演最吸引人。

水墨羌寨

  碉楼是羌族人用来御敌、储存粮食柴草的建筑，一般多建于村寨住房旁。碉楼的高度在 10~30 米，形状有四角、六角、八角几种形式，有的高达十三四层。碉楼的建筑材料是石片和黄泥土。墙基深 1.35 米，以石片砌成。石墙内侧与地面垂直，外侧由下而上向内稍倾斜。修建时不绘图、吊线、柱架支撑，全凭高超的技艺与经验。建筑稳固牢靠，经久不衰。

1. 看一看，这些碉楼的外形有什么特征。

2. 说一说，这些碉楼在材质、外形和建造的位置上有哪些特点。

3. 想一想，羌族人采用这样的建筑形式和建造位置有什么特殊的意义。

 有趣的民间艺术

用水墨或者彩墨的形式表现羌寨或者碉楼的建筑形态。能够运用墨色的变化表现近景和远景的层次变化。感受羌族碉楼的艺术之美。

看看谁表现的羌寨最美,注意了水墨的变化特征。

羌族萨朗舞

羌族萨朗是羌族具有代表性的文化,意为"唱起来、跳起来"。羌族萨朗保留着原始乐舞粗犷、古朴的风格,大多在民俗宗教祭祀活动中进行。

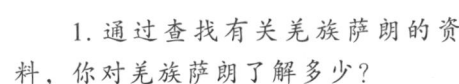

1. 通过查找有关羌族萨朗的资料,你对羌族萨朗了解多少?
2. 过节时,羌族人民还有什么快乐的表现形式?

 有趣的民间艺术

1. 观察羌族人民跳萨朗时所穿的服饰和动态。
2. 运用你喜欢的绘画手法表现羌族人民跳萨朗舞的场面。

1. 我了解了羌族萨朗舞的有关知识。
2. 看谁的作品内容更丰富多彩。

生活中的羌族风

羌族美术具有显著的地域文化特点，羌族图案丰富多彩，和羌族的风俗、地域、文化有密切关系，多取材于现实生活中的自然之物，如花鸟、云朵、白羊等。这些图案多象征吉祥如意，表达对生活的美好愿望等。羌绣有着厚重的民族文化内涵，从羌绣图案装饰中可以窥视出其古老悠久的历史文化。羌绣图案是羌族特色艺术之一，如果将羌族风引入我们的生活中，也是很有趣的。

美丽的羌族刺绣

1. 羌族具有代表性的图案有哪些？

2. 这些图案能从羌族自然环境中找到影子吗？

3. 这些图案可以运用到哪些生活用品的装饰中？

4. 还可以用哪些方式表现羌族特色图案？

有趣的民间艺术

请你用自己喜欢的方法将学到的羌族特色图案用于装饰生活用品，也可以和同学合作进行。

学生作业欣赏

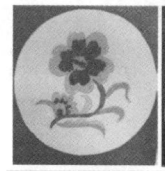

1. 我认识了羌族几种特色图案。

2. 通过本课学习，我更喜爱羌族艺术了。

3. 看谁装饰的生活用品既好看又别致。

羌族服饰中的色彩

古羌族以着袍服为主,羌族服饰在不同的历史时期也不尽相同。总的来说,羌族服饰随着环境与生活条件的变化而变化。

由于羌族人民生存的地理环境、历史渊源、生产方式、生活习惯、审美心理以及民族间的交往与融合等诸多因素的影响,羌族服饰形成了自己鲜明的民族特色和独特的地域特点。

1. 羌族服饰中有哪几种常用的颜色?

2. 羌族服饰的色彩有什么特点?

有趣的民间艺术

色彩认识

1. 在制作羌族服饰色彩过程中你需要注意颜色的搭配。

2. 首先选出整件衣服的主体色调，然后再用其他颜色装饰。

3. 通过小组合作的方式，几个同学分工合作完成一件漂亮的羌族衣服。

学生制作

1. 我能用刚刚所学的知识制作一件漂亮的羌族衣服。

2. 我们一起来看一看哪个小组做得最漂亮，并说一说好在哪里。

羌族云肩

云肩起源于商代西北民间,是属于羌族古老服饰的形式,在西汉时期流行于贵族上层。

羌族云肩是置于肩部的装饰物,最初是用以保护领口和肩部的清洁,后来逐渐演变成装饰物。

1. 你知道羌族云肩的历史吗?猜一猜羌族云肩的用途是什么。
2. 羌族云肩有什么特点?
3. 想一想本课的云肩是怎样制作的。

云肩外形制作方法

在制作羌族云肩时需注意领口的大小和肩部的宽度,请先量一量自己肩膀的大概宽度。

学生作品

看一看谁做的羌族云肩最具有羌族特色,是从哪些方面来体现的?

第九章 尔玛的歌

第一节 "尔玛的歌"课程方案

主题名称	尔玛的歌			
适用年级	小学一至六年级学生	课时安排	8课时	课程类型	选修
指导思想	《国务院办公厅关于全面加强和改进学校美育工作的意见》提出:"开发利用当地的民族民间美育资源,搭建开放的美育平台,拓展教育空间。" 新课标提出:"地方和学校应结合当地人文地理环境和民族文化传统,开发具有地区、民族和学校特色的课程资源。要善于将本地区民族民间艺术(尤其是非物质文化遗产中的艺术项目)运用到课程中来,使学生从小受到民族艺术文化熏陶,树立传承民族文化的意识。" "一夜羌歌舞婆娑,不知红日已瞳瞳",羌族民歌的历史由来已久,了解了羌族民歌就了解了羌族。四川羌族聚居的地方蕴含大量的羌族民歌,曲调优美,唱腔独特,意境深远,朗朗上口,不仅具有较高的审美价值,还具有深厚的文化价值。 通过羌族民歌的学习,引导学生在听、唱、演等活动中,发现民族音乐的独特魅力,提升师生的审美素养,培养学生的多元文化观。让社会主义核心价值观、中华优秀传统文化基因浸润学生心田。 通过本课程学习,培育师生深厚的民族情感和家国情怀,激发想象力和创新意识。加深对本地民间艺术的了解,对感兴趣的民间艺术有个人感受,乐于和同学交流分享			

有趣的民间艺术

续表

培养目标	学会唱一至两首羌族民歌,通过歌唱走进羌族民歌艺术,感受羌族的历史文化。 体验羌族民歌唱腔,了解羌族民歌的演唱形式,感悟羌族民歌的特点。 通过学习,激发学生对民族音乐的兴趣,培养学生的多元文化观
内容框架	自学初探:通过身边的资源,如书籍、网络以及对羌族有所了解的人等尝试走进羌族民歌艺术。 欣赏经典:聆听感受经典的羌族民歌,激发对羌族民歌的学习兴趣。 歌唱体验:通过歌唱体验羌族民歌的独特韵味,感受不同种类羌族民歌的特点,明确羌族民歌的分类。 表演拓展:通过"听、唱、演"等教学活动,帮助学生了解羌族民歌及其历史文化,激发学生对羌族民歌的学习兴趣
实施方案	建议安排 4 课时。学唱羌族民歌中最典型的一首,感受其特点。 通过小组合作进行表演。学生的表演可以分角色的情景再现,也可以是歌舞结合的形式。 歌曲学习要集合羌族的生活环境、习惯、风俗、历史等多种因素,学生通过歌曲了解羌族的人文历史。 可实施"查、听、唱、讲、演"等教学活动,采用独学与合学相结合的形式进行教学。 (1)查:通过书籍和网络以及对非遗传人的走访,走进羌族艺术。 (2)听:通过聆听经典民歌,感受羌族民歌的特点。 (3)唱:通过演唱实践,深入了解羌族民歌唱腔、旋律、歌词等特点。 (4)讲:通过老师的讲解,明确羌族民歌的分类及各个种类的特点,感受羌族的民风民俗。 (5)演:设计一个形式,进行歌曲表演
支撑条件	教学资源:教师、非遗传人、网络资源、非遗基地等。 经费支持:课题组专用经费用于购买乐器、聘请民间非遗传人、师生采风采访、作品展演等多种实践活动。 物质支持:学校结合实际,提供教具、多媒体、展演厅、演播室等物质保障。 时间保障:学校统筹,确保落实学习实践时间

续表

课程评价	过程性评价：过程评价（70 分）=课堂用具准备表现（15 分）+作品参与表现（15 分）+表演充满自信（10 分）+创编新颖独特（15 分）+合作交流表现（15 分）。 表现性评价：表现性任务完成情况（10 分）。 情景性评价："演（表演）、展（展示）、赛（比赛）"活动中表现情况。主要以作品获奖或者进入学校"榜上有名"（艺术作品展演）为标准（10 分）。 档案袋评价：个人艺术档案袋设计富有个性和艺术性，并将个人的作品、各项表现、表演资料、获奖证书等存入艺术成长袋（5 分）。 作品评价（5 分）。
自我评价	我会唱羌族民歌_____（一首 15 分，两首以上 20 分）。 我知道羌族民歌的特点_____（两个 15 分，三个以上 20 分）。 我了解羌族的风俗_____（两个 15 分，三个以上 20 分）。 我最喜欢羌族音乐中的_____（20 分）。 我认识（知道）羌族的民间艺人_____（20）

第二节 "尔玛的歌"主题活动及其说明

学段	活动主题	简要说明	评价建议	课时建议
1~2年级	山歌嘹亮——聆听羌族悠扬山歌	通过视频、网络，听一听羌族山歌，了解山歌的起源，知道山歌的演唱特点，并能学习和哼唱一两句山歌。 学习羌族山歌，能声情并茂地演唱，表达对大山的敬畏和喜爱之情，并能进行简单的情景创设与表演，激发学生对羌族山歌的兴趣	在家长的辅导下，能够自主学习。 歌曲演唱与情景表演有特色，符合学生年龄和心理认知特点	2课时

有趣的民间艺术

续表

学段	活动主题	简要说明	评价建议	课时建议
3~4年级	踏歌起舞——体验羌族劳动歌	通过视频、网络，听一听羌族劳动歌曲，了解劳动歌曲的起源，知道劳动歌曲的表演特点，并能和其他同学一起自主设计和表演一段劳动歌舞。 学习羌族劳动歌曲，能声情并茂地演唱，表达劳动或丰收的喜悦之情。能通过小组合作，共同进行情景创设与表演，进一步激发学生对羌族民歌的兴趣	能自主学习与了解，对劳动歌曲判断准确，并能正确演唱。 能表现出小组的合作能力，活动的设计具有新颖性和客观性	2课时
	羌山风情——学习羌族风俗民歌	多渠道自主探寻羌族特色艺术文化，了解羌族民族风情以及由此而衍生的风俗歌曲，能对比风俗歌曲和山歌、劳动歌曲在表现特点上的不同。 学习羌族风俗歌曲，能声情并茂地演唱，表达纯朴或热情的民风特点，能结合羌族文化特点，进行情景剧表演，并能将风俗歌曲恰当地融入表演中	能自主分析三种不同的羌族民歌的风格特点，并能准确地唱上一两句。 情景剧的设计一定要具有多样性和丰富性，风俗歌曲的植入要准确而自然	2课时

续表

学段	活动主题	简要说明	评价建议	课时建议
5～6年级	神山鼓韵——祭祀说唱	鼓励学生在条件允许的情况下去北川、茂县、理县、松潘等羌族聚居地进行艺术体验活动，特别是瓦尔俄足节和羌历年时，体会羌族祭祀和释比文化，对服装、音乐、内容有一定探究。学习羌族祭祀歌曲，能声情并茂地演唱，表达庄严肃穆的神圣之感，能借助背景和环境渲染，合作举办小型活动，综合展示羌山下的祭祀盛况	艺术体验和采风方案具有可操作性和借鉴性，在活动中有独立的观察和结论，并能与他人分享。综合艺术活动，能将文学、美术、表演和音乐有机组合，学生在活动中的表现大方得体、音乐性强	2课时

有趣的民间艺术

第三节 "尔玛的歌"课程

羌族印象

羌族,中国西部一个古老的少数民族,自称"尔玛"。主要分布在中国四川省阿坝藏族羌族自治州的茂县、汶川、理县、松潘、黑水等县以及绵阳市的北川羌族自治县,其余散居于四川省甘孜藏族自治州的丹巴县、绵阳市的平武县以及贵州省铜仁市江口县和石阡县。羌族民居为石片砌成的平顶房,碉楼是羌族人用来御敌、储存粮食柴草的建筑,一般多建于村寨住房旁。

羊图腾

羌族的民间音乐主要是民间歌曲以及歌舞音乐

太平乡小学学生演唱羌族民歌

有趣的民间艺术

羌族舞蹈——萨朗

萨朗,羌语意思为"唱起来跳起来",属省非物质文化遗产,跳萨朗时唱的歌曲多是口头流传下来的古老民歌,时而轻快热烈,时而舒缓悠扬。

推杆

推杆是羌族特有的一项传统活动,是羌族各种节日以及喜庆日子里进行的主要娱乐活动之一。现在已演变成一项有规则的体育活动。

羌历年

非遗羌鼓传承人王官全在羌历年时祭祀

每年农历十月初一为羌族年节,是羌族最隆重的民族节日之一,年节的宴会又称"收成酒"。

茂县盛大的瓦尔俄足节

羌笛

羌笛是最著名的羌族乐器,已有两千多年历史,音色悠扬、清脆。

老艺人演奏羌族口弦

咂酒

咂酒是羌族人民自己酿造的酒。饮咂酒时要唱酒歌,大家围在一起,以酒助兴,边喝、边唱、边跳。

羊皮鼓

羊皮鼓音色低沉浑厚，适于表现羌族人民粗犷、豪放的民族性情。

理县浦溪小学羊皮鼓舞蹈表演

1. 看地图，找出羌族主要聚居地。
2. 说一说你对羌族有哪些了解。

云朵之声

松潘老艺人演唱多声部歌曲

在茂县收集民间歌曲

松潘城关小学表演节目的学生

羌族是我国古老的民族,羌族人热爱唱歌,认为"无歌心不欢"。有很多有趣、优美的歌曲等着你学习喔!

羌族民歌的题材内容非常广泛，主要有以下几种：

山歌

山歌多在劳动场合或山间田野中唱，节拍比较自由。演唱形式有独唱、对唱。传统歌词中苦歌很多，反映了过去羌族人民的苦难生活。

劳动歌

劳动歌有犁地歌、收割歌、薅草歌、撕玉米皮歌、打场歌、搂柴歌等。

风俗歌

风俗歌专用于传统风俗仪式活动，包括婚嫁歌、酒歌及耍山调。酒歌是婚丧节日宴客时唱的歌。节奏徐缓，曲调悠扬，风格古朴。耍山调是一种体裁自由的抒情歌曲。

巫师歌等

巫师歌是巫师在"请神送鬼"时唱的，说唱相间，并有敲击羊皮鼓的间奏，其中保存着一些古老的民间故事传说。

羌族向来有歌不离舞的风俗，因此产生了丰富的歌舞音乐，一般分为喜庆歌舞和丧事歌舞两种。

喜庆歌舞（羌语称"萨朗"）广泛用于各种喜庆活动。表演时，人们分成两组，围成圆圈，轮番歌舞。

丧事歌舞用于丧葬仪式，但不表现悲伤情绪，内容多为对死者的赞颂以及对死者亲属的安慰。

羌族民歌主要以民族五声调式为主。演唱方式有独唱、齐唱、女声交替、男声交替、男女交替、男女对唱、一领众合，还有最具羌族特色的多声部演唱。

演唱特色：颤音的托腔，高亢的假声；在其音律上并不完全准确按照传统的音准演唱，时常出现特殊的升降音，或快速地上下滑音，以强调羌族音乐的韵腔，达到羌族语言的字正腔圆。

节奏节拍：羌族音乐节奏节拍可分为自由和规整两种类型，这两种类型与羌族音乐的体裁有密切的联系。

1. 羌族的民间歌曲有哪些种类？
2. 羌族的民间歌曲有哪些演唱方式？
3. 请收集一至两首羌族民歌，并听一听。

依娜麦达

大多数羌族聚居于高山或半山地带，所以被称为"云朵上的民族"。羌族是一个只有语言没有文字的民族，他们用汉字或者拼音字母记录自己的语言。

1=G 2/4　　　　　　　　　　　　　　　羌族民歌

1　1 6 1｜2　2 5｜2 2 5　1 1 6｜5̣ －　5̣ －｜

‖: 5 5・ 6 5 3｜2　1 6 1｜2 2 5　1 1 6｜5̣ －　5̣ －｜
依娜　依娜尼　麦达　　啦哟　沙呀尼　麦达

1　1 6 1｜2　2 5｜2 2 5　1 1 6｜5̣ －　5̣ －：‖
麦达　　麦达　　啦哟　沙啦尼　麦达。

歌词大意：全寨的姑娘小伙们，像飞一样跳起萨朗舞、唱起萨朗歌。

1. 歌曲演唱形式是怎样的？
2. 这首歌曲的歌词有什么特点？
3. 模仿游戏：跟着音乐模仿老师的动作，看谁模仿得最好。
4. 比一比，看谁唱得好、跳得棒。

八十岁老艺人表演萨朗

顶跟儿

羌族人民能歌善舞,民间的说法是"没有歌不行,没有舞亦不行"。

1=F 2/4

羌族民歌

6 1 6 1 3 | 2　2 1 6 | 1 2 1 2 6 | 6 2　2 1 6 |
顶根顶根尼　啫　啫　　啊喔忙　勒　若音波勒

6 5 6 5 4 2 | 4 5 6 6 5 4 | 4 5 4 1 2 | 2　0 :‖
哈呀哈咋勒呀　若音　波　勒　哈呀哈咋勒　呀

注:"顶根儿",羌语,就是跳起来的意思。

有趣的民间艺术

1. 你能根据歌曲蕴含的情绪,创编一首简单的萨朗吗?
2. 你能同家人一起分享这首歌曲吗?

三达里学

$1=\flat B$ $\frac{2}{4}$

```
1·6 561 | 2 - | 2 - | 312 353 | 2 12 653 |
三  达里 学          哟       三   达 里

5 - | 5 - | 2·1 2 53 | 2 2 3532 | 1216 50 |
学         哦 哟郎得儿 莫耶若呀西莫   呀啊

2·1 12 | 1 56 1 | 1 X X | 1216 5 56 | 1 2 16 5 ‖
哦 哟郎得 学   呀 莎莎 三 达里学呀 若呀若西莫
                                  郎  得里学
```

歌词大意：远方的朋友我们欢聚在这喜庆的日子，我们一起唱歌、一起跳舞。

 有趣的民间艺术

跟随音乐边唱边跳《三达里学》，表现朋友欢聚时的情绪，看谁表现得最好。

萨由啊由勒

1=♭B 4/4　　　　　　　　　　　　羌族歌曲

中速稍快

5555 565 5612 655 | 5656 5523 5 555 5 |

5 5 5 6 i̲2 2̇ | 2̇ 3̇2̇i 3̇2̇i̇2̇ 3̇ 5̇3̇ |
萨 由 啊 由 勒　　喂呀啦 喂呀啦 萨 由

2̇ 2̇i̇ i̇ 5556 i̇ | i̇ i̇ 6 6̇i̇2̇3̇ |
啊 由 勒 萨 由 啊 由 勒　　　　　萨 由

2̇ 2̇i̇ 665 5 5 2̇ 3̇ i̇2̇-2̇ 2̇ 3̇ | 5̇ 2̇ 3̇ 2̇ 2̇i̇ 665 5 |
啊 由 啊 由 勒 喂 呀 啦　　喂 呀 啦 由 啊 由 勒

i̇ - i̇ i̇ 6 | 6 i̇ 2̇ 3̇ 2̇ 2̇i̇ 6 6 5 5 ‖
哟　　　　　　　萨 由 啊 由 啊 由 勒

歌词大意：山谷的风轻轻吹，青稞酒把山寨灌醉，脚步在大地上舞动，歌声飞出了银杯，月儿悄悄离去，舞步已把夜幕踏碎，是生活令我们陶醉，看那美酒和歌儿泼洒在羌山。

 有趣的民间艺术

1. 用羌语演唱歌曲。
2. 总结这首歌曲的演唱特点。
   A. 原生态   D. 旋律优美
   B. 声音高亢   E. 拖腔婉转
   C. 下滑音结束 F. 典雅朴素

欧央舍西央舍

1=F 2/4 3/4

(3 3 2 35 | 3 2 1 5 | 5·6 1216 | 1 1 1) |

‖: 1 16 5·6 | 1 1 1 3/4 2 3 5 5 2·5 3 2 | 1 1 1 :‖
　　欧 央 舍　西 央 舍，呀　西 诺　依 诺 嘛　欧 央 舍。

‖: 3 3 2 35 | 3 2 1 5 | 5·6 1216 | 1 1 1 :‖
　　欧 央 舍　西 央 舍，呀 杰 搜 几 嘛　欧 央 舍。

注："舍"在羌语里有"好"的意思，而"欧央"是"这边"的意思，"西央"是"那边"的意思。

有趣的民间艺术

1. 聆听音乐画旋律线。
2. 跟着老师学几个羌族舞蹈动作，随歌曲跳一跳。
3. 总结羌族萨朗的特点，在（　　）填入合适的选项。

表演形式（　　）
歌曲节奏（　　）
歌词特点（　　）
演唱形式（　　）
歌曲乐句（　　）

A. 乐句少，结尾处有下滑音
B. 多样化，如齐唱、对唱、说唱、轮唱等
C. 边唱边跳
D. 羌语歌唱
E. 不规则、变拍子

西斯古

羌族民歌

$1=\flat B$ $\frac{2}{4}$
热情豪放

(乐谱)

哟　西斯古呀　喏喏音
波勒学呀，哟　西斯古呀喏
喏音波勒学　呀，索来　学
哦　彦　其彦　来嘛宗宗舍

注：这是一首羌族人民用羌语演唱的酒歌。羌族虽然有自己的语言，但是没有自己的文字，所以他们用拼音字母或者汉字记录自己的语言。这首歌曲的意思是：哟！喝酒吧！让我们唱起歌来跳起舞。

 有趣的民间艺术

羌族人民在重大活动时会一边喝着咂酒、一边载歌载舞，自娱自乐。

1. 想一想《西斯古》蕴含的情绪是怎样的？速度、节奏是怎样的？
2. 学羌语，能用四川方言读歌词。
3.《西斯古》属于（　　）民歌种类。
   A. 山歌　　　　　B. 劳动歌
   B. 酒歌　　　　　D. 巫师歌

请同学们围成一圈，创编舞步，敲着羊皮鼓，跳着萨朗舞，唱着羌歌，喝着咂酒，感受一下羌族人民的欢乐吧！

哦若勒之一

1=♭G 2/4
中板稍快
松潘县小姓乡羌族民歌

（哈）得 瓦 纳 哟 喃 喃 呵， 哈 啦啦
（哈）纳 赛 得 啊 甲 咯， 沃 朵
（哈）孜 果 斯 果（啦） 谁 （呀）， 布 斯

哈塞 夏 米 垒，哈 拉勒 得 瓦 那 哟 （勒）。
灭 尼（呵） 坎 科 沙（耶），若 西 哈 果 汉 维（勒） 协 （耶）。
玛 查 土 日（耶），查 哈 哈 呵（哈哈拉 勒 啦 呀）。

歌词大意：心中泛起思念之情，盼太阳快快落山，黄昏时往回转，又是丰收好年景，今日不唱待何时。

有趣的民间艺术

"羌族多声部民歌"特色鲜明。它具有最原始、古老的演唱表演形式,歌词内容丰富,涉及生活中的各个方面,音乐古朴典雅、抑扬顿挫、奔放激越。

1. 这首歌曲属于哪种演唱形式?(　　)

　A. 轮唱　B. 齐唱　C. 合唱

2. 这首歌曲缺少1、2、3、4、5、6、7中的哪几个音?

　　毕曼组合曾凭借羌族多声部民歌《取胜》《酒歌一喝不起了》获得央视青年歌手电视大赛原生态组铜奖,在中国古羌城的大型原生态歌舞《羌魂》中,也时常萦绕着羌族多声部民歌《尼莎》的天籁之音。

　　云朵,中国女歌手。2006年,推出与刀郎、王翰仪合唱的歌曲《爱是你我》。2014年,凭借歌曲《牧羊人》获得"回归心灵——华语金曲奖2013"颁奖礼十大华语金曲奖。2016年,参加《我是歌手谁来踢馆》,最终顺利晋级八强。2017年1月27日,首次登上央视春晚的舞台。

　　想一想:你还知道哪些羌族歌手?

欢乐谷

1. 你能试着学唱 2~3 首歌曲吗?
2. 各小组尝试选择一首歌曲进行表演。

咚呀西

$1=\flat B$ $\frac{2}{4}$

羌族民歌

| 2 3 2 1 2 3 2 1 | 2 2 1 6 | 1 2 5 2 1 6 | 5 5 |
| 咚 呀 西 咚 呀 西 麦 麦 | 喊 咚 啦 西 慢 麦 麦 |

| 1 2 3 2 1 6 | 5 6 1 6 5 | 6 1 6 5 6 1 6 5 | 5 5 :|
| 咚 呀 西 咚 呀 西 麦 麦 | 喊 咚 啦 西 慢 麦 麦 |

背背沙

$1=C$ $\frac{2}{4}$

羌族民歌

| 1 1 6 5 | 1 6 1 2 | 1 2 6 5 | 4·2 5·2 |
| 背 背 呀 沙 背 背 呀 沙 呀 麦 呀 沙 哦 索 莫 波 |

| 5 6 5 4 5 6 5 4 | 2· 3 | 1 2 6 5 | 4·2 5·2 |
| 责 玛 莫 努 责 玛 莫 努 沙 玛 努 沙 哦 索 莫 波 |

| 1 2 6 5 6 1 | 2 1 6 5 :|
| 努 玛 舍 玛 努 阿 舍 |

母古纳得特

1=C 2/4 　　　　　　　　　　羌族民歌

5 5 5 1̇ 1̇ 1̇ | 6 7 6 5 5 | 5 5 5 2̇ 3̇ | 2̇ 3̇ 2̇ 1̇ 6 |
母 古 纳 得 特　哈 维 啊 米 纳　母 古 纳 得 特　哈 维 啊 米 纳

2̇ 3̇ 2̇ 5 | 6 7 6 7 6 | 5 5 0 :‖ 2̇ 3̇ 2̇ 5 |
哦 吥 吾 组　什 巴 哈 维 呀　米 纳　　　哦 吥 吾 组

6 7 | 6 7 6 | 5 - | 5 - | 5 0 ‖
什 巴　哈 维 呀　麦　　　　纳

金勾儿索

1=C 2/4 　　　　　　　　　　羌族民歌

5 2 3 5 | 1·6 5 2 | 3 5 3 2 1 1 6 | 5 5 6 1 :‖
金 勾 儿 索　叶 玺 叶 来　格 如 毛 呀　金 勾 儿 索

‖: 5·6 1 2 | 3 5 3 2 1 1 6 | 5 5 6 1 :‖: 5 6 5 3 2 |
叶 邛 叶 来　格 如 毛 呀　金 勾 儿 索　叶 瓦 格 豆 是

1 1 6 5 5 | 5 5 6 1 5 6 | 1 1 0 | 3·2 3·2 |
扎 呀 扎 呀 莫 连 格 豆 色 色　色 哟 色 哟

1 6 5 6 1 | 1 0 :‖
莫 连 色 色

阿由勒

1=♭B 4/4

$\dot{2}$ - - - | $\dot{3}\dot{2}\dot{1}\dot{2}$ $\dot{3}$ $\dot{5}\dot{3}$ $\dot{2}\dot{2}$ $\dot{1}$ $\dot{1}$ | 5556 $\dot{2}\dot{2}\dot{1}$ 6 65 5 0 |

$\dot{2}$ - - - | $\dot{3}\dot{2}\dot{1}\dot{2}$ $\dot{3}$ $\dot{5}\dot{3}$ $\dot{2}\dot{2}$ $\dot{1}$ $\dot{1}$ | 5 5 5 6 $2 \cdot 3$ $5 \cdot 6$ $\dot{1}\dot{2}\dot{1}$ |

哎　　萨由　阿由　伊萨　勒　伊哇伊萨勒　　萨　由　阿由

6 65 5 $\dot{5}\dot{2}\dot{3}$ $\dot{2}\dot{3}$ | $5 \cdot 6$ $\dot{1}\dot{2}\dot{1}$ 6 65 5 | $\dot{1}$ $\dot{1}$ $\dot{1}$ 6 |

阿由　勒　扔呀　啦　　萨由　阿由　阿由　勒　　　哟

6 $\dot{1}\dot{2}\dot{3}$ $\dot{2}\dot{2}$ $\dot{1}$ 6 65 5 ‖

阿　由　阿由　阿由　勒

勒谷洒

1=C 2/4

$\dot{1}$ $\dot{1}$ 6 $\dot{1}$ $\dot{2}$ | $\dot{3}$ · $\dot{5}$ | $\dot{3}$ 6 $\dot{1}$ $\dot{2}\dot{1}$ | 6 - |

登　纳　鲁依　哇　　　勒　古　执依　　哇，

$\dot{2}\dot{2}$ $\dot{1}\dot{2}$ $\dot{3}\dot{3}\dot{2}\dot{1}$ | 6 $\dot{3}\dot{5}$ 6 6 | $\dot{2}\dot{2}$ $\dot{1}\dot{2}$ $\dot{3}\dot{3}\dot{2}\dot{1}$ |

热布　擦纳　古米纳嘎　得须　依呀，热布　擦纳　古米纳嘎

6 $\dot{3}\dot{5}$ 6 6 | $\dot{5}\dot{3}\dot{2}$ $\dot{1}\dot{2}\dot{3}$ | $\dot{5}\dot{3}\dot{2}$ $\dot{1}\dot{2}\dot{3}$ | $\dot{2}\dot{2}$ $\dot{3}\dot{2}\dot{1}$ 6 |

得须　依呀，嘿　　勒古沙　嘿　　勒古沙，勒米　勒古勒呀

$\dot{2}\dot{2}$ $\dot{3}\dot{2}\dot{1}$ 6 | $\dot{2}\dot{2}\dot{2}\dot{1}$ $\dot{3}\dot{3}\dot{2}\dot{1}$ | 6 $\dot{3}\dot{5}$ 6 6 |

勒米　勒古勒呀，热布　擦纳　古米纳嘎　得须　依呀，

$\dot{2}\dot{2}$ $\dot{1}\dot{2}$ $\dot{3}\dot{3}\dot{2}\dot{1}$ | 6 $\dot{3}\dot{5}$ 6 6 ‖

热布　擦纳　古米纳嘎　得须　依呀，

有趣的民间艺术

莫都斯责

1=C 4/4　　　　　　　　　　　　　　　　羌族民歌

缓慢 自由 虔诚

2 - - - | 3 2i 2 3i | i i 0 2 | 2 2 2 3 |
哦　　　　勒　让　哦　勒　让　莫 都 斯 责 哦

2i 2i 6 6 - | 6 2 3 i | 6 5 | 6·i 5 5 0 :‖
罗　哟　　　　哦　勒　让　哦　勒　让

2 - - - | 5·6 3 2i 2·3 | i i 0 2 | 2 2 2 3 |
哦　　　　勒　让 勒　哦　勒　让　莫 都 斯 责 哦

2i 2i 6 6 - | 6 2·3 i | 6 5 | 6·i 5 5 0 :‖
勒　哟　　　　哦　勒　让　哦　勒　让

哦阿西若

1=C 2/4　　　　　　　　　　　　　　　　羌族歌曲

中速

i 6 i 2 | 5 3 5 2 3 2 | i - ‖: 5 2 2676 | 5 6 76 5 :‖
哦阿西若　哦拉西若阿罗　哎,　　哟 啊　西　若阿罗　哟

5 5 6 2 | 5 3 5 2 3 2 | i - ‖: 5 2 2676 | 5 6 76 5 :‖
溜阿米溜　溜阿米溜阿罗　哎,　　哟 啊　米　溜阿罗　哟。

第三篇 民间艺术教学设计

01 《有趣的棕编》教学设计

成都市温江区公平学校　刘福莉

一、教材分析

棕编是一种以棕树叶为主要原材料的编织工艺，作品用编扣、打结、穿插等工艺进行造型，多做成各种动物，乡土气息浓厚。本课程内容是根据课题"开发运用民族民间艺术资源，优化艺术教育内容"开发的校本教材《有趣的棕编》设立的一节课，属于"设计·应用"学习领域。该教材由三部分构成，第一部分是民间采风，学习棕编的基本手法；第二部分是学习自编歌曲《奇妙的棕编》；第三部分是利用棕编的基本手法创编完整的棕编作品。本教材适合小学四年级学生使用。本节课使用的是该教材第三部分，根据教材特点，我选择了四年级的学生教学。

二、学情分析

我校学生对手工制作有浓厚的兴趣，把"棕编"引入课堂，可以充分调动学生的积极性和主动性，让他们发现美、表现美、创造美，有利于培养学生的审美能力和创造能力。学生在学习此课之前，已经较熟练地掌握了棕编的基本手法，迫切想制作完整的棕编作品。本节课的学习任务是，探索添加叶片和铁丝、毛线等辅助教材，创编完整的棕编作品并展示。

三、教学目标

学生通过探究学习，认识、了解了当地民间棕编艺术精美、别致、朴实等特点，掌握了棕编艺术品的制作程序，能制作出简易的棕编作品。学生以小组合作学习为主,通过玩、唱、说、看、做、演等,充分体会棕编艺术的独特魅力,培养对民间棕编艺术的审美情趣,激发探究兴趣。

四、教学重难点

学生能创编生动形象的棕编作品。

五、教学策略和方法

采用创设情景、了解欣赏、示范创编、创作表现等环节,采用情景法、演示法、启发法、交流法等教法。

六、课前准备

教具:CAI课件、实物投影仪、棕编艺术作品、棕叶、剪刀、针、毛线。

学具:棕叶、剪刀、针、毛线。

七、教学过程

教学时间:1课时

课程类别:工艺课

教学年级:四年级

教学过程	时间	教师活动	学生活动	设计意图	评价要素
创设情境	3分钟	布置场景:在学生的课桌上摆上棕编作品。我们学会了校本教材上的歌曲《奇妙的棕编》,现在,咱们一起来唱一唱。引入歌曲《有趣的棕编》	欣赏棕编作品。唱《奇妙的棕编》这首歌曲	激发学生对棕编的兴趣,让学生在轻松愉快的环境中学习	从欣赏棕编作品、演唱歌曲的情况,以及学习激情等方面评价

续表

教学过程	时间	教师活动	学生活动	设计意图	评价要素
了解欣赏	5分钟	请学生在班上交流收集到的棕编资料。出示CAI课件，并请学生在班上交流	学生在全班交流棕编的起源、历史、选材和特征等。了解民间艺术大师；欣赏棕编艺术作品并发表自己的见解	使学生对棕编有比较全面的了解，激发学生对民间艺术的热爱之情，增强学生的民族自豪感	从学生与同学交流、分享自己查阅的资料、收集身边的民间艺术大师的资料等方面评价
示范创编	8分钟	复习棕编的基本手法。示范演示：利用棕编的基本手法并加上辅材创编完整的棕编作品	认真聆听、观看	复习并了解学生对基本手法的熟练程度，引导学生创编完整的棕编作品	主要从学生观察、聆听的状态和学生掌握棕编基本技法的熟练程度等方面评价
创作表现	24分钟	讨论：自己或小组将制作什么作品。组织学生创编自己喜欢的作品。组织赏析学生创作的比较精美的作品。讨论：以小组为单位，讨论如何展示自己的作品。组织学生以小组为单位展示自己的作品。学生分享、交流	学生讨论、交流。学生创编作品。学生欣赏、评价。讨论。学生展评作品。学生听音乐玩自己的作品	使学生的创编具有目的性；充分发挥学生的想象力和创造力，完成完整的作品；进一步培养学生的赏析能力；让棕编艺术回归生活，从课内到课外，体现课程生活性	从活动中的表现情况、作品的完成情况等方面进行评价。可以自评、互评、教师点评相结合

八、教学实录

师：看得出来，你们已经被这些棕编作品深深地吸引了。上节课我们学了校本教材上的歌曲《奇妙的棕编》，现在咱们来唱一唱（和学生一起唱歌）。今天，我们来继续学习《有趣的棕编》。

前段时间，我们到芙蓉古镇采访了民间棕编大师吴龙勇，并把他请到学校来给大家做了精彩的讲座，大家对棕编产生了浓厚的兴趣。据我所知，讲座过后，不少孩子通过各种方式，比如上网查阅资料、请教街头艺人和长辈等，收集了大量有关棕编艺术的资料。现在咱们分享、交流一下，谁先来说说？

生（王×）：我知道今天桌子上摆放的作品是民间棕编艺术大师吴龙勇编的。

师：没错！

生（孙×）：我还知道，上次采访吴老师的时候，他介绍说，像他编的这条龙，在美国要卖五十多美元，相当于人民币四百多元。

师：哟，棕编还具有很高的经济价值哟！

生（胡×）：棕编就是用棕叶编织的工艺品。

师：你真会观察。

生（陈××）：我在温江红艳超市门口见过一位街头艺人用新鲜的棕叶编小鸟、蝈蝈等，很漂亮。两元钱一个，我就买了一个。

师：看来用新鲜棕叶编出的玩具大家都喜欢。

生（蔡××）：我了解到，新鲜棕叶编织的作品易枯萎，不易保存。可以把新鲜棕叶经过特殊处理再用来编织作品，就容易保存了，不怕折压。

师：你了解得真全面，你是怎么知道的？

生（蔡××）：上次采访吴老师的时候，他告诉我的。

生（刘×）：我知道，四川新繁棕编用料比一般的草编要细密、轻便、不易受潮，此种棕丝在国际市场称为"四川草"，外国人很喜欢。

师：看来，外国人对我们的棕编也很感兴趣。"四川草"，嗯，这个名字好，这是我们四川人的骄傲。

生（王××）：我通过网上查阅资料了解到：棕编起源于清代嘉庆年间的四川新繁，至今已有两百多年的历史。自编织细棕丝草鞋开始，1850年逐步形成专门行业。20世纪三四十年代，棕编业发达，其工艺水平有很大提高，产品经销四方，极受欢迎。

师：棕编的历史悠久。棕编工艺是中国编织工艺的主要品类之一，它巧妙地将实用性与艺术性结为一体，能够量物之材、尽物之美、得物之趣，是四川民间工艺，也是中国工艺美术中的一朵奇葩。在我们身边就有一位以棕编作品闻名的民间棕编艺术大师。（课件展示吴老师的简介）谁再来给大家介绍一下？

生（赖××）：他叫吴龙勇，四川新繁人。曾在1992年"中华百绝博览会"中获奖，在"成都市第三届艺术节"中获棕编一等奖。1995年，四川电视台曾为他及其作品做过专题报道。

师：为此温江芙蓉古城为他特设专柜展销他的作品。他的专柜可是芙蓉古城一道亮丽的风景线哦。现在咱们再次来欣赏他的几件精品（课件展示）：你看，栩栩如生的龙好像要临空飞跃；优雅的丹顶鹤好像要翩翩起舞；小心，蝎子会咬人；呀，四只鳄鱼似乎正潜伏在水中，静静地等待猎物的出现；瞧：四只青蛙正在呱呱地述说着夏夜的故事。

师：欣赏了吴老师的佳作，现在我们一起来复习一下棕编的基本手法。第一步：选择合适的棕叶，把棕叶两边撕整齐。第二步：把叶脉与叶片分离至叶梢约十厘米处。第三步：编扣、打结，注意，每一个结一定要拉紧。采用这种基本手法，加上一些叶片、豆子、毛线等辅助材料就能做出各种各样的棕编作品来。我看大家已经跃跃欲试了，下边就把时间留给你们，发挥你们的想象力和创造力，编出你们最喜欢的作品。比一比，看谁编得又快又好。

学生创编作品。

师（巡回辅导）：你们这组编什么？注意蝴蝶的腹部是细长细长的，编的时候把棕叶的边缘撕掉一点。蝴蝶的翅膀大而有弧度，在剪翅膀的时候要注意翅膀的造型。

你们这组编什么？注意蝗虫有六条腿，后退要比前腿长一些、粗一些。

你们这组编什么？注意蛇尾较细，从蛇尾到蛇的腹部逐渐加粗，编到蛇颈的时候又要细下来，蛇头加粗。

你们这组编什么？注意蜻蜓的腹部要编长一点，尾巴要剪得又细又长。

你们这组编什么？注意螳螂的两把刀长度要左右相等、大小一致，在剪的时候要剪出刀锋来。蝉的头较大。

编虾的时候要边编腹部边编腿。

发现优秀作品及时用投影仪展示。

（展示蜻蜓）孩子们，请看一看，张×的蜻蜓都已经编好了，一只活灵活现的蜻蜓好像要展翅欲飞，但它的腹部太肥了，负荷太重了，飞不高。如果把腹部编得瘦一点，尾巴再剪长一点，它肯定会飞得高高的。还没有编好的同学要加油喔！

学生继续编。

师：各小组都编出了自己的作品，讨论一下，怎样展示你们的作品？

学生讨论展示方式。

老师加入学生的讨论。

师：哪一组先来展示？看谁的展示最受欢迎。

学生举手示意上台展示。

师：上台展示的孩子声音要洪亮，坐在下边的孩子要认真欣赏哟。

生（廖×展示蝗虫）：我们编的蝗虫，它可好玩啦。

师：确实与其他玩具相比趣味十足。这只蝗虫的造型真美！

生（李×和白××展示龙虾）：我们编的龙虾，我们组编的龙虾比其他组的大，可以比一比。

生（何××跑了上来）：别争了，还是看看我的吧！

师：这是什么呢？

生（何×）：蜂窝，送给你。

师：里边有小蜜蜂吗？

生（何×）：没有，我下次编几只蜜蜂。

师：我等着你的小蜜蜂哟！我还想亲口尝尝小蜜蜂酿的蜜呢！

生（张××展示蛇，并表演小品）：一群蛇聚在一起，他们都想当大王。青蛇挑战花蛇，花蛇战胜了；黑蛇又挑战花蛇，黑蛇胜利了；灰蛇又挑战黑蛇，最后还是黑蛇获胜了，它成了大王。

师：看了这个精彩的小品，你们想说点什么呢？（请一两个学生来评价）

生：他们编的蛇打的结很均匀，造型美观多变。

师：不错！

大家都要求说一说自己的作品。

生1（在实物投影仪上展示花与蝴蝶）：春天来了，花儿开了，一群蝴蝶在花丛中翩翩起舞，你看它们玩得多开心啊。天快黑了，他们开开心心地飞回家了。

师：在这寒冷的冬天，看到这几只可爱的蝴蝶，真让人感到暖暖的春意。

生2：我编的蜻蜓，我想把它摆在我的书桌上。

师：这真是一件独具特色的装饰品。

生3（展示螳螂、蝉）：我们编的是"螳螂捕蝉"。在一个炎热的夏天，有两只蝉在欢快地歌唱："知了、知了"。三只螳螂听见了，心想："又可以饱餐一顿了。"它们悄悄地来到蝉的背后，猛地一扑，蝉被捉住了，他们就津津有味地吃了起来。

师：看了他们编的作品，如果再加一只黄雀，一个成语呼之欲出，你们知道这个成语吗？

生（齐答）：螳螂捕蝉，黄雀在后。

师：没错！同学们真厉害。老师知道很多孩子都想上台展示，课后我们开一个棕编作品展览会，希望你们编出更多更美的作品来参加这个展览会。（放音乐）现在，就用你们编的玩具尽情地玩吧。

部分上课情景图片展示：

部分作品图片展示：

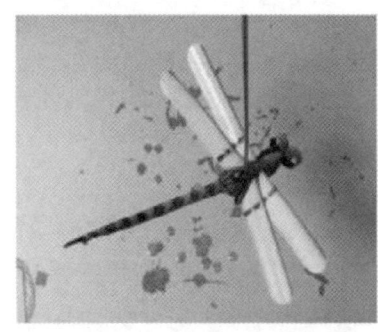

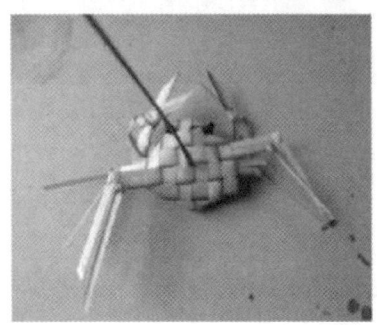

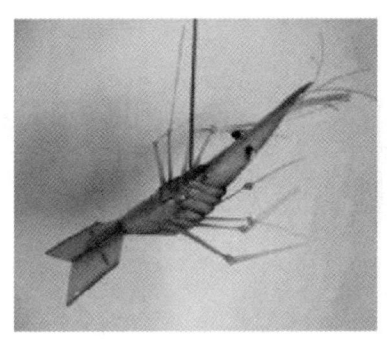 

课后反思：我觉得各个教学环节环环相扣，学生对棕编有浓厚的学习兴趣，积极主动地参与，充分体会了棕编艺术独特的魅力。他们编出的作品工艺精美、种类繁多，有展翅欲飞的蜻蜓、蝴蝶，有栩栩如生的蛇、龙虾，还有生活气息浓厚的拖鞋、草帽等，甚至还有学生把棕编与文学融为一体。加强了学科融合，树立了大的艺术观。学生的综合能力得到大幅提升。在该节课中，音乐与美术较好地融合。音乐的运用利于学生在轻松愉快的氛围中积极主动地参与课堂活动，给课堂增添了许多艺术色彩，实现了师生共享艺术课堂的乐趣。可是，在该节课中，学生分组讨论、交流合作学习还不够热烈和充分，这主要是教师未充分启发学生。在以后的教学中，我应多注意启发学生。把棕编艺术引入课堂，既培养了学生的动手、动脑能力，又培养了学生的审美能力和创新能力。总的来说，教学基本上达到了预期效果，不足之处我将在以后的教学中改进。

02 《傩面具》教学设计

成都市温江区公平学校 刘福莉

一、教学内容

成都市温江区实验学校和温江区公平实验校"开发运用民间艺术资源，优化艺术教育内容"课题组开发的艺术校本教材《傩面具》。

二、教材分析

傩戏是民间艺术的一种，被誉为戏剧的"活化石"。傩面具是傩戏的一个重要组成部分，傩面具（脸谱）具有形态朴实夸张、色彩艳丽、千姿百态、对比强烈等特征，透视出人类心灵深处原始的、深沉的忧患意识和对未来美好追求的强烈欲望，有很高的艺术价值、科研价值和商品开发价值，是民间艺术百花园中的珍品。

课题组开发的艺术校本教材《神秘的傩戏》由四部分构成：

第一部：初步了解傩戏，学习制作傩面具并进行简单的角色体验；

第二部分：学习傩音乐和学跳傩舞；

第三部分：学习傩戏情景剧；第四部分：创编傩戏，组合成一些生动的场景进行表演。

通过欣赏，了解傩戏的文化，知道中国民间艺术博大精深，激发学生的学习兴趣；通过指导制作多姿多彩的傩戏面具，培养学生的审美能力、美术鉴赏能力，最终提高学生的艺术素养。

本节课使用的是该教材的第一部分，主要是教师对傩戏进行民间采风后，在课堂上引导学生了解、欣赏傩戏和创作傩面具作品，学习用撕纸的方法制作傩戏面具，并进行简单的表演活动。

三、学情分析

我校位于城乡接合部，学生主要来自城市边缘的农村或是外来务工人员的子女。农村在过年过节或有红白喜事时，就常戴着面具举行"跳大神""闹大夜""打丧火"等表演活动，学生很好奇和感兴趣，还时常在学校模仿表演。其实，这些活动基本属于傩戏，但很多学生在观看这些傩戏时良莠不分，全盘吸收。我们有责任、有义务引导学生了解这种民间艺术，让他们学会欣赏，关注这种民俗的动态。

我校五年级学生对美术教学中"综合、探索"板块有浓厚的学习兴趣，"傩面具"就属于这一板块。把民间傩面具引入课堂可以充分调动学生学习的积极性和主动性。虽然我校学生对傩戏缺乏了解，但我想，通过本课学习，不仅可以让学生了解傩戏，还会制作傩戏面具并进行简单的表演，提高学生的欣赏能力、手脑协作能力和表演能力。

四、教学目标

初步了解傩戏，知道傩戏是我国戏剧的"活化石"，是我国民间艺术的"瑰宝"。欣赏、分析傩戏面具作品，了解傩面具造型夸张、色彩丰富的特征，培养学生的探索精神和动手制作的能力，提高学生的艺术素养，培养学生对传统民间艺术的喜爱之情和保护传承意识。

五、教学重点

初步了解中国民间傩戏的特色和傩面具的特点。

六、教学难点

学生尝试用夸张的手法、丰富的色彩来制作傩面具。

七、课型

综合、探索。

八、教学策略和方法

该堂课主要有创设情景、了解欣赏、探讨学习、创作展示四个环节,采用情景法、启发法、交流法、演示法等教法,以学生的小组合作学习为主。

九、课前准备

教具:CAI 课件、实物投影仪、傩戏面具实物、图片、自制傩面具、彩色卡纸、胶棒、双面胶、纸等。

学具:胶棒、双面胶、彩色卡纸、纸条等。

十、板书设计

十一、教学过程

教学过程	时间	教师活动	学生活动	设计意图	评价要素
创设情境	2分钟	复习以前学过的知识,引出本节课的教学内容,讲解"傩"的含义及什么是傩戏	回忆以前学过的知识,认识"傩"字,了解"傩"和"傩戏"的含义	激发学生的学习兴趣,认识"傩"字,并了解"傩"和"傩戏"的含义	表现性评价。通过过程评价学生对以前知识的掌握情况,以及对新知识的渴求,激发学生的学习激情
欣赏体验	16分钟	播放视频,介绍傩面具的作用和有关传说,再请学生谈观后感,最后简单地总结提炼一个有关傩戏的民间传说故事。展示傩戏表演的图片,介绍傩戏的一些场景。提问:"你看到这些傩戏面具图片有什么感受?为什么?你最喜欢哪一个傩面具?"引导学生从傩面具的造型和色彩方面去讲。总结傩面具色彩丰富的特征。先请学生欣赏傩面具王的图片,再适当介绍傩戏的各种角色	观看面具录像,了解傩面具的作用和相关传说,听老师讲完后再观看后总结,倾听有关傩戏的民间传奇故事。欣赏傩戏表演的图片,了解傩戏的一些场景。观赏各种样式的傩具图片,然后举手在全班交流讨论。最后小组讨论,从而找出傩面具的基本特征:造型夸张,色彩丰富。观赏傩面具王的图片,了解傩面具王的情况,了解傩戏的各种角色	有利于学生主动参与课堂教学中,比较全面地了解傩面具。有助于学生主动学习,了解有关傩戏的图片场景。有利于学生主动探讨,从而找出傩面具的基本特征。有利于学生了解傩面具王的角色	过程性评价。主要从学生视频赏析、图片提炼、感受总结后评价等方面进行评价

有趣的民间艺术　242 /

续表

教学过程	时间	教师活动	学生活动	设计意图	评价要素
探讨学习	5分钟	请同桌同学相互观察并提问："你的表情面部表现发现什么有关？"实物展示：用剪贴的方法做出来的脸面具，知道老师是怎样制作的吗？（多媒体依次出示步骤图）讲解制作方法：构思—构图—绘画—粘贴—装饰。展示几个已经做好的脸面具请同学有用材料欣赏，然后提问："你还可以运用哪些材料和方法制作？"	相互观察同桌同学的表情，做出不同的表情变化，观察面部的变化与五官有关。观察老师用剪贴的方法自制的脸面具，回答老师提出的问题；了解脸面具的制作方法，欣赏老师制作的多种材料、多种方法的脸面具，然后回答老师提出的问题。	让学生体验、感受、观察、知道表情变化与五官有关。通过学生观察、思考、回答问题，掌握脸面具的基本制作方法和步骤。开阔学生视野，激发学生的创新思维。	从学生合作学习方式的方法的有效性、任务完成情况等多方面进行评价表现性评价 通过群体制作面具活动，探究活动表现情况等方面进行评价
创作展评	15分钟	请学生用自己准备的材料和喜欢的方法创作面具，播放音乐，老师巡回辅导。展示已完成作品。请部分同学戴上脸面具上台展示，老师适时点评。	创作一个独具特色的脸面具。欣赏同学已完成的作品。部分学生戴上脸面具，其他学生欣赏、评价。	培养学生的动手能力。引导尽快完成作品。提高学生的审美能力和艺术素养。	创意、美观性，从作品的创意、参与表演态度等方面对学生完成情况进行评价

十二、作品展评

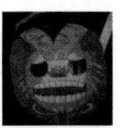
这个傩面具采用绘画的方法,抽象的造型、柔和的色彩,给人一种精致而和谐的美感。

这个傩面具采用剪贴的方法,造型简洁、抽象,工艺非常精美。

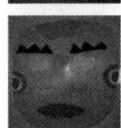
这个傩面具采用撕贴的方法,给人一种简洁而粗犷的美感。

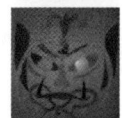
这个傩面具是在彩色卡纸上绘制而成的,面具的五官夸张,用色大胆,写实与抽象相结合。

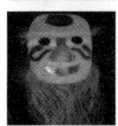
这个傩面具采用多种材料粘贴绘制而成,给人一种粗犷而奔放的美感。

这个傩面具采用绘画的方法制作而成,造型夸张,采用了对比色,给人一种强烈的视觉冲击力。

十三、教学实录

一、导言

同学们,在三年级时候,我们学了面具方面的知识,也制作了各种各样的面具。面具作为一种古老的艺术品,在世界艺术发展史上占有重要的地位。时到今日,古老的面具艺术正向现代文明走来,走进我们的生活。今天我们一起来学习一种新的面具(出示课题)。

引导学生认识"傩"字,了解它的含义。"傩"指旧时迎神赛会，驱逐疫鬼。过去，很多人认为疾病、瘟疫和死亡是厉鬼在人体内作怪，于是就戴上可怕的面具，跳着激烈的舞蹈，向妖魔鬼怪发起反击，以达到驱鬼的目的。这就是最初的傩戏。中国的傩戏有着悠久的历史，被誉为戏剧的"活化石"。

二、欣赏体验

老师为你们准备了精美的礼物，请同学们看大屏幕。

多媒体播放视频——傩戏。

老师提问：通过这段视频，你了解了哪些知识？

学生回答：在傩戏表演中，面具是傩戏最重要、最典型的道具。演员佩戴面具是傩戏区别于其他戏剧的重要特征。关于傩面具还有很多传说，使用也是有规矩的。

老师总结补充：例如制作面具时要先举行"开光"仪式，取用面具要事先举行"开箱"仪式，存放面具要举行"封箱"仪式等。

（一）介绍表演傩戏的场景

古时候，傩戏就是驱鬼逐疫和祭祀时跳的。无论是傩祭活动还是傩戏演出，面具都被赋予了神秘的宗教色彩与民俗含义。现在傩戏已成为当地农民闲暇时的娱乐形式，除保留祭神驱鬼逐邪的意义外，还充满了对平安丰收的祈祷，象征勇敢和胜利，现已被纳入旅游娱乐活动，演出形式、地点简单、随意。

（二）介绍傩面具王

这是最近在贵州被发现的，专家称，这是迄今为止发现的最大的傩面具，堪称"中国傩面具王"。面具高达2.5米，宽达1.35米，由一株千年的古槐整体雕刻而成。近一层楼高，人立于旁，显得十分矮小。

（三）重点介绍傩戏面具的特征

尽管傩面具被赋予了复杂而神秘的宗教和民俗含义，但它本身却不失为艺术百花园中的珍品。早期的傩面具主要是木制面具，材料多为杨木和柳木（杨木质轻且不易开裂，柳木在民间则被认为可以避邪）。

早期的傩面具色彩古朴，眼睛是最突出的，也是最吸引人的，眼睛特别大，眉毛又粗又长，也有的眼睛用很多锯齿线和花纹来装饰，两个鼻孔圆圆的，还有的鼻子下面装有大胡子。面具的嘴通常是张开的，有一排排白白的牙齿，在牙齿的两边还有四颗又尖又利的獠牙。凶猛的傩面具头上的装饰也是各种各样的，有的用小鬼的脸来装饰，有的是有漂亮图案的帽子，还有一些用动物的图案来装饰。

现代傩面具因地域、民族、文化、审美等方面的不同而有差异。现代傩面具的艺术造型有的以人物形象为主，有的则以动物形象为主。使用的材料也多样化，有的在石头上雕刻，有的在纸上绘画等，色彩很鲜艳、生动，能够吸引人的目光，有的色彩对比柔和，有的色彩对比强烈。同一个人物的面具可绘成红、黄、蓝、白、黑不同的色彩，再加上各种类型的绚丽头饰，人物性格就更加鲜明生动了。

（四）介绍傩戏的各种角色

傩面具注重人物性格的刻画，可分为几大类：正神、凶神、世俗面具、丑角面具、牛头马面。正神都是正直善良的，其面具威武，凶神的职责是镇妖逐鬼，面具就被雕刻成头上长角、嘴吐獠牙、满脸煞气的样子。千姿百态的面具代表形形色色的人物。

三、探讨学习

（1）请同桌同学相互做出不同的表情并相互观察，提问："你发现面部表情的变化与什么有关？"学生做了不同表情后举手回答："与五官有关。"师生一起总结规律："要想笑嘴角翘，瞪大眼睛要发怒，嘴角下弯忧愁多，嘴巴张开乐呵呵。"

（2）实物展示：用剪贴的方法做出来的傩面具。提问："你知道老师是怎样制作的吗？"（多媒体表现步骤图）讲解制作方法：构思—构图—装饰—粘贴。

（3）展示几个已经做好的傩面具请学生欣赏，有用绘画做的；有用多种材料粘贴的。然后提问："你还可以运用哪些材料和方法制作？"

（4）学生思考：① 设计什么风格的面具？（粗犷、奔放还是

细腻,写实或抽象)②运用什么样的色彩表现人物的个性?(色调统一、色彩对比强烈)③采用什么样的制作方法?学生思考后举手回答老师提出的问题。

四、创作展示

1. 请学生用自己所准备的材料、喜欢的方法创作傩面具,老师巡回辅导。播放音乐。

2. 展示学生已完成的作品。

3. 请部分学生戴上傩面具上台展示,其他学生评价,教师适时点评。

老师小结:

同学们,你们非凡的想象力和创造力令刘老师惊讶,这节课我们看见大家用古朴的傩面具演绎出了鲜活的历史,从原始的图腾崇拜,到对善良、正义的寄托,傩面具逐渐从"神"的文化圈里跳出,步入一个多元文明的精神世界,古老的面具艺术已融入现代文明。傩面具还可以作为日常生活中的装饰品。我希望同学们能继续发扬我国的民族民间艺术,逐渐挖掘这些民俗瑰宝。

五、课后体会与反思

1. 学生欣赏到了独具特色的傩面具作品

艺术教育具有形象性、直观性和创造性。教师借助多媒体,给学生展示了大量傩面具的录像片段和图片资料。学生了解了傩面具的一些知识,欣赏到了从古至今具有代表性的傩面具作品,感受到了傩面具形态朴实夸张、色彩艳丽、千姿百态、对比强烈的特征。傩面具透视出人类心灵深处原始的、深沉的忧患意识和追求美好未来的强烈欲望,有很高的文物价值、艺术价值、科研价值和商品开发价值,是民间艺术百花园的珍品。

2. 学生创造出了独特而美观的傩面具作品

生动形象、别具一格的傩面具使人感到一种神秘的威力和粗犷的美。我在教学中充分调动学生的学习兴趣,通过多角度的探索挖掘学生独特的个性。我惊讶于学生大胆的表现力,学生创作出的傩面具作品形态各异、色彩美观、工艺精美。可见,这节课充分发挥了学生丰富的想象力和创造能力，培养了学生的手脑协调能力。

3. 提高了学生的审美能力

学生展评作品是本节课的一个亮点，把欣赏美、表现美提升到更高的层次，学生展非常有趣，学生的艺术素养和审美能力显著提高。这节课不但使学生了解了当地民间艺术，还为其传承地方民俗民间艺术，挖掘民间艺术瑰宝，将地方传统文化发扬光大奠定了基础。

4. 音乐与美术的融合恰到好处

本节课中音乐运用恰到好处。课件展示傩面具作品时，优美的旋律伴着高雅的艺术作品，整个画面非常和谐，有利于学生在轻松愉快的氛围中积极主动地参与课堂活动，给课堂增添了许多艺术色彩，实现了师生关系的和谐。

该课学生说得有趣、做得有趣、展得有趣，不足之处是教师的点评比较专业化，缺乏幽默感和趣味性。在以后的点评中，教师应多一份幽默、多一份机智。

由此可见，要上好一堂学生喜欢的美术课，教师必须激发学生的学习兴趣，让他们有饱满的探究热情，掌握科学的研究方法，让他们在真切的体验中去探索，在情感的共鸣中去演绎，只有这样，才能共享美术课堂的乐趣。

有趣的民间艺术

03 《剪纸歌》教学设计

成都市温江区公平学校　寇红梅

一、教材内容分析

《剪纸歌》是区级课题"民间艺术资源的开发和应用"校本教材内容之一,这是一首说唱风格的川西民间儿歌。歌曲为 2/4 拍,一段体,旋律欢快、流畅,歌词生动有趣,表达了孩子们对剪纸艺术的热爱以及剪纸给人们生活带来的快乐。

二、学情分析

二年级的学生以形象思维为主,比较好动。本课在设置时,紧密结合二年级学生的生活实际,课堂内容突出趣味性,注重过程,关注学生的主体参与性。教学活动力求符合儿童的心理发展和艺术学科能力发展的需要,适合小学生的认知规律,激发儿童的兴趣,培养其想象力和创造性。

三、教学目标

1. 学生能够欢快流畅地演唱歌曲,表达快乐的心情,体验剪纸艺术的乐趣。
2. 学生在轻松愉悦的学习气氛中,能积极主动地聆听、体验、想象、创造,表现音乐形象。
3. 能选择节奏型为歌曲伴奏,并能根据歌曲进行编创表演。

四、教学重点

学生能有感情地演唱歌曲,并积极主动地参与各种音乐活动。

五、教学难点

培养学生感受、想象及表现音乐的能力。

六、教具准备

多媒体课件、剪纸作品、打击乐器。

七、教学过程

教学过程	教师活动	学生活动	设计意图	评价要素
组织教学（2分钟）	师生问好。播放歌曲《新年好》	拍手唱歌	营造过年欢乐的气氛	表现性评价，从学生态度、情绪、演唱准确度等方面着手
导入新课（5分钟）	新年礼物呢？抽学生说一说自己制作的剪纸作品的用途。小结：孩子们真是心灵手巧呀！用一把小剪刀就能制作出如此精美的新年礼物。为了感谢孩子们，老师把歌曲《剪纸歌》作为礼物送给大家	展示自己制作的剪纸作品，如窗花、墙花、礼花、灯笼等	引导学生理解剪纸艺术与人们生活的关系	从交流表现、倾听别人交流的习惯、个人艺术档案袋资料收集等方面评价
学唱歌曲（15分钟）	教师范唱《剪纸歌》。师：这是一首说唱风格的儿歌，听后请说说自己的感受。教师敲击响板，代表歌曲节奏。指导学生轻声学唱歌词。师：你们刚才是怀着什么样的心情，带着什么样的表情唱歌的？引导学生愉快地、笑眯眯地演唱歌曲	聆听范唱，体验歌曲的风格及演唱情绪。学生交流听后感受。学生按节奏有感情地朗读歌词。轻声学唱歌词。思考、回答并亲身感受	充分感受歌曲的旋律。充分体验歌曲节奏及剪纸的乐趣。充分感受歌曲演唱的情绪	过程性评价，主要从聆听的习惯，演唱方法，情绪表达，音调、节奏的准确性及表现性等方面评价

续表

教学过程	教师活动	学生活动	设计意图	评价要素
表演歌曲（12分钟）	引导学生讨论：还可以用什么样的形式演唱，使歌曲更具有民间儿歌的特色呢？抽学生展示并选出最有特色的小组。引导孩子编创简单的动作表演歌曲。引导孩子选择打击乐器及节奏型为歌曲伴奏	讨论、试唱。分组展示、评价。根据自己的生活经验和对歌曲的理解表演全曲，并用打击乐器为歌曲伴奏	注重个性化评价，提高审美情趣。充分发挥学生的主体性，让其创造性地表现自我，并体会剪纸的愉悦	从参与活动的态度、表演情况、小组合作情况，以及探究活动的有效性和表现性等方面评价。可以自评、互评、师评
拓展延伸（5分钟）	多媒体播放《川西民间剪纸作品集》和舞蹈《剪纸姑娘》	欣赏、观看、模仿	通过欣赏剪纸艺术，树立学生的民族自豪感，培养其热爱传统文化的感情，提高其艺术感知能力	将收集的图片、音像资料等存于艺术档案夹
小结（1分钟）	师：剪纸是我国喜闻乐见的一种装饰艺术，它可以用来美化居室环境，烘托节日气氛。新年快到了，请把你的剪纸作品送给你最好的朋友，为他送上一份最温馨的祝福	互送剪纸礼品	感受艺术与生活的联系	表现性评价档案袋评价

04 《百变团花》教学设计

成都市温江区公平学校 刘福莉

一、教学内容

人美版《义务教育课程标准实验教科书·美术》第三册第六课《百变团花》。

二、教材分析

剪纸是一种民族工艺，具有工具简单、制作简便和便于儿童接受的特点。作为当代的一种美育手段，其对于启发儿童的想象力、锻炼心灵手巧和胆大心细的品格，有着不可低估的作用。

本课属于"设计、运用"领域。团花是一种比较简单、易于初学者掌握的剪纸形式。本课所讲授的内容为剪纸团花，是折纸和剪纸相结合的艺术，简单易学，装饰性和艺术性都很强。取一张纸，用一把剪刀，通过巧妙的构思和不同的折叠方法，只需一会儿工夫，便可剪出令人喜出望外的图案来。

三、学情分析

我校二年级学生通过一年多的学习，具备一定的折纸和剪纸技能，本课就是让学生学会在一张彩色腊光纸上，进一步尝试运用多种不同的纹样变化、组合剪成自己喜爱的圆形团花作品，让他们把自己动手创作的作品当成装饰品来装饰物品或房间等。

四、教学目标

欣赏及学习制作团花，感受我国民间剪纸的魅力，了解剪纸的基本特色，学习团花的简单技法，剪出外形美观、花纹富有变化的团花。

在学生对民间剪纸艺术已有的认知基础上，利用收集整理的民间剪纸艺术资源，进行丰富拓展，激发兴趣，培养情趣。

五、教学重点

团花的特点及设计制作方法。

六、教学难点

纹样的设计及镂空的面积大小。

七、教学策略和方法

该堂课设计了创设情景、探讨学习、艺术实践、创作表现等环节，采用了情景法、启发法、交流法、演示法等教法，以学生的小组合作学习为主，通过学生的说、看、做等，让学生充分感受到了百变团花的独特艺术魅力。

八、教学准备

教师：多媒体课件、彩色蜡光纸、剪刀、胶棒、团花图片等。
学生：彩色蜡光纸、剪刀、胶棒、白色纸质盘子等。

九、教学时间：1课时

十、课业类别："设计、应用"学习领域

十一、教学过程

教学过程	时间	教师活动	学生活动	设计意图	评价要素
创设情境	2分钟	以表演魔术的形式，在一张红色腊光纸上快速剪出一张团花，并贴在窗户上。提问：它会变成什么呢？你们知道什么叫剪纸吗？讲解什么是团花剪纸并引出课题——"百变团花"	观察老师是怎样变魔术的。举手回答，变成了团花。举手讨论老师提出来的问题，了解了团花剪纸。	激发学生的学习兴趣和好奇心，通过观察总结团花的概念。了解团花剪纸，明确学习内容。	表现性评价，通过评价学生情绪、回答问题的准确性等激发学生学习的激情。
探讨学习	13分钟	请学生欣赏课件展示。课件展示了团花的历史，介绍对马最早的和马王堆对猴团花，并做适当的介绍。(1) 同桌交流：刚才我们看到的团花都是什么形状的？(2) 提问：谁剪出圆形了？说一说你是怎样剪的？(3) 老师有个好办法，大家剪起来试试3折、4折、5折剪哪种剪得更圆呢？	欣赏课件图片，了解团花剪纸悠久的历史和最早的团花剪纸图片，同桌探讨：怎样剪圆？(1) 举手在全班交流"圆形"。(2) 拿出一张纸，在纸上剪一刀，力尽所能地把纸变成圆形	学生感受到团花的美，从而喜欢我国剪纸的团花，了解我国剪纸文化悠久的历史和早期的团花。掌握剪圆形的正确方法。(1) 通过观察团花的形状。(2) 让学生尝试怎样剪圆形	主要从参与态度，学习提示、图像自学、小组合作等方面进行综合性学习活动的效果，学生表现情况及任务完成情况等方面评价

有趣的民间艺术　　254

续表

教学过程	时间	教师活动	学生活动	设计意图	评价要素
探讨学习	13分钟	（4）现在请大家来玩一个小游戏，请拿出一张纸，在纸上剪一刀，把它变成圆形，看谁能做到。接下来，老师试一下，到底哪种折法剪得的圆最多。（5）师剪出的图形越多越团花呢？（6）剪这个圆形纸片贴在窗上的团花和老师的相比哪个更漂亮呢？为什么？（1）老师这里有一张漂亮的团花，你们能把它上面找到的花纹指给大家看吗？（2）给你一张蜡光纸试着剪一个名字"大家在制作团花的过程中遇到困难了吗？"	（3）举手在全班交流将剪出圆形的方法。（4）听老师讲到的办法，然后动手尝试，从游戏中得出剪圆形的方法。（5）五人小组讨论、总结"看来折数越多剪得的圆越圆"。（6）不是，有花纹的剪纸片更漂亮。探讨：团花内容。（1）月牙纹、毛毛纹、柳叶纹、瓜子纹、羽毛纹、海燕点、圆点纹。（2）举手到全班尝试剪团花。（3）然后已遇到的困难散成纸片交流，交流在剪团花中遇到的困难问题，帮助解决同学的疑难	（3）让学生从实践中寻找剪圆形的方法。（4）让学生在游戏中尝试，正确的剪圆形方法。（5）从实践中归纳剪圆形的正确方法。（6）让学生区别团花与圆形的差异。让学生学习花纹的内容。（1）让学生语言表达。（2）让学生在实践中体会制作团花时遇到的困难。（3）师生共同探讨剪团花困难，把剪团花共同正确地探讨出剪团花的正确方法。（4）师生共同探讨得美观的正确剪法	

续表

教学过程	时间	教师活动	学生活动	设计意图	评价要素
探讨学习	13分钟	（3）提问："同学们帮帮他，想一想这是为什么？"等学生回答后，再讲正确的方法：团花是没有正方形的中心点。原来是以正方形纸的中心点为顶点，剪的时候一定要找准中心点。另外，在剪到时候上下不能剪到头，左右不能剪到头。 （4）还有谁遇到困难了？ （比较团花）这两张团花你更喜欢哪一张？为什么？ 注意这几点：花纹种类大小匀称、重复次数多。 师：到现在为止，你们学会剪团花了吗？那就让我考考大家吧！提问："你知道剪团花的正确排列顺序吗？"	（4）剪得不好看。 （剪）花纹种类多、镂空大小不匀称。花纹重复次数多的好看。 先将正方形的纸经过几次对折，形成锐角三角形，然后再剪成圆形，设计剪制团花的花纹，最后剪团花。	学生归纳剪团花的正确顺序，培养学生的总结归纳能力	

续表

教学过程	时间	教师活动	学生活动	设计意图	评价要素
艺术实践	18分钟	请同桌的两位学生一起，剪出团花用来装饰百货质盘。我们温江展区要开一个百货展销会，请你们对快剪出团花拿去展销会卖个好价钱吧！（1）看来大家剪的团花真的很美。（2）那就让我们用团花来装饰一下白色的盘子。盘子上的团花怎么贴好吗？（3）同学讲得太棒了，让我们一起齐心合力表演一个课件《古琴高山流水》的音乐声。教师巡回播放古琴曲辅导学生制作，做好的作品就贴到黑板上。帮助没有做完的同学	明确以同桌两位同学为单位，剪出团花装饰到白色纸质盘上展示。（1）好的。（2）要贴在盘子正中间。（3）讨论后进行创作。同桌同学合作剪制盘子	明确学习任务。培养学生合作的精神。（1）明确知道应先剪团花，再装饰盘子。（2）让学生主动学习怎样用团花装饰盘子更漂亮。（3）充分发挥学生的想象力和创造力。利于同学之间合作互助，提高动手能力	通过态度、设计创造性、团花的创作、美观性等方面进行评价
展示交流	7分钟	展示百变团花装饰的盘子。现在百货展销会实行，我们举行一个团花盘拍卖。你最想买哪一个团花盘？就买下来，说出你对哪个团花盘最满意的地方，也可以谈谈你对这个团花盘怎样合理利用	举手表达自己想买哪个盘子，并说出理由。说出自己最满意的地方。说出自己打算买这个盘子作为礼物送人，装饰房间等	利于学生互相交流，培养他们的赏析能力。让盘子回归生活，体现艺术课程的用途让学生说出盘子的用途	完成评价。分享自己的作品，交流自己的感受表现情况等。教师采用自评和互评相结合的方式评价

十二、教学实录

一、教学文字实录

（一）创设情境

师：同学们，今天刘老师要为大家变一个魔术，请看！我把这张普通的纸用剪刀剪几下，它会变成什么呢？（展示"变"出的一朵美丽的团花。）

生：观察老师是怎样变魔术的（举手回答：变成了团花）。

师：你们知道什么叫团花剪纸吗？

学生举手交流老师提出的问题。

师：好，老师就给大家说说团花剪纸。像这种外形以圆形为主，以正方形纸中心为顶点，在连续对边、对角折叠几次后变成的锐角三角形内剪出一个单元纹样，展开后便成为放射状的图形，这就是团花剪纸。很多地方的人经常在过年过节时把它们贴在窗户上，增添节日的气氛。它们漂亮吗？

生：漂亮。

师：你们想不想学会剪漂亮的团花？今天我们就一起来学剪"百变团花"。

（二）探讨学习

1. 介绍团花的历史

师：我国的剪纸艺术有很悠久的历史，团花就是剪纸的一种。最早的团花是出现在南北朝时期的对马团花和对猴团花（课件）。

2. 怎样剪圆？

师：刚才我们看到的团花都是什么形状的？

生：圆形。

师：现在请你来玩一个小游戏。拿出一张纸，并在纸上剪一刀把它变成圆形，看谁能做到。

师：谁剪出圆形了，说一说你是怎样剪出来的？

生1：把纸折好后再剪。

生2：直接把纸剪成圆形。

师：老师也有一个好办法，就是把纸折起来剪。大家猜猜应该折2折、3折、4折还是5折呢？

师：接下来老师请四位同学到讲台上来尝试一下，看一看到底哪种折法剪得最圆。

生3：五折最圆。

师：看来折数越多剪起来就越圆。

师：那么这个圆纸片算不算是团花呢？和老师贴在窗上的团花相比，哪个更漂亮呢？为什么？

生4：不是，因为没有花纹。

3. 设计团花

师：刚刚的同学说得很好，有花纹的团花才完整。看，老师这里有一朵漂亮的团花，它上面有哪些花纹？大家能给这些花纹取个名字吗？

学生积极地讨论（月牙纹、毛毛纹、柳叶纹、瓜子点、圆点、海燕纹、羽毛纹……）。

师：大家表现得真棒，不但找出了花纹，还为花纹起了有趣的名字。

师：现在请大家用手工纸试着剪一朵团花。

师：大家在制作团花的过程中遇到困难了吗？

生5：遇到了，剪的团花不成形。

师：同学们，为什么他会遇到这样的困难？

学生认真思考。

师：没错，他没有找准中心点。团花是以正方形纸的中心点为顶点，剪的时候一定要找准中心点。另外，剪的时候上下、左右一定要留空间，不能剪到头。

师：还有谁遇到困难了？

生6：剪得不好看。

师（比较团花）：这两朵团花你更喜欢哪一朵？为什么？

生7：喜欢这一朵（手指心仪的团花），因为它的花纹种类多、花纹镂空（剪）匀称、花纹重复次数多。

师：没错！看来要想把团花剪得好看还得注意这几点。

4. 总结

师：你们学会剪团花了吗？让我考考大家吧！谁能说一说团花的制作过程？

生8：首先，将正方形的纸对折几次，形成锐角三角形；然后，剪成圆形；再设计团花的花纹；最后按花纹剪。

（三）艺术实践

1. 明确任务

师：看来大家真的学会了，那就让我们用团花装扮一下白色的盘子，好吗？请同桌的两位学生一起，剪出团花并装饰白色纸质盘子。不久温江区要开一个百变团花展览会，大家都可以参加哟！

学生跃跃欲试。

师：盘子上的团花怎么贴才好看？

生9：要贴在花盘的正中间。

师：说得太棒了！大家齐心合力装扮吧。

2. 学生制作，教师巡回辅导。

3. 展评百变团花作品。

师：说一说你最喜欢哪一个？为什么？也可以谈谈自己作品中最满意的地方。

（四）展示交流

请学生展示自己用团花装饰的盘子。

师：同学们，现在我们举行一个团花盘子拍卖会，你想买哪一个呢？说出你买的理由。

学生举手后站起来说自己想买哪个盘子，并说出自己喜欢的理由——喜欢团花的花纹、色彩和造型。）

师：你准备如何使用这个团花盘子呢？

学生说出自己买这个盘子的打算，比如作为礼物送人、装饰房间等。）

师：哇，百变团花的用途可真大！课后请你们找一找生活中还有哪些方面可以用团花盘子装饰。今天大家的表现非常棒，在老师眼里，你们真像一个个小小的剪纸艺术大师。老师相信，在我们的装扮下，我们的生活将越来越美好。谢谢同学们，下课。

二、部分上课情景图片展

教师激情飞扬地讲课　　学生积极踊跃地发言　　学生努力探索剪纸方法

学生专心致志地创作　　教师进行个别辅导　　学生作品展示交流

三、部分作品图片展

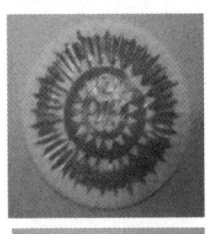  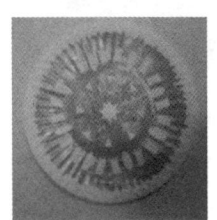

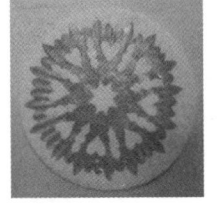 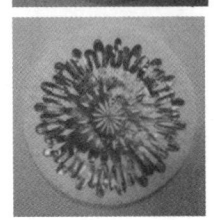 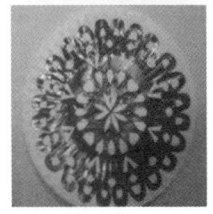

课后评价：王攀科评课：我认为最能体现课题目标的部分就是课堂教学的重点部分，抓住重点就能在设计教学活动时有的放矢，合理安排活动时间及顺序，而一般重点部分往往就是难点。根据本课的教学目标，本课的教学重难点应该是团花的特点、设计制作方法和折法，以及纹样的设计。

何晓芳评课：本节课学生采用了多种学习方法：（1）交流合作讨论法。学生发现问题并提出问题，仔细思考讨论，随意交流、发言，这样的学法有利于学生创造性地思考问题。（2）练习法，即学生在教师的指导下，将所学的知识用于实际，以巩固知识，形成技能技巧的教学方法。本节课中让学生在练习中总结剪团花的方法环节设计得特别好，激发了学生的创造力和表现力。

赵潇评课：本节课教学效果很好，教师鼓励表现好的学生大胆创造，个别辅导那些需要帮助的学生。让学生进入再创作阶段，解决问题，形成技能，培养学生的创造力。因此，学生在课堂中创作出了丰富多彩的团花作品，学生多姿多彩的作品是本节课的一个亮点。

寇红梅评课：创设情境，引入新知这个环节非常好。教师带领大家欣赏精美的团花剪纸艺术，激发学生的学习兴趣，强化审美体验，学生会表现出惊讶、赞叹、钦佩的心理，并表现出强烈的创作冲动。激发学生的好奇心和求知欲，达到创设情境、引入新知的目的。

陈晓欢评价：在本节课的教学过程中，刘老师能够关注那些学习能力、接受能力低的学生，并给予必要的督促和帮助，并合理兼顾不同层次的学生，使全班学生都能参与到作品的设计制作，增强学生学习的自信心，提高学生的积极性、创造性，体验完成作品的自豪感和成功感。

郑德惠评课：本节课紧紧围绕研究课题，师生共同探索民俗渊源，挖掘民间瑰宝，因势利导、因材施教，创作民间剪纸艺术。本节课发挥了教师的主导作用和学生的主体作用。在教学过程中，教师力图面向全体学生，发挥主体参与的热忱，优化学生个性，

培养创新精神,积极创造条件,广泛吸引学生主动地、自觉地参与美术活动,提高学生的观察、记忆、分析、想象、创造等能力,开发智力,激发潜能,真正使美术教学成为提高整体素质的教育手段和途径。本节课遗憾的是:教师通过巡视发现了学生在初级创作中存在的问题,但没有及时解决。例如纹样、折法单一,装饰味不浓,希望刘老师在今后的教学中注意课堂细节,让课堂成就学生,成就教师,成就一批优秀的民间艺术家。

课后反思:这堂课令我感受最深的有以下几点。

(一)成功之处

1. 不断增强对传统民间艺术的兴趣

首先,教师自己应该学而不厌,利用各种机会、途径深入生活,了解、传承传统的民间艺术,以身作则,激发孩子们对传统民间艺术的兴趣,并在学习中感受它的魅力。剪纸是全人类的文化财富,我要努力挖掘、继承,不断创新,这样才能有所发展。

2. 达到了预期的教学目标

运用剪纸方法表现百变团花是这节课的教学目标。第一步,我设法激发学生对剪纸的兴趣。我给他们讲述剪纸的历史,告诉学生这是咱们中国传统的艺术;第二步,让学生欣赏百变团花,观察百变团花与其他剪纸的不同,总结百变团花的特点——折、剪;第三步,让学生合作探究百变团花的制作方法,让学生在制作百变团花的过程中学会观察、思考、讨论、归纳、总结的学习方法;第四步,欣赏课文中团花的不同折法与不同花纹;第五步,让学生实际创作。学生在实践创作中特别注意剪法、折法。孩子们看到亲手做出的美丽的剪纸作品时,情不自禁地说:"剪纸真有趣!"那种快乐感、成就感将鼓舞孩子们更加热爱剪纸艺术,热爱美术学习。

3. 学生剪出了美丽的百变团花

教师充分重视教学的直观性,运用多媒体课件、美妙的团花、板书,营造良好的美术教学气氛,体现美术学科的特点;积极开发课内外资源，拓宽学生视野，强化学生的学习效果。教学中提倡师生间的情感交流、教学互动、玩中学，让学生充分体验造型活动所带来的乐趣。课堂教学做到张弛结合、气氛活跃，学生的动手能力有所提高。当我看到孩子们在课堂上亲手做出的美丽的千变万化的剪纸作品时，心里格外激动，心想："孩子们太能干了，我国剪纸艺术后继有人啊！"同时，我还重视课堂知识的延伸，鼓励学生在课后运用各种方法表现团花、剪出团花并用来点缀生活，体现新课程发展性、生活性的理念。

4. 提升了学生的审美能力

教师在设计教学过程时，积极实践新课程改革理念，激发学生对美的热爱和追求，引导学生认识美、创造美，发展学生的形象思维能力，让美术文化从小扎根孩子的心田。整节课以"美"为主线，运用各种活动引导学生感受自然之美、欣赏艺术之美、讨论美从何来，达到创造个性美，领会美在自然、美在生活、美在创造的目的。学生通过体验、尝试、思考、讨论、游戏、交流、创作等活动层层深入、自主学习，在观察中学会思考，在创作中表现自我，提高学习美术的兴趣，发展综合能力。

（二）不足之处

课堂上时间控制不当。由于教学过程中游戏环节的设置，课堂教学时间段难以控制，迁移发散部分较仓促。今后教学中，应注意收与放的安排。

由此可见，要上好一堂学生喜欢的美术课，教师必须激发学生的学习兴趣，让他们有饱满的探究热情，有科学的研究方法，让他们在真切的体验中探索，在情感的共鸣中演绎。在课堂中，只有情与物交融，师生才能共享艺术课堂的乐趣。

05 《走进剪纸世界》教学设计

成都市温江区光华实验小学　杨海燕

一、关于选题

春节是中国人的传统节日。春节是年之始、春之初，是孕育希望的时刻。除夕之夜人们除了贴春联、年画外还喜爱剪窗花。一张张剪纸作品给千家万户增添了节日气氛。剪纸是我们中华民族的一种民间艺术，有着悠久的历史，在民间流传很广。它表现形式多样、制作简单，有着广泛的群众基础，深受群众喜爱。

在我国广大农村，丰富多彩的民间美术与农民的日常生活和审美情趣紧密相关。每逢婚嫁喜庆或逢年过节，农民们贴剪纸、扎花灯，把生活环境布置得喜气洋洋，但现在关注这种民间艺术的人却越来越少。

剪纸具有制作简便和便于儿童接受的特点。结合"开发运用民间艺术资源，优化艺术教育内容"的课题研究，以及综合实践活动课的开展，让小学三年级的学生对剪纸有一定的了解与认识，增强学生对非物质文化遗产保护传承的意识。

二、关于选材（欣赏作品的选择）

由于本活动是在小学三年级学生中开展，要特别注意作品的选择。标准是：不能太难，要具有艺术美感；不能太杂，要分门别类；不能太乱，要有层次和梯度。除此之外，还要充分尊重学生的主体意识，符合学生的需要和实际能力……

因此，我先从学生生活实际出发，回到农村，寻找古老的民间艺术资源；再循着剪纸历史足迹展示各个时期的作品；最后，带着孩子跟民间艺人或有经验的老师学习。我选择了一些既与孩子生活贴近又可以了解剪纸艺术的作品。如《放风筝》（人物神态的刻画）《十二生肖全图》（动物图案）《八仙过海》（传说故事）《年年有余》（吉祥寓意）。借用多媒体展示，让孩子们在欣赏艺术家作品的同时喜欢上剪纸，突破难点。

三、设计思路

小学三年级学生认知能力、理解力不够强，动手兴趣浓，再加上他们才接触综合实践活动，没有基础，因此，我设置了三个方面的教学目标。一是在知识与技能方面，要求学生在了解中国剪纸艺术历史及文化底蕴的基础上，探究剪纸的方法，进行剪纸练习。二是在过程与方法上，运用引导法，对作品有机重组，有意识地进行不同种类的展示，给学生创造分析讨论的机会，激发学生的学习兴趣，同时增强学生的主动性。此外，面对学生有困难的情况，我认为传统讲授法仍是行之有效的课堂教法之一，将前人优秀的经验和方法传授给学生，学生免走许多弯路，节省很多时间。因此，我对《关于剪纸的社会实践活动方案表》进行了有效讲解及示范指导。三是在情感、态度和价值观要求方面，做到积极参与，能表达自己的审美观点，体现一定的人文价值；能主动融入小组活动，体现学生的自主性。根据以上目标，我把课程分为四节课：第1课——欣赏剪纸作品，社会实践活动方案表的讨论及填写指导，为开题课；第2课——社会实践活动方案表的完善及尝试剪纸（实践活动课外进行）；第3课时——学习实践后，创作剪纸作品；第4课时——总结汇报，展示交流。这些都是面对全体学生的课堂教学。另外，教师也可视进度安排部分学生集中接受辅导。

四、活动目标

（一）知识与技能

（1）了解我国剪纸艺术的历史及文化底蕴。
（2）探究剪纸的方法，会灵活选择方法创作剪纸作品。
（3）感知主题化学习方式，培养学生社会实践能力。

（二）过程与方法

（1）通过创设情景、引导激趣来诱导学生学习，使学生在自主探索、尝试体验中掌握知识，形成技能。
（2）运用讲授法，专题指导小组。

（三）情感与态度

（1）通过接触和制作剪纸作品，树立民族自豪感，培养学生热爱祖国传统的民族艺术、热爱生活的思想感情。
（2）使学生感悟到美源于生活，又高于生活，增强审美意识和审美情趣，形成健康向上的生活态度。

五、重、难点把握

（1）重点：感知主题化学习方式，能完成实践活动方案表，让学生自己走进社会开展调查，进行学习。
（2）难点：向民间艺人或有经验的教师学习制作优秀的作品。

六、教具及信息资料准备

（1）收集部分剪纸作品，收集有关剪纸方面的素材。
（2）制作 CAI 课件，准备剪刀、胶水、大红纸或蜡光纸、刻刀等材料。
（3）准备歌曲《新年好》、古乐曲《流水》等音乐素材。

七、学具准备

剪刀、胶水、大红纸或其他颜色的纸、刻刀等材料。

八、课时安排（4 课时）

第 1 课时——欣赏剪纸作品，社会实践活动方案表的讨论及填写指导，开题课。

第 2 课时—— 社会实践活动方案表的完善及尝试剪纸（实践活动课外进行）。

第 3 课时——向专业人士学习后再实践，继而创作优秀的剪纸作品。

第 4 课时——总结汇报，展示交流。

九、课例：走进剪纸世界——开题课

教学重点：初步认识剪纸，通过欣赏剪纸作品，感知剪纸的不同种类。

教学难点：小组分工合作完成实践活动表。

教学准备：多媒体课件、剪纸作品等。

教学环节：

1. 组织教学，营造氛围（2分钟）——聆听美的声音

（1）教师活动。

伴随乐声，检查学具，稳定学生情绪；播放歌曲新年好。

（2）学生活动。

准备学具；齐唱歌曲。

（3）设计意图。

创设过年的气氛，激发学生兴趣。

（4）评价要素。

从学生态度、情绪、演唱准确度、激情等方面进行表现性评价。

2. 导入新课，揭示课题（4分钟）——回想美的画面

有趣的民间艺术

（1）教师活动。

师：孩子们，你们动听的歌声，让我的眼前又浮现了春节时的热闹场景。

课件显示春节庆祝场景（礼花、灯笼、剪纸、对联、舞狮等）

设问：过春节都有哪些习俗？为什么要贴剪纸？

小结：剪纸能增添节日的气氛，表现劳动人民对美好生活的追求。

板书课题：走进剪纸世界。

（2）学生活动。

听一听，看一看，说一说，自主回答。

（3）设计意图。

通过课件展示，让学生身临其境，激发学生的学习积极性。

（4）评价要素。

主要从学生的感受和生活体验等方面着手进行评价。

3. 作品欣赏，激发兴趣（8分钟）——感受美的剪纸世界

（1）教师活动。

介绍剪纸。

师：你知道什么是剪纸吗？你在哪里见过剪纸？

（板书——剪纸：一把剪刀、一张纸）

课件展示各时期的剪纸作品，老师解说，并配以古乐曲《流水》，使学生感受古代艺术之美。

师：剪纸历史悠久，题材丰富，大多与农村生活密切相关，是对自然的赞美、对生活的赞美、对人们的祝福及未来的向往。劳动人民凭着一把剪刀或一把刻刀、一张纸，就能创造出许多生动活泼且极富艺术情趣的形象。

作品欣赏，了解剪纸的不同种类。

师：剪纸艺术有哪些种类？评价这些剪纸作品的特点。

（2）学生活动。

了解剪纸，欣赏不同种类的剪纸作品，并谈谈自己的感受。

（3）设计意图。

通过品古乐、听介绍、欣赏剪纸艺术，使学生树立民族自豪感，热爱传统文化，提高艺术感知能力及良好的学习习惯。

（4）评价要素。

欣赏各类剪纸作品，分享自己的感受。

4. 主题提炼，指明方向（6分钟）——实现美的途径

（1）教师活动。

师：剪纸作品真是种类繁多呀，你想学哪一种呢？咱们选一种好好学习，争取创作出优秀的作品，好吗？

学生自由讨论。

（2）学生活动。

个别回答、积极响应、小组讨论。

（3）设计意图。

兴趣是最好的老师，引导学生欣赏优秀的作品，激发其学习兴趣，引出学习主题，培养学生有目的地学习。

（4）评价要素。

交流表达自信，善于分类提炼，富有激情；查阅内容丰富，将收集的文字、图片、音像资料等存于主题学习档案夹。

5. 指导填写检查表，明确社会实践任务（15分钟）——进行美的探索

（1）教师活动。

分发《关于学习剪纸的社会实践活动方案表》；出示方案表，教师进行有针对性的填写指导；讲解社会实践活动的具体要求。

实践内容：调查本村有多少人会剪纸？会剪什么样的剪纸？查找资料，了解我国各地剪纸的特点，收集优秀的剪纸作品。

拟订方案：学生在小组内讨论，确定采访和查阅资料的时间、对象、活动步骤等，填写《关于学习剪纸的社会实践活动方案表》。

在小组长的主持下填写方案，遇到困难协商解决。

（2）学生活动。

小组长领取方案表，学生清楚填写方案表的要点并认真填写。

（3）设计意图。

培养学生活动有目的性和针对性的习惯；培养学生团结协作能力和社会实践能力；培养学生对民族民间艺术的热爱之情。

（4）评价要素。

参与态度认真，遵守安全提示。从小组合作的情况，探究活动有效性、表现性，以及任务完成情况等方面进行评价。可以自评、互评、教师评价。

6. 方案点评，拓展延伸（5分钟）

（1）教师活动。

交流总结：指导各小组进一步完善调查方案表，在向民间艺人和老师学习的基础上，创作几幅剪纸作品并与同学交流。

（2）学生活动。

学生自主响应。

（3）设计意图。

学生在活动中有事可做，使活动回归生活，体现课程的生成性。

（4）评价要素。

方案制定合理，实践性强，组织有序。

板书设计：

走进剪纸世界

剪纸：一把剪刀、一张纸

剪纸世界有：

贴图（剪纸种类）　　　板书（剪纸种类）

附1：关于剪纸的社会实践活动方案表

关于学习剪纸的社会实践活动方案表

班级：_____

学习剪纸种类			
小组长			
小组成员			
指导老师			
活动步骤	时间	主要内容	负责人
1			
2			
3			
……			
活动条件	计划访谈对象		
	计划考察地点		
	计划查阅资料途径		
成果汇报形式			

你想欣赏更多的剪纸作品吗？
你想了解我国各地剪纸的特色吗？
你想知道周围有多少人会剪纸吗？
你想创作出更好的剪纸作品吗？
你想……
请与你的同学行动起来，开展实践活动。

06 《走进风筝,放飞梦想》教学设计

成都市温江区公平学校　刘福莉

一、教学内容

自编校本教材课程设计是根据我校承担的区级研究课题"开发运用民间艺术资源,优化艺术教学内容"开发的美术校本教材《走进风筝,放飞梦想》进行的。

二、教材分析

"草长莺飞二月天,扶堤杨柳醉春烟,儿童放学归来早,忙趁东风放纸鸢。"古往今来,不知有多少人写风筝、画风筝、咏风筝、放风筝。风筝艺术是中华民族的传统文化之一,是融科技、娱乐、文化等要素于一体的传统民间工艺美术,是老百姓喜闻乐见的娱乐活动。成都每到春暖花开的季节,家人、朋友就会相约去放风筝。

在探求民俗渊源,挖掘民俗瑰宝,传承民间艺术,因地因校制宜,开发运用身边的民间艺术资源,优化艺术教育内容的课题指导思想的引领下,我们确定将风筝文化开发运用于小学课堂。

三、学生分析

每到春天,我校的学生总爱买风筝到学校操场上放。虽然学生对风筝知识有初步的了解和感性的认识,但是对于风筝的精髓和风筝深层内涵的美认识还不够,对于风筝的制作过程更缺乏了解。为了提高学生对风筝的欣赏水平和动手制作能力,特此开发了这门课。学生学习的积极性和主动性都很高,都想放飞自己制

作的风筝。

本课的教学对象是三年级学生，针对小学生的年龄和心理特点，本课利用多种教学手段，让学生在轻松、愉悦的气氛中欣赏风筝，体验制作、放飞风筝的教学过程。本课通过欣赏、探索、实践、放飞、评价等一系列过程，培养学生的学习自主性、动手能力、创造能力及合作精神。

四、教学目标

让学生欣赏大量的风筝图片，初步了解风筝的基本特点，了解风筝的起源、著名产地、不同风格及所用材料，知道风筝是我国民间艺术的瑰宝，培养学生的审美情趣。

学习风筝的制作方法及审美要点，学生讨论设计、探究制作自己喜欢的风筝作品，增强动手能力、合作意识和探索精神，激发对风筝民间艺术的热爱。

五、教学重点

引导学生探究了解风筝的文化和具体制法。

六、教学难点

学生自主设计风筝图案，体现风筝的对称美、均衡美，能放飞自制的风筝。

七、课型

"设计、运用"学习领域

八、教学策略和方法

该堂课主要涉及创设情景、探讨学习、艺术实践、审美评价四个环节，采用了情景法、启发法、交流法、演示法等教法，以

学生小组合作学习为主，学生通过欣赏、创作、放飞、评价等，体会民间风筝文化独特的艺术魅力。

九、课前准备

1. 教具

CAI 课件、实物投影仪、风筝实物、图片、自制风筝、几只风筝骨架、纸、线、胶棒、双面胶等。

2. 学具

记号笔、剪刀、胶水、油画棒、胶棒、双面胶、纸条细竹条、转轮与线（商店有成品）等。

十、教学过程

1. 创设情境
（1）教师活动。
请学生欣赏一段放风筝的场景，引出课题。
（2）学生活动。
观看放风筝的视频，明确本课内容。
（3）设计意图。
创设情境，引出课题。
（4）评价要素。
表现性评价，通过学生的态度、情绪等激发学生的学习激情。

2. 探讨学习
（1）教师活动。
请学生谈谈观后感或自己放风筝的感受。
风筝文化探索。
提问：你还了解哪些与风筝有关的知识。
播放风筝的图片，并请学生欣赏，提问：风筝的外形和花纹有什么特征。

引导学生了解风筝的制作步骤：扎（扎竹筋）、绘（画图案）、糊（将风筝图案贴于竹筋上）、系（系上转轮与线）、放（放风筝）。

引导学生在制作风筝时将自己的想法和祝语写在风筝上。

（2）学生活动。

举手交流观后感或自己放风筝的感受。

探究、了解风筝的文化（起源、风格、种类）

谈一谈自己知道的关于风筝的知识。

回答问题：风筝的外形和花纹都是左右对称的。

了解风筝的制作方法和步骤。

制作风筝时，将自己的想法和祝语写在风筝上。

（3）设计意图。

让学生主动参与到课堂教学中，了解有关风筝的文化。

激发学生的潜力，通过生生、师生交流，教学相长。

利用多媒体展示风筝之美，培养学生的审美情趣。

轻松解决重难点问题，调动学生的创作激情。

引导学生将自己的想法和祝愿与制作风筝结合起来。

（4）评价要素。

从交流表现、发言、资料收集等方面进行评价。

3．艺术实践

（1）教师活动。

激励学生以小组合作的方式制作一只独具特色的风筝，请小组成员讨论怎样分工合作，然后请1~2组学生交流。

请学生创作风筝，巡回辅导。

指导学生放飞风筝，鼓励、表扬学生，提出建议。

（2）学生活动。

以小组为单位合作制作一个独具特色的风筝，先讨论风筝制作的步骤，再制作，最后到操场放自己制作的风筝。

（3）设计意图。

小组学生讨论实践中的难点问题，做到有条不紊。培养学生合作创新精神、创造能力和动手操作能力。让学生有成就感，体

现课程的生成性。

（4）评价要素。

过程性评价，主要从小组合作的态度、探究活动的有效性、任务完成情况等方面进行评价。

4. 审美评价

（1）教师活动。

请学生谈谈谁的风筝放得最高，谁的风筝扎得最美。

请学生谈谈本节课的感受与收获。

（2）学生活动。

谈谈谁的风筝放得最高，谁的风筝扎得最美。

谈谈本节课的感受与收获。

（3）设计意图。

培养学生的审美能力、思维能力、口语表达能力。

（4）评价要素。

从交流自己的感受、完成任务的情况等方面进行评价。可采用自评、互评、教师评价相结合的方式。

07 《四川曲艺——盘子》教学设计

成都市温江区实验学校　代春丽

教学年级：初中一年级
课时安排：1课时

一、教学目标

聆听、学唱歌曲片段，观看视频，探究合作，感受四川曲艺的独特韵味，体验四川盘子的魅力，激发学生对四川曲艺的兴趣。

通过讲解，了解四川盘子的发展史、表现形式和艺术特色，进而关注四川民间曲艺音乐的发展，能创编简单的旋律。

二、教学重难点

1. 教学重点
（1）了解盘子的艺术特点。
（2）体验《采花》中盘子艺术的音乐特点。
2. 教学难点
（1）探索盘子敲打的方法以及盘子发出的声音。
（2）根据盘子艺术演唱的特点创编旋律，并为其伴奏。

三、教学准备

多媒体、钢琴、黑板、盘子、筷子。

四、教学方法

探究法、实践法、示范法。

五、教学环节

1. 导入（4分钟）

（1）教师活动。

组织教学：先拿出盘子表演，并介绍伴奏乐器和盘子艺术发展史；再请学生看视频，提问学生了解哪些四川曲艺，引导学生感受四川盘子艺术的魅力。

（2）学生活动。

学生拿出准备的盘子、筷子等学具，欣赏视频。

（3）设计意图。

通过教师表演，激发学生兴趣。了解四川曲艺和四川盘子的历史。

（4）评价要素。

表现性评价，从学生态度、学习积极性等方面进行评价。

2. 探究盘子的敲打方法（8分钟）

（1）教师活动。

引入语：老师这里有很多盘子，它们大小不一，可以发出美妙的声音，谁来敲打一下？

请举手的同学上台尝试，要求其他同学注意观察，并思考盘子大小与声音强弱的关系。

总结：盘子大小不一样，音高也不一样，将不同盘子敲打出来的声音组合在一起就是一段美妙的音乐。

教师示范敲打盘子，并请学生观察，引导学生正确地拿盘子、探究其他的敲打方法。

（2）学生活动。

学生敲打盘子并仔细聆听，得出结论：盘子越小，声音越清脆、明亮，大盘子声音低沉。

学生在老师的指导下，自主探究正确敲击盘子的几种基本方法，如颤、点、打及扣。

（3）设计意图。

学生探究盘子的用途和声音特点，通过多种形式的艺术体验，激发创造性思维。

（4）评价要素。

过程性评价，主要从探究活动的有效性、表现性以及任务完成情况等方面进行。可以自评、互评和教师评价相结合。

3. 感受盘子艺术中的歌曲（15分钟）

（1）教师活动。

导语：我们去看看民间艺术家给我们带来的盘子表演。播放《采花》视频，提醒学生注意聆听和观察。

请学生用盘子为这首歌曲伴奏，教师出示节奏，要求学生用颤、点、打、扣等方式敲打出这些节奏。

教师根据学生敲打的节奏唱《采花》，并请学生跟着自己轻唱，注意观察旋律中缺少哪些音。

（2）学生活动。

学生自由结合颤、点、打、扣敲打出节奏，并为老师伴奏。感受盘子艺术中具有四川特色的歌曲《采花》，并说出旋律中缺少4和7两个音。

（3）设计意图。

通过听、唱、动等多种方式参与体验，由浅入深、由形象到抽象感受盘子的美感，了解盘子艺术中的小调歌曲，并为后面的创作做铺垫。

（4）评价要素。

从聆听、观看的习惯，参与表演的态度，表演完成情况等方面进行评价，乐于分享自己的感受。

4. 创编旋律（11分钟）

（1）教师活动。

教师引导学生创编旋律，请学生按照老师示范的方法，将这几个音任意组合，创编一段音乐（老师提出要求并分组）。分别让每组学生展示自己创编的旋律，请其他组成员评价，教师指导、修改。

（2）学生活动。

学生即兴创编旋律并分组表演。

（3）设计意图。

通过创编活动，培养学生勤于思考、勤于实践的习惯，有效提高学生的音乐实践能力，拓宽学生的音乐视野。

（4）评价要素。

从参与态度、小组合作情况、探究活动有效性和表现性以及任务完成情况等方面进行评价。可以自评、互评、教师评价相结合。

5．小结（2分钟）

（1）教师活动。

评价：同学们太有创造力了，把盘子艺术演绎得淋漓尽致。今天我们感受了四川盘子艺术的魅力，它就像一座丰富的宝藏等着我们去发现、去传承。让我们再次拿起盘子为《采花》伴奏。

（2）学生活动。

用颤、点、打、扣等方式敲打出节奏，为歌曲《采花》伴奏。

（3）设计意图。

鼓励学生去发现、传承、发扬传统文化。

（4）评价要素。

学生在活动中的表现情况、任务完成情况。

08 《走进川剧》教学设计

成都市温江区公平学校 何晓芳

一、教学内容

"民间艺术资源的开发和应用"课题研究之《走进川剧》第一课时。

二、教材分析

巴蜀文化灿烂悠久。川剧是四川文化的一大特色,流行于四川全省及云南、贵州部分地区。外省流入的昆腔、高腔、胡琴腔(皮黄)、弹戏和四川民间灯戏五种声腔艺术,均单独在四川各地演出。清乾隆年间,由于这五种声腔艺术经常同台呈现,日久逐渐形成统一的风格,清末时统称"川戏",后改称"川剧"。

"走进川剧"是区级课题"民间艺术资源的开发和应用"研究内容之一。这一内容是对学校教材内容的补充。目的在于让孩子们了解、学习家乡的音乐文化,让学生有机会近距离地接触传统文化,体会川剧艺术的唱、念、做、打,感受川剧艺术浓郁的生活气息和鲜明的艺术特色。

三、学情分析

小学中高段学生已掌握基本的知识、技能,以及艺术的感知与欣赏、表现与创造、反思与评价、交流与合作等方面的能力,提高了生活情趣,形成了尊重、关怀、友善、分享等品质。孩子

们对一切新鲜事物都非常感兴趣。针对学生这一特点,在课堂教学中开发运用身边的艺术资源,探求民俗渊源,因地因校制宜,优化教学内容,传承民间艺术文化,拓展学生的视野,激发学生的学习和探索民间艺术的兴趣,从而提高艺术课堂的教学效果。

四、教学目标

(1)感受、体验民族民间艺术宝库戏曲中的川剧音乐风格与韵味,进一步激发学生对民族民间音乐的热爱。

(2)欣赏《白蛇传》《死水微澜》等川剧经典剧目,让学生了解剧情,欣赏川剧唱腔。

五、教学重、难点

了解川剧唱腔特点以及利用绝技创造人物的特点。

六、教具准备

多媒体、图片、川剧服饰。

七、教学年级

五年级。

八、教学过程

教学过程	教学内容	教师活动	学生活动	设计意图	评价要素
一、组织教学	师生相互问好	教师向学生问好	学生向老师问好	营造师生间的和谐气氛	

续表

教学过程	教学内容	教师活动	学生活动	设计意图	评价要素
二、激情导入	1. 播放川剧《白蛇传》片段	1. 提问：这种地方戏曲给你的感受是什么？你能说出它们是哪个地方的戏剧吗？你怎么知道的？	全体学生感受体验川戏，寻找所听戏曲的特点并回答	通过戏曲音乐感受，为引出主题埋下伏笔	表现性评价，通过评价学生态度、情绪等激发学生学习的激情
	2. 播放"川剧"的起源与发展简介	2. 导语：下面老师将和大家共同领略四川文化中的一大特色——"川剧"	全体学生了解川剧的起源与发展	了解川剧文化、艺术、历史、民俗等方面的知识	
三、欣赏体验	1. 多媒体介绍川剧的唱腔	川剧高腔曲牌丰富唱腔美妙动人，具有地方特色，川剧帮腔为领腔、合腔、合唱、伴唱、重唱等方式	学生欣赏感受川剧意味隽永，引人入胜的川剧唱腔	让学生感受川剧语言生动活泼，幽默风趣充满鲜明地方色彩	过程性评价：主要从探究活动的有效性、表现性、任务完成情况等方面评价。可以自评、互评、教师评。
	2. 欣赏川剧绝技"吐火"	抽学生交流展示收集的"吐火"资料，并相互讨论	学生互相交流，探讨自己收集的川剧绝技知识	让学生自主、自动的学习，避免教师一包到底	从聆听、观看的习惯，参与表演的态度方面进行评价乐于分享自己的感受
	3. 欣赏川剧绝技"变脸"	给学生简介川剧变脸方法"扯、抹、吹、吐、盖"	学生了解并欣赏川剧绝活之一"变脸"	培养学生对本土文化的热爱之情	交流表现、聆听别人交流的习惯方面评价
	4. 欣赏川剧"水袖"	你还知道有哪些在"川剧"表演中的绝技吗？你能跟着学一学吗？	学生着"川剧"服饰、身临其境、亲身实践	培养学生主动参与的学习意识	活动中表现情况，表现性任务完成情况

续表

教学过程	教学内容	教师活动	学生活动	设计意图	评价要素
四、小结	评价拓展	当前，川剧同其他各种地方戏曲一样出现了生存危机、观众减少、经费不足等问题，传承发展举步维艰，抢救、保护川剧艺术的任务刻不容缓	让学生知道川剧表演艺术是我国优秀的民间资源	保护并开发民间艺术资源、并将它引入课堂教学	表现性评价 档案袋评价

09 《川剧"变脸"歌》教学设计

成都市温江区公平学校 母彬红

教学年级：9年级
教学内容：川剧、川剧脸谱、"变脸"歌
教学课时：1~2课时

一、教学目标

（1）了解什么是"川剧"、什么是川剧"脸谱"，川剧的历史渊源。

（2）引导学生有感情地演唱"变脸"歌主题乐段，体验四川民族音乐"变脸"歌曲特点。

（3）通过对川剧"变脸"歌的学习，促进学生对民族民间戏曲的兴趣，激发对四川地方戏剧剧种的好奇心，为川剧传承培养潜在的兴趣爱好者或传承人。

（4）结合学生对"川剧"艺术已有的认知，利用"开发运用民间艺术资源，优化艺术教育内容"课题组开发收集整理的"川剧"艺术资源，进行丰富拓展，激发兴趣，培养情趣。

二、教材分析

川剧流行于四川及周边等地，早在唐代就有川戏《刘辟则买》，其真正形成时期是在清朝。明末清初，各地移民到四川，南腔北调融汇，形成了四川的珍宝"川剧"。川剧的绝活"变脸"也是在20世纪才开始出现的。2006年，川剧第一批加入了国家级非物质文化遗产名录。

《川剧"变脸"歌》教学课例以"赏、听、唱、演"等教学活动,促进学生了解"川剧"的基本知识,接纳民族民间戏曲文化,激发探索"川剧"奥秘的欲望,培养潜在的传承"川剧"的接班人。

三、学情分析

日益现代化的大环境下,学生接触各种丰富多彩的各类现代信息媒体,鉴于传统戏剧"川剧"专业性比较强,川剧的传统传承方式是师徒相传的模式,这都是影响川剧普及和传承的主要因素。中学生,在各种功课的繁重学习任务之下,接触传统戏剧"川剧"的机会和时间少之又少,故在有限的音乐课堂上,我们宜利用不充盈的课时,让学生通过音乐课堂感受、了解、学习、喜爱传统戏剧"川剧"艺术。如能够通过各类学习、活动和表演机会,让学生不仅观赏,还可以参与体验、表演川剧,让学生更进一步体验到川剧的魅力,或许下一位川剧艺术家就来自我们的音乐课堂。

四、教学重点

了解川剧的历史渊源,通过学唱"变脸"歌主旋律乐段,激发学生探索川剧"变脸"歌的兴趣。

五、教学难点

学唱过程中出现的快节奏的处理。

六、教学准备

多媒体课件、快板儿、川剧视频、川剧脸谱、钢琴等。

七、教学过程

教学过程	时间	教师活动	学生活动	设计意图	评价要素
引子	6分钟	播放川剧《邱旺告贫》视频片段（时长2分钟）。展示视频部分合词	欣赏视频，击节拍。思考并回答"欣赏的剧种"，说一说为什么？全班用四川方言读一读《邱旺告贫》里的部分合词	初步感受川剧。启发学生思考川剧的特色，从而了解学生对川剧的了解程度。通过课堂参与，活跃学习活动气氛，增强学生参与的学习活动能力	表现性评价：通过击拍的准确性，完成任务情况、情绪等激发学生学习的积极性。过程性评价：通过回答学生回答问题的积极性，肯定学生回答的内容的参与。通过课前启后引入新课。可以自评、互评、师评
新授课	3分钟	请结合自身经验，说一说"什么是川剧"	思考。分组讨论 举手发言	引导学生深入思考川剧的定义。由感性的接触引入理性的分析	过程性评价：主要从小组合作的态度，氛围，探究活动的积极性，有效性，回答问题语言组织能力以及任务完成情况等方面评价。可以自评、互评、教师评

续表

教学过程	时间	教师活动	学生活动	设计意图	评价要素
新授课	4分钟	多媒体展示川剧的定义：川剧流行于四川及周边地区。标志性的表现形式有"五三"一说，即"五"分别是高腔、昆腔、胡琴、灯戏和弹戏。"三"即是川剧中的三种绝活，分别是变脸、水袖、喷火。早在唐代就有"蜀戏冠天下"的说法，2006年，第一批加入国家级非物质文化遗产名录	学习。记笔记。用自己的语言重组对川剧的定义的理解。	准确理解川剧定义。养成边学边记重点知识的学习习惯。实时了解学生对川剧定义理解的准确性	过程性评价：从学习习惯、课堂表现、学习积极性等方面评价。表现性评价：通过学生对课堂内容理解的准确性、完成任务情况等方面进行评价
新授课	8分钟	川剧的发展：早在唐代，就有了著名的《刘辟则买》，川剧真正形成在清朝。明末清初，各地移民到四川，南腔北调融汇，形成了四川的珍宝"川剧"艺术，川剧变脸的绝活，也是在20世纪才开始出现	学习。记笔记。感受、欣赏、理解。讨论"变脸"的方式，自己是否能试一试"变脸"表演，并发言	深入了解川剧历史渊源。对"变脸"进行细致了解。对"脸谱"代表性人物进行了解	表现性评价：从表现力、合作学习、个人探索行为、团队讨论交流成果等方面进行评价。过程性评价：从课堂学习习惯、课堂学习积极性等方面进行评价

续表

教学过程	时间	教师活动	学生活动	设计意图	评价要素
新授课	8分钟	川剧绝活"变脸"介绍： 川剧"变脸"大概分为三种。 第一种：抹脸，就是在脸上特定的一个部位抹上油彩，手往脸上一抹，就变成了一张新脸了。 第二种：吹脸，就是用金粉、银粉、墨粉等粉状物体，把它们藏在某个地方，用嘴一吹，那粉末就飘到脸上，就变成了一张新面孔。 第三种：扯脸。扯脸的方法是最难的一种变脸方式，事先将画好的脸谱藏在身体的某处，用某种方法一扯，就变脸了。 其他变脸方式：有一种方式叫"运气变脸"，通过运气或者憋气的方式，改变自己的脸色，这种方式被运用得很小。 不同脸谱脸谱有不同的意义：红色脸代表人物：关公，美勇、正义，		启发学生进行探索学习。 激发学生学习兴趣。 对川剧绝活——"变脸"初步感受。 分组合作学习、参与体验，激发学生课堂活力	

有趣的民间艺术

续表

教学过程	时间	教师活动	学生活动	设计意图	评价要素
新授课	8分钟	黄色脸谱：勇敢、残暴，代表人物：典韦、庞凉。 白色脸谱：奸诈、多谋，代表人物：曹操。 黑色脸谱：正直、果敢，代表人物：包拯。 播放变脸的相关视频资料			
新授课	5分钟	展示"变脸"主题旋律部分歌词。 难点节奏训练	用四川方言朗读节奏部分的歌词。 小组讨论设计活动以小组为单位汇报表演	更深刻体验本土方言艺术的趣味性。 熟悉主体部分的节奏。 体验创编活动，激发探究兴趣	过程性评价： 从学习准确情况、参与度、表现情况等方面进行评价。
新授课	8分钟	欣赏"变脸"戏歌并模唱	1.模唱	熟悉主体部分的节奏。提高学生模唱能力。 体验中增加学生的感染力，对川剧类艺术的喜爱	表现性评价： 从演唱技巧、歌曲情感的发挥、节奏表现力等方面进行评价。

续表

教学过程	时间	教师活动	学生活动	设计意图	评价要素
拓展	8分钟	分组讨论"如何更有新意地表演唱歌曲?"分组创意表演唱	分组讨论。分组导演表演唱。以小组为单位汇报表演	培养学生创新、编创能力以及表现力,激发学生学习兴趣	过程性讨论评价:小组讨论的过程评价。成果展示中出现的音质、音量、表情、动作,小组能力、个人能力、自评、他评、师评等多种评价方式相结合
课堂小结	3分钟	课堂小结:川剧为人们的生活增添了色彩。我们在课堂上只涉及毛皮的学习,川剧艺术有待大家更精深地探索、学习和传承。课后作业(略)	请在课后搜集脸谱。课后分组排练一段生活中的脸谱话剧。拓展、了解关于川剧服饰丰富多彩的信息	通过搜集脸谱,让学生加深对川剧脸谱意义的理解。启发学生创造性,锻炼学生小组合作能力、个人表现力,对川剧类艺术的表现力	过程性评价:从学习过程中学习效果、参与度、参与准确度、表现中表现情况,学习过程中多完成情况等方面进行评价

10 《川剧脸谱的创制》教学设计

成都市温江区公平学校　王攀科

一、教学内容

"民间艺术资源的开发和应用"课题研究之《川剧脸谱的创制》

二、教材分析

生活在"天府之国"这片美丽富饶土地上的人民创造出了悠久灿烂的巴蜀文化。川剧是四川文化的一大特色,流行于四川全省及云南、贵州部分地区,清末时统称"川戏",后改称"川剧"。

《川剧脸谱的创制》是课题"开发运用民间艺术资源,优化艺术教育内容"开发的校本教材内容。这一内容是对现行学校美术教材内容的补充。目的在于让学生感受、体验民族民间艺术宝库戏曲中川剧脸谱的韵味和风格,激发学生对地方戏曲川剧的热爱。结合三国故事中人物的个性特点,创制出有个性特点的新川剧脸谱。

三、学情分析

小学高段的学生已获得了基本的美术知识、技能,以及艺术的感知与欣赏、表现与创造,反思与评价、交流与合作等方面的能力。孩子们对一切新鲜事物都非常感兴趣。针对学生的这一特点,在课堂教学中结合传统的川剧脸谱知识和三国人物个性感知结合创造新的川剧脸谱。

四、教学目标

（1）感受、体验民族民间艺术宝库戏曲中川剧脸谱的韵味，激发学生对地方戏曲川剧的热爱之情。

（2）了解三国故事中人物的个性特点，结合传统川剧脸谱知识创制有个性特点的新川剧脸谱。

五、教学重难点

（1）结合传统川剧脸谱知识创制有特色的三国人物脸谱。

（2）准确完整地掌握川剧脸谱知识，并运用到自己创制的新脸谱中。

六、教具准备

多媒体、川剧脸谱图片、《三国演义》连环画。

七、教学过程

教学过程	教学活动	学生活动	设计意图	评价要素
一、组织教学	教师向学生问好	学生向老师问好	营造和谐气氛	学生迅速进入学习状态
二、激情导入	播放川剧变脸的一个片段。问：这是什么剧种？你是怎样知道的？教师通过课件介绍传统川剧脸谱特点及花样	看短片并回答。观察川剧脸谱	引生入情境。了解传统川剧脸谱知识	表现性评价，从态度、情绪介绍川剧脸谱特色准确性等方面入手

有趣的民间艺术

续表

教学过程	教学活动	学生活动	设计意图	评价要素
三、创作体验	课件演示 a. 传统川剧脸谱的格式。 b. 传统川剧脸谱色彩代表的意义。 红色：勇武过人，忠心正直，如关羽。 蓝色：刚直，如窦尔墩。 黑色：正直、坦率、鲁莽，如张飞。 白色：奸诈、阴险，如曹操。 课件演示，和学生一起分析三国人物刘备、关羽及张飞的个性特点。 师生共同创制新脸谱	学生观看。 生相互交流、共同创制作品	了解传统川剧脸谱知识。 了解三国人物个性特点，创制新的川剧脸谱	主要从参与态度、遵守安全提示、小组合作的情况、探究活动的有效性、任务完成情况等方面评价。可以自评、互评、教师评
四、评价拓展	教师组织学生评价本堂课中有创意的作品	生生之间组织对同学的作业评讲	保护并开发民间艺术资源，并将它引入课堂教学中	鼓励脸谱设计创新的学生

11 《吹塑纸单色版画》教学设计

成都市温江区实验学校 赵潇

一、教材分析

本课程内容是自编教材内容,根据教研组的研究课题"开发、运用民族民间艺术资源,优化艺术教育内容"开发的子课题"儿童版画教学"的研究推进情况,设立一节版画课。适合 3~4 年级学生,属于"造型·表现"范畴。在第五册美术中,学生已掌握对印版画方法,本课所选材料是易划且价廉的吹塑纸。利用吹塑纸进行版画制作学习,由于吹塑纸本身的材质特性,便于划刻、磨印,容易出效果,易于激发学生对版画学习的兴趣和动手制作能力的培养。学生了解吹塑纸版画基本方法及表现力,提高自主探究能力、合作学习能力、版画创作能力,激发学生对版画的学习兴趣。

版画以刀代笔,集绘画与手工于一体,是一种间接型的绘画形式,是通过制版和印刷来完成,并具有复数性。学生对版画形式的美术教学十分感兴趣。本课主要学习吹塑纸单色版画,使学生了解吹塑纸单色版画的特点和表现力,增强学习版画持久的兴趣,本课程内容符合新课标对 3~4 年级学生的要求。

二、学情分析

学生在学习此课之前已有版画的基础认知,例如,4 册的《树叶拓印真有趣》、5 册的《对印版画》等,加之学生已具有用线条表现自己所想的能力和操作拓印工具的能力,对达成本节课的目标有一定帮助,少部分学生可能在构思情节和拓印效果上不尽如人意,需教师加强指导。

三、教学目标

(1)了解吹塑纸单色版画创作方法,感受吹塑纸单色版画的艺术表现形式。

(2)尝试用画、划、揉、撕、剪、扎、刺、压,拓印等方法表现"线、点、面"为题材的单色吹塑纸版画。掌握制作单色吹塑纸版画的步骤和方法。

(3)通过本课的学习,培养学持久学习版画的兴趣,增强想象力和动手实践能力,并从中体验创造的乐趣。

四、教学重、难点

重点:体验吹塑纸单色版画的艺术魅力,掌握吹塑纸单色版画的制作步骤。

难点:创作过程中刻印线、点的流畅性和磨印的均匀程度。

五、教学准备

吹塑纸、刻画工具(牙签、钉子、8B~12B铅笔等)、宣纸、水粉颜料、油滚、平底瓶盖、范画等。

六、教学过程

教学过程	教师活动	学生活动	设计意图	评价要点
一、导入新课	教师出示两套色版画和单色版画两类作品对比赏析。问：观察这两幅作品，从色彩上看有什么差别？师总结：一种颜色的版画叫单色版画。板书：《单色版画》介绍我国最早的版画	预设学生回答：一种是单色，一种是多种色。观察，记忆，聆听，记忆	直观感受吹塑纸版画艺术形式和魅力，导入课题。了解我国版画的文化知识	表现性评价：能分辨单色版画
二、探究新知	请看黑板上，这是什么纸？请你在上面留下痕迹（学生刻板）。能看清他们留下的什么痕迹吗？看老师接下来做什么？（示范拓印）谁喜欢这幅作品？我可以请他来试试	预设：吹塑纸。学生用各种工具留下痕迹。观看教师拓印基本方法，请2~3位学生上台印制版画。	引导学生联系新旧知识，以旧引新。激发学生求知的欲望，增强学生的学习兴趣。人教师的示范方法；融入吹塑纸印制方法；拓宽学生创作思路	过程性评价：主要从课堂学习状态和小组合作表现，交流准备情况，学习具准备材料准备情况

有趣的民间艺术　298 /

续表

教学过程	教师活动	学生活动	设计意图	评价要点
二、探究新知	启发：你发现了哪些版画的特点？ 揭题：《吹塑纸单色版画》 请你来总结（小组讨论）：刻线，滚色，拓印 老师提供步骤板书：刻线，滚色，拓印 师问：请这些线条、点和面是怎么做出来的？ 师根据学生的回答，小结并板书重点内容：扎，压，刺，划，拼留 《会变的线条》我们刚才学了吹塑纸单色版画。可是不是只吹塑纸上留下一种工具、方法在吹塑纸上留下一种有不同的印制作一幅单色吹塑纸的线条呢？ 对比吹塑纸的线条 师出示范作：拓印图案不清楚的找找原因，请同学的找找怎样解决	总结版画的特点：复数性 一版多印。 预设学生总结： 1. 刻线条和点。 2. 在底版上滚上一种颜色。 3. 将纸覆盖在底版上。 4. 用平底瓶盖摩擦。 5. 慢慢揭开。 6. 完成。 预设的方法：扎，刺，压，划 用手一块块撕出纹。 请两位学生来艺术实践：粗细工具来尝试刻，扎，留条拓印。 来体验滚色方法拓印 找印制不清楚的原因：线条刻的太细，太轻。 拓印时磨的不均匀。观察看，记忆、总结原因	学生自主探究、解决吹塑版画的基本制作步骤。 教师带领学生欣赏由于实践吹塑纸的特性所产生的机理效果，特别是启发式讲解，让学生直观地感受单色吹塑纸版画传的审美情趣。 实践：划、刻、扎、刺、压等。 另请同学在吹塑纸上创做线条 的乐趣。 自己发现、探索、解决问题，体现自主学习性	从作业本、教科书的保护习惯等方面评价。 可以自评、互评、教师评

续表

教学过程	教师活动	学生活动	设计意图	评价要点
三、欣赏感知	多媒体展示优秀吹塑纸单色版画作品,学生欣赏	赏析作品	多媒体展示优秀吹塑单色版画作品,学生欣赏	过程性评价
四、布置作业	艺术实践要求：请用刚才学到的方法和步骤,尝试创作一幅吹塑纸单色版画。学生制作,教师巡视,及时指出并纠正,辅导有困难的学生	明确实践要求,艺术实践	培养动手能力和审美力	过程性评价、表现性评价
五、交流评价	采用学生自评、教师补充评价的方式展开评价,鼓励、指出作业中存在的问题	给大家讲讲表现的什么,用的是什么方法,这节课的体会是什么	培养同学间大胆介绍自己作品的意识,锻炼欣赏能力,延伸学习版画的兴趣	表现性评价
六、拓展	课件展示吹塑纸彩印的版画艺术。启发学生思考和查阅资料,了解套色版画的拓印方法	欣赏、思考	让学生带着问题下课,将课堂学习延伸到课外,培养可持续的学习兴趣	表现性评价、档案袋评价

七、板书设计

略。

八、点评

点评人：温江区美术教研员　冯龙俊

　　本课的教学极具趣味性，非常符合低年级学生的心理特点。从游戏入手，将版画教学变得易于学生理解，充分发挥了学生的想象力与创造力。本节课的教学内容极具知识性，使学生在知识与技能方面都有所得。教师的演示也有的放矢地解决了吹塑纸版画的表现方法，学生自己实践刻线、自己总结方法，把以前的旧知识和新内容结合起来了，注意新旧知识的联系，以旧引新、以新温旧，学生自己总结方法，又自己实践创作吹塑纸版画，体现了学生自主探究的学习原则，既降低了创造的难度，又很好地发挥了学生的想象力，这是本课的亮点。教师的演示结合优秀的版画欣赏，开拓了学生的创作思路。为学生的艺术创作做好了铺垫。自主探究、合作学习、交流评述贯穿整个学习过程，真正实现了以学生为中心、以活动为中心，充分调动学生学习的内驱力，从而培养了学生自主学习的习惯。在整个教学设计中，学生的学习活动注重过程，强调自由表现、大胆创造、外化自己的情感和认识，淡化技法训练。

　　整个课堂氛围比较轻松，既生动有趣，又合理地解决了本课的教学重点和难点，学生对本课非常感兴趣，学得很轻松，这样的学习才更有实效。但是在教学过程中，学生的合作学习、小组协作学习体现得不够；对后进生的辅导不够，这一点还须加强；在课堂操作过程中，时间显得有点少，学生作业完成得不够"精"。

12 《羌风古韵，笛声悠扬》教学设计

温江区实验学校　文家富

一、教学目标

（1）了解羌族代表性乐器——羌笛的文化背景、乐器结构、音色特点和演奏特点，对羌笛有一定的探究兴趣。

（2）初步聆听与感受羌笛的音色，学习歌曲，并能用恰当的律动进行表演。

（3）通过学习，对羌族特色艺术文化有一定的了解，能尊重和接纳羌族特色艺术文化，并能在一定场合进行传承和传播。

二、教材分析

由于羌族没有文字，历史文化除了靠羌族释比口传心授外，羌笛也是交流、传承的一种重要渠道，因而它对羌族历史、文化的研究有着重要作用。羌笛的音律、音色、吹奏技巧独具特色，是我国民族乐器中极具价值的研究对象，深受国内外游客喜爱。

羌笛也被称为"羌管"，是一种古老的民间竖吹乐器。用特殊的"鼓腮换气法"竖着吹奏，两管发出同样的音高，音色明亮、清脆婉转，主要用于独奏。羌笛的声音常给人以虚幻迷离、动人心魄的感觉，羌族人民常用它来抒发喜怒哀乐、悲欢离合的情感。它有十余首古老曲牌，表达的内容广泛，主要传递着人们的思念、向往之情。常演奏的曲目有《折柳词》《思乡曲》《萨郎曲》等。

"羌笛何须怨杨柳，春风不度玉门关"是其表现力的最佳写照。2006年5月，"羌笛演奏及制作技艺"被列入第一批国家级非物质

文化遗产目录。

三、学情分析

本课适用于六年级,学生对羌族的特色艺术有一定的感知,有一定的口琴和竖笛演奏基础,对民族乐器的感知学习具备较强的能力,对民族音乐艺术具有较强的亲和感和包容性。

四、教学重点

羌笛的整体感知与音乐体验。

五、教学难点

羌笛的模拟演奏。

六、教学准备

多媒体课件、羌笛、视频等。

七、课时安排

1课时。

第三篇 民间艺术教学设计

八、教学过程

教学过程	时间	教师活动	学生活动	设计意图	评价要素
故事导入	3分钟	师：同学们，今天老师给大家讲一个故事：从前有个传说，勤劳的羌族同外族人争夺山林。有一次，大家都在寨子里突然传来阵阵动听的笛声。大家跑出寨子去看，见半山腰有个眉清目秀的男娃娃，在吹一根用两截竹管做的笛子。恰恰在这个时候，大家看见来偷袭的外族人已经爬到山顶了，赶紧抽出短刀，大家不要感激地对吹笛子的娃娃说："多谢你了。恐怕我们已遭大难了！"那个娃娃笑笑说："我是天上派来的，用笛声引我们出来，正好碰到那些人来偷寨子，我就吹起羌笛。从今天起，你们就用笛子来报信吧。"说完，娃娃把笛子送给大家。唉，大家会奇怪，这是个什么样的乐器，这样神奇？好，我们先来听一段音乐，看你能不能听出演奏这段音乐的乐器是什么。（羌笛音乐片段）	听故事。听音乐辨音色	情景渲染：让学生通过故事了解羌笛。激发兴趣：让学生对羌笛的音色有初步的感知	观察性评价：关注学生聆听的状态（能否进入情境？能否产生情绪共鸣？）引导性评价：学生对羌笛音色的特点能进行简单分析，对有初步感知能力的学生进行鼓励

有趣的民间艺术　　304

续表

教学过程	时间	教师活动	学生活动	设计意图	评价要素
感知学习	15分钟	同学们，你知道演奏这段音乐的乐器是什么吗？ 有一首诗是这样写的："羌笛何须怨杨柳，春风不度玉门关。"你能从这首诗里读懂哪些信息？（小组讨论）（笛名、音色、历史悠久） 你能猜出乐器的名字吗？（羌笛） 好，让我们一起走近羌笛：（羌笛示意图） 羌笛是羌族特有的一种演奏乐器，也被称为"羌管"，是一种古老的民间竖吹乐器。 现在同学们小组观察讨论，羌笛在外形特征上有什么特点？（讨论） 羌笛由两根长15~20厘米、直径1厘米左右，筒孔大小一致的竹管并在一起，用丝线缠绕，管头插着竹簧，管身竹制或骨制，由发音哨和方形筒形管体组成，两管管长相同、孔距和音高相同。管上设五个或六个按孔	主动探知，小组合作，主动答疑，学习认知，观察发现，聆听感受，归纳总结	整体感知： 主要让学生对乐器的历史、外观形状、演奏特点、音乐表现、辨析、代表曲目等方面进行整体了解，从而对羌笛有一个整体的认知	过程性评价： 主要从学生的聆听状态、合作表达能力、音乐素养等进行评价，一定要关注学生自主学习、探索和合作过程的学习进行启发、点拨和提炼。 可以采用自评和他评的方式，教师评价一定要言之有物，言之有理，具有针对性

教学过程	时间	教师活动	学生活动	设计意图	评价要素
感知学习	15分钟	我们学校全体艺术老师到羌族聚居地茂县参加了俄尔俊足尔文化艺术节并进行了采风，聆听了当地民间艺人的羌笛演奏，大家一起来聆听和观察，想一想羌笛演奏在换气上有什么特点？ （采风视频） 对，羌笛演奏是采用特殊的"鼓腮换气"法，竖着吹奏，两管发出同样的音高。演奏时，双手持笛，将簧哨含入口内，吹奏，指法与笛相同，一口气可吹奏几分钟，甚至整个羌笛曲调，技巧要求很高。 这个羌笛音色明亮、清脆婉转，主要用于独奏，看这段音乐带给你什么样的感受？ （羌笛独奏：羌笛悠悠） 请同学们自由发表看法。 对，羌笛的感觉，羌族人民常用它来抒发喜悦欢乐、悲欢离合的情感，主要传递着古老人们的思念，表达内心魄的感觉，它有十余条古老曲牌，动人心魄的情感。它有十余首古老曲牌的思念，向往之情。常演奏的曲目有《折柳词》《思乡曲》《萨郎曲》等			

续表

教学过程	时间	教师活动	学生活动	设计意图	评价要素
深情演唱	15分钟	人们为了表达对羌笛的喜爱,还专门写了歌曲。人教版就选用了其中的一首,他们会怎样唱呢?让我们一起听听《吹起羌笛跳锅庄》。歌曲描写了什么?有没有兴趣我们一起来唱唱?学习歌曲。如果我在歌曲前面加上一个羌笛演奏的前奏,会有什么效果呢?好,让我们再次感受和演唱,欢迎同学们一边唱一边跳我们学过的萨朗舞	聆听感受,分析描述,深情演唱,综合表达	用羌笛伴奏,让学生如同身临其境	综合性评价:从学生演唱的状态、情绪表达、动作设计来进行综合评价。特别是用学生用萨朗舞表演时,老师要进行创造性发现和点评亮点
拓展聆听	5分钟	羌族的很多音乐都巧妙地运用了羌笛,我们来听听。羌族姑娘朵朵创编了一首关于羌笛的歌曲,大家一起来听听	聆听感受,了解感知	拓展学习:进一步了解羌笛,知晓羌族音乐人和其代表作	观察性评价:观察学生聆听的状态及情感体验

续表

教学过程	时间	教师活动	学生活动	设计意图	评价要素
人文引领	2分钟	同学们，今天我们认识了羌族具有代表性的乐器——羌笛。羌族没有文字，文化传承和影响非常有限。2006年5月，"羌笛演奏及制作技艺"被列入《第一批国家级非物质文化遗产目录》。在以后的生活与活动中，我们要对民族文化多一些理解和包容。最后，请大家唱着歌曲，跳着萨朗，结束今天的音乐课。	拓展认知，歌舞表现	让孩子们通过音乐学习、理解、接纳、传承羌笛音乐，并能真正喜欢和表现	总结性评价：对学生整节课的表现进行综合性评价，并计入当天的过程性评价、小组评价和学期的课堂学习的综合性评价中

13 《古老神秘的羌族民间乐器》教学设计

成都市温江区实验学校　张玉荣

一、教学内容

羊皮鼓、羌笛、口弦。

二、教学目标

（1）了解这些乐器的结构、音色以及相关文化，知道羌族是一个古老的能歌善舞的民族。乐于参与羌族民间乐器的演奏，具有探究兴趣。

（2）感悟羌族音乐特点，体验羌族民间乐器演奏，学习相关的具有代表性的音乐。

（3）讲述羌族民间故事，运用多种表现手段，设计音乐活动，将羌族民间乐器运用其中，结合运用身边的音源和肢体语言，表现音乐场景。

三、教材分析

羌族别名"尔玛"，又称"云朵上的民族"，是我国最古老的民族之一，有四十多项非物质文化遗产。千百年来，生活于岷江上游的羌族人民在特定的社会环境和历史发展的进程中，形成了自己独特的民族民间艺术。羊皮鼓、羌笛、口弦是羌族传承至今的古老乐器。

市级课题"羌族特色艺术资源校本课程化实践研究"校本活页资料"古老神秘的羌族民间乐器"是向学生介绍羌族音乐艺术的重要单元。通过"玩、听、讲、演"等教学活动,帮助学生了解羌族代表性民间乐器羊皮鼓、羌笛、口弦的结构、音色和相关文化,激发学生对羌族民间乐器的探究兴趣。

四、学情分析

有兴趣。能背诵唐代王之涣《凉州词》的小学生不少,对羌族也略知一二,但对羌族民间乐器却知之甚少。学生对羊皮鼓、羌笛、口弦这些羌族民间乐器充满好奇,具有探究欲望和强烈的了解兴趣。

有基础。对美的感受、判断和理解是小学生都具有的,特别是3~6年级的学生已经具备一定的艺术审美能力和音乐、美术技能,他们渴望运用已有的知识和经验创造性地学习,自主地探索和实践,在体验中获得知识。

有条件。随着国家对羌族文化的保护传承和现代信息技术的运用,学生了解、学习、探究的平台更广阔。教师引导学生探究,激发、唤醒、强化学生对美的认识、理解和感悟,从而对羌族民间乐器进一步认识、了解、接纳并自觉保护传承。

五、课时安排

10课时。

六、课例

(一)羌族羊皮鼓

1. 年级

五年级。

2. 教材分析

羊皮鼓，鼓框木制，单面蒙以羊皮，演奏时，左手握弓形木把持鼓，右手持鼓槌敲击。鼓心声音低沉浑厚，鼓边声音高亢清脆。

羊皮鼓与盘铃都是羌族释比祭祀驱邪的法器。作法时，释比手执羊皮鼓，口中念唱咒语、经文而舞，动作轻盈敏捷，和着鼓声和盘铃的摇荡声，充满了神秘气氛。

羌族巫舞后来逐渐演变成民间自娱性舞蹈，成为现代羊皮鼓舞。羊皮鼓舞由男子表演，动作粗犷奔放，尽显男子汉的阳刚之气。

关于羊皮鼓的传说：很早以前，羌族是有自己文字的。祖师爷把从天神那里得来的各种经文记录保存在一卷卷桦树皮上。在一次，在山坡上晾晒的经卷竟被一只山羊偷吃。祖师爷捶胸顿足，四处寻觅这只山羊却不见踪影，这时一只金丝猴告诉祖师爷山羊吃掉经卷的经过。从此后，祖师爷便在金丝猴的协助下追捕这只山羊。经过千辛万苦，终于找到了它。祖师爷把宰杀后的山羊的皮制成祭神用的鼓。每当祖师爷敲打单鼓时，眼前就会出现写在桦树皮上的经文。为了使这些宝贵的经文永远不会再丢失，祖师爷背下所有的经文，并以口传心授的方法传授给后代巫师，不再使用文字，因此羌族至今只有自己民族的语言而没有文字。同时，为了感谢金丝猴引路，金丝猴死后，人们将它的头和皮制成帽子，装饰上可以驱邪镇魔的小铜镜、海螺等法器，作为祭祀中不可缺少的物品。

3. 教学重点

了解羊皮鼓的结构、音色、相关文化。

4. 教学难点

羊皮鼓的音色、体验演奏羊皮鼓。

5. 教学准备

多媒体课件、羊皮鼓、节奏卡片、视频等。

6. 教学过程

教学过程	时间	教师活动	学生活动	设计意图	评价要素
节奏练习	3分钟	1. 开火车读节奏卡片：XXX、XXX、XXXXX 2 节奏接龙游戏 2/4 XX|XXX|XXXX|XXXXXX|	读节奏，练习羊皮鼓基本节奏型	情境创设，为学习了解羌鼓节奏做铺垫	从学生态度、情绪、节奏敲击准确度等方面进行表现性评价
玩一玩	10分钟	为每个小组提供一面羊皮鼓，思考以下问题： 1. 结构材质。 2. 音色特点。 3. 探索敲击方法	小组探究活动，组长分配任务，按要求汇报交流	了解羊皮鼓的形状、材质、结构、音色等	主要从小组合作的态度、探究活动的有效性和表现性以及任务完成情况等方面进行过程性评价。可以自评、互评、教师评
听一听	12分钟	1. 听一段现代羌鼓演奏。 2. 看一段羌鼓舞视频。 3. 用"X X| XXX"节奏型为羌族民歌伴奏	同组讨论交流。学习简单的敲击动作。用羊皮鼓以"X X|XXX"节奏型为羌族民歌伴奏	了解羊皮鼓文化知识，乐于参与演奏	从聆听、观看的习惯，参与表演的态度，表演完成情况等方面进行评价，乐于分享自己的感受

续表

教学过程	时间	教师活动	学生活动	设计意图	评价要素
讲一讲	3分钟	阅读校本活页资料中关于羊皮鼓的资料。交流收集的信息	同组交流感受。组员代表发言	理解羌民族的音乐文化	从交流表现、聆听别人交流的习惯及个人艺术档案袋收集资料等方面评价
演一演	10分钟	以祭祀山神、祈求风调雨顺为主题设计音乐活动，将羊皮鼓、盘铃等羌族民间乐器运用其中。结合运用身边的音源和肢体语言，表现不同的音乐场景	1. 小组讨论设计活动 2. 以小组为单位汇报表演	体验创编活动激发探究兴趣	从在活动中的表现情况、表现性任务完成情况及档案袋资料收集等方面进行评价
拓展小结	2分钟	展示用身边的材料自制的简易羌鼓。设计基本节奏型和演奏动作	用身边的材料自制简易羌鼓，并表演	田野采风，网络拓展	表现性评价、档案袋评价

（二）羌笛

1. 年级

五年级。

2. 教材分析

羌笛是羌族独有的一种民间竖吹乐器，其演奏及制作技艺始于秦汉。

羌笛管身竹制或骨制，长 15 至 20 厘米、两管相并用丝线缠绕，管头插竹黄，管上设五个或六个按孔。吹奏时需用口腔、鼻腔、胸腔循环换气，这种特殊的鼓腮换气法吹奏，一气呵成。

羌笛音质明亮清脆，略有悲凉之感。主要是传达羌族人的思念向往之情，适于独奏，也可为歌舞伴奏。羌笛在民间有"一个人的乐队"之美誉。2006 年，羌笛吹奏及制作技艺被列入首批国家级非物质文化遗产名录。

何王全，羌笛代表性传承人羌族，1965 年出生于四川省阿坝藏族羌族自治州茂县黑虎乡。国家二级器乐演奏家，非物质文化羌笛传承人，四川省民族文化艺术研究会会员，茂县文化馆副研究员。

从前有个传说，勒布寨的羌族同外族人争夺山林。有一次，寨子里突然传来阵阵动听的笛声。大家都跑出寨子去看，见半山腰有个眉清目秀的男娃娃，在吹一根用两截竹管做的笛子。

恰恰在这个时候，大家看见来偷袭的外族人已经爬到山顶了。大家赶紧抽出短刀，和外族人打起来，赶跑了外族人。大家感激地对吹笛子的娃娃说："多谢你了。要不是你的笛声引我们出来，恐怕我们已遭大难了！"那个娃娃笑笑说："我是天上派下来的。下来的时候，正好碰到那些人来偷袭寨子，我就吹起羌笛。从今天起，你们就用笛子来报信吧。"说完，娃娃把笛子送给大家。

从此，羌族人民就用羌笛互相报信，只是后来才变成乐器的。

3．教学重点

了解羌笛的结构、音色及相关文化。

4．教学难点

羌笛的演奏、音色。

5．教学准备

多媒体课件、羌笛吹奏视频等。

6．教学过程

教学过程	时间	教师活动	学生活动	设计意图	评价要素
五声音阶练习	3分钟	五声音阶练习： （1）6 1 2 3 5 6（欢音） （2）7 1 2 4 5 7（苦音） 视唱练习	民族五声调式音阶练习。视唱练习，学习羌笛具有代表性的音乐旋律片段	营造氛围，创设情境	从学生态度、情绪、演唱准确度等方面进行表现性评价
玩一玩	10分钟	为每个小组提供一支羌笛，玩一玩，思考以下问题： 1．材质结构、演奏技巧等。 2．多媒体演示：结构及指法图示	小组讨论交流。 了解鼓腮换气吹奏法	了解羌笛形状、材质、结构等	主要从参与态度、遵守安全提示、小组合作的情况、探究活动的有效性和表现性，以及任务完成情况等方面评价。可以自评、互评、教师评

续表

教学过程	时间	教师活动	学生活动	设计意图	评价要素
听一听	12分钟	听一听羌笛演奏。播放羌笛代表作品:《思念》	同组讨论交流感受。学习视唱羌笛演奏音乐旋律:《思念》	了解羌笛文化知识,感悟羌笛音乐特点	分享自己的感受,将自己参观收集的音像资料等存于艺术档案夹
讲一讲	3分钟	指导阅读校本活页资料:羌笛诗词、制作、传说、传承人等相关文化资料。网上查阅羌笛文化相关信息并分享	同组交流感受。组员代表发言。朗诵羌笛诗词	理解接纳羌族的音乐文化	交流表达自信,富有激情。网络查阅内容丰富,将收集的文字、图片、音像资料等存于艺术档案夹
演一演	10分钟	羌笛伴奏朗诵:凉州词（唐）王之涣 黄河远上白云间,一片孤城万仞山。羌笛何须怨杨柳,春风不度玉门关。结合运用身边的音源和肢体语言,表现音乐场景	小组讨论设计活动。以小组为单位汇报表演	体验创编活动,激发探究兴趣	参与表演态度积极认真,能有感情地朗诵,情境创设,表演完整、有创意、生动有趣
拓展小结	2分钟	通过旅游、网上查阅等多种方式收集羌笛的相关资料	结合身边的音源,创新羌笛演奏方法	田野采风,网络拓展	采风方案制定合理,实践性强,组织有序

（三）口弦

1. 年级

五年级。

2. 教材分析

口弦是羌族自娱自乐的竹黄乐器。其形制为将油竹削制成约 10 厘米长的叶片，内刻 7 厘米左右的细长舌簧，末端缚以细麻线。演奏时，左手的拇指和食指夹住乐器的手柄，将簧舌部分放在两唇之间，用右手的拇指和食指来回扯线，使簧片振动而发音。其音的改变，全凭演奏者扯动麻线的力度和舌头触及簧片的位置以及口形大小、口中气流的强弱而定。曲调大多即兴创作，音域八度之内，音量细小，一般只能演奏出简单朴素的旋律。口弦主要在劳作间歇、婚丧嫁娶、节日庆典时由妇女扯奏，可独奏或合奏。有情歌、颂歌、劳动歌等。其音色绵绵悠长，所表达的意蕴往往只可意会不可言传。

王泽兰，口弦代表性传承人，1953 年出生于北川羌族自治县，从小受母亲传教学习口弦，集制作、演奏和讲述传承于一身。应国家大剧院邀请，表演《风从羌声来》。2008 年 12 月 23 日确定为省级非物质文化遗产口弦传承人。

口弦的传说：很久以前，羌族小伙尔玛撒哈看上了羌族姑娘白珠。为打动白珠的芳心，尔玛撒哈试着将竹片做成一个简单的乐器送给白珠。白珠试奏后，芳心大悦。后来，尔玛撒哈的舅舅给他定了一门亲事。尔玛撒哈成亲那天，白珠伤心地爬到对面山上，吹着口弦，跳下了山崖。从那以后，羌族男女恋爱时，男青年都要制作口弦送给女方作为信物。有诗曰："小小竹片中间空，麻绳扯奏响叮咚，房前屋后碉楼上，花前月夕起春风。"

3. 教学重点

了解口弦的结构、音色以及相关文化。

4. 教学难点

口弦的演奏、音色。

5. 教学准备

多媒体课件、口弦、视频等。

6. 教学过程

教学过程	时间	教师活动	学生活动	设计意图	评价要素
基础练习	3分钟		学习羌族民歌旋律片段。口弦二声部练习	营造氛围。情境创设	从学生态度、情绪、演唱、演奏等方面进行表现性评价,激发学生的学习激情
玩一玩	10分钟	为每个小组提供一支口弦,思考以下问题:材质结构、音色特点、演奏技巧等	小组思考、交流吹奏方法。了解口弦奏法	了解口弦的形状、材质、结构、音色等	从参与态度、遵守安全提示、小组合作的情况、探究活动的有效性和表现性及任务完成情况等方面评价。可以自评、互评、教师评
听一听	10分钟	听一听非物质文化遗产口弦传承人王泽兰的演奏。听一听羌笛口弦合奏	同组交流感受。学习、视唱羌笛音乐旋律	了解口弦文化知识,感悟口弦音乐特点	分享自己的感受,将自己参观收集的音像资料等存于艺术档案夹

 有趣的民间艺术

续表

教学过程	时间	教师活动	学生活动	设计意图	评价要素
讲一讲	4分钟	指导阅读校本活页资料：口弦传说、传承人等相关文化资料	同组交流感受。组员代表发言	理解羌族的音乐文化	交流表达自信，富有激情。网络查阅，将收集的文字、图片、音像资料等存于艺术档案夹
演一演	10分钟	讲一个羌族民间故事，设计音乐活动，将羊皮鼓、羌笛、口弦等羌族民间乐器运用其中，结合运用身边的音源和肢体语言，表现不同的音乐场景	小组讨论设计活动。以小组为单位汇报表演	体验创编，激发探究兴趣	参与表演态度积极认真，自信。情境创设表演完整、有创意、生动有趣
拓展小结	3分钟	通过旅游、网上查阅等多种方法，收集口弦的相关资料	根据本单元学习内容，办一份介绍羌族民间乐器的小报	田野采风，网络拓展	采风方案制定合理，实践性强，组织有序

14 《羌族头饰设计》教学设计

成都市温江区实验学校 陈杰

一、教学内容

羌族头饰。

二、教学目标

（1）了解羌族头饰的色彩、纹样，自主设计头饰。

（2）结合对羌族头饰的分析研究，在观察、体验和探索中动脑、动手，用彩纸、剪刀和画笔等工具和材料制作羌族头饰。

（3）学习羌族特色艺术文化，美化生活，装饰自己，感受生活的情趣，体验设计创作的乐趣。

三、教材分析

羌绣是在继承古羌族人挑花刺绣的基础上演变发展而来的。刺绣的针法除多采用挑花外，尚有纳花、纤花、链子扣和平绣等几种。羌族挑绣图案大都是现实生活中的自然景物。羌绣色彩鲜艳，精美绝伦，不但显示了羌族妇女的聪明才智，还表达了羌族人民崇尚美的愿望。历经千年传承和发展，羌绣似乎浓缩了历史的精华，形成了风格独特的绣中精品，成为中华文化瑰宝中的一朵奇葩。2008年6月7日，经国务院批准，羌族刺绣入选第二批国家级非物质文化遗产名录。

基于我校市级课题"羌族特色艺术资源在校本课程建设中的实践研究"设计本节课，收入校本活页资料"云朵上的斑斓"。通过对羌族头饰的分析研究，在观察、体验和探索中动脑、动手，用彩纸、剪刀和画笔等工具和材料代替针线设计、制作羌族头饰。一方面,提高学生学习兴趣;另一方面,让学生对羌绣有进一步的认识,愿为中国传统手工艺的传承而努力。

四、学情分析

我校学生在低段美术学习中已经对羌族文化有了一定的了解,同时也对羌族文化产生了浓厚兴趣,所以孩子们对本课的学习充满了期盼。在以往美术学习中学生也储备了一定的观察、造型能力,理解、欣赏美术作品的能力正在逐步增强,对于设计制作也积累了一些经验。二年级美术教材中《头饰设计》让学生对头饰设计、制作有了一定的了解,为本节课打下了良好基础。四年级的学生开始转变思想和方法,从过去笼统的印象转变为具体的分析,有利于对羌族头饰的探究。

五、课时安排

1 课时。

六、课例

羌族头饰设计。

七、教学重点

认识羌绣的图案纹样,并且熟练运用到头饰设计中。

八、教学难点

掌握纹样左右对称的布局,作品美观、实用。

九、教学准备

卡纸、剪刀、双面胶、水彩笔、勾线笔、铅笔、PPT 等。

十、教学过程

教学过程	时间	教师活动	学生活动	设计意图	评价要素
情景导入	2分钟	教师戴着羌族头饰,伴随着羌族民歌,跳一段锅庄舞。让孩子们猜猜老师表现的是哪个民族?从哪里看出来的?出示课题:《今天我们一起学习羌族头饰设计》	学生认真观看。学生回答:羌族,从老师的头饰看出来的	情景导入,激发学生学习兴趣,为本节课做铺垫	从课堂礼仪、观看态度、观察解决老师提出问题的能力等方面评价
传授新课	10分钟	一、小组讨论解决以下问题:老师戴的头饰 1.主要是由什么方法制成的? 2.头饰主要有哪些色彩? 3.观察头饰上的花纹,你发现了什么? 二、探究这些色彩和花纹的来源 今天老师要带领大家一起去了解羌族人民的生活,探索这些色彩和花纹的来源。(PPT出示羌族生活的场景) 三、观察这些图案在头饰上的布局有什么特点?	一、小组分工合作探究,汇报解决老师提出的问题: 1.羌族头饰主要以刺绣制成。 2.头饰主要由黑、红、蓝、黄、绿等色彩组成。 3.图案和花纹主要是花纹、云朵和羊角纹等。 二、认真观察,发现这些色彩都来源于生活。 三、中心对称,左右对称	培养小组分工合作意识以及认真观察的能力。培养学生干观察生活中发现美、创造美	从小组合作分工明确、小组汇报礼仪、语言组织能力、问题探索能力的有效性、学生课堂参与度及观察过程中的专注度等方面进行评价

续表

教学过程	时间	教师活动	学生活动	设计意图	评价要素
教师示范	5分钟	原来这些色彩和图案藏了这么多奥秘，老师也迫不及待地想要尝试一针一线代替剪刀，制作羌族头饰。请同学们认真观看老师的示范过程并总结设计制作步骤。	学生认真观看，并总结步骤：1. 设计图案 2. 添加色彩 3. 拼贴布局	培养学生的观察能力，学会自己总结	是否做到认真观察，总结语言是否清晰
实践创作	15分钟	小组合作设计、制作一个有彩色图案且具有羌族特色的头饰作品。图案布局美观	小组分工合作创作	巩固所学知识，加深对羌绣的理解，动手创作	知识掌握程度，小组分工合作是否有效，学生的作业呈现效果
作业展评	5分钟	每组推选一名成员戴着自己设计的头饰上台展示。请提示：1. 介绍你们小组设计的头饰。2. 说一说你最喜欢哪个头饰，为什么？	学生自评互评	把课堂交给学生，让学生在其中参与学习中，同时也能够运用所学知识进行评价	小组作业呈现效果，学生是否能运用所学知识对作业进行评价
知识拓展	3分钟	羌绣在生活中还有很多呈现，比如鞋垫、围腰、云云鞋、服饰（PPT展示），都非常漂亮。孩子们在今后学习中还可以运用的知识去设计制作。了解更多的羌绣知识，为中国传统文化的传承做出自己的努力	学生运用身边资源了解更多关于羌绣的知识	培养学生自主学习的能力	对课堂的巩固，在生活中是否继续学习

15 《仰望碉楼》教学设计

成都市温江区实验学校　陈晓欢

一、教材分析

本课程内容来源于人民美术出版社出版的《美术》七年级上册，根据课题"开发、运用民族民间艺术资源，优化艺术教育内容"设立的一节关于羌寨建筑之一碉楼的欣赏课，适合7年级学生，属于欣赏、评述范畴。初中美术教材每一册后面的选修课都是以少数民族特色为主，《美术》七年级上册选修课内容主要是介绍羌族文化，学生对羌族文化表现出浓厚的兴趣。作为美术老师，我有义务推广民族艺术。通过学习介绍，让学生了解羌族特色，了解羌族文化。本课以欣赏为主，希望学生能通过对第二课《手绘线条》的学习，描绘出羌族碉楼的形状。

二、学情分析

七年级的大多数学生知道羌族，少数学生去过羌寨，可以让他们先介绍情况，引起共鸣，这对本堂课的教学有一定帮助。但是他们对羌族的文化知之甚少，对羌族建筑中的碉楼的了解除了高外，对其作用、形态不完全了解，需要老师通过各种角度的图片进行详细讲解。

三、教学目标

（1）通过欣赏PPT，让学生了解羌族建筑的各种类型，着重了解碉楼的特色以及形成的原因。

（2）通过对羌族碉楼的建筑特点和建筑功能的认识，让学生学会接受不同的审美观，热爱羌族艺术。

（3）对比碉楼和我们现代建筑有何异同，并完成课后拓展：手绘线条表达碉楼。

四、教学重、难点

重点：碉楼的特点，和自然环境的关系。

难点：体会碉楼的特色美感，在拓展中尝试用线条描绘碉楼建筑。

五、教学准备

照片、多媒体设备等。

六、板书设计

仰望碉楼

1. 碉楼的外形特点
2. 碉楼的分类
3. 碉楼的修建材料
4. 碉楼的修建方法

七、教学过程

教学过程	教师活动	学生活动	设计意图	评价要素
一、导入新课	循环播放羌族音乐和各种羌族建筑图片。老师提问:你能判断听到的音乐中属于哪个少数民族吗?看到的图片中这个民族是什么样的?老师开场:看同学们,也知道它的特色。其实,中国地域辽阔,有各种独特风格的建筑,如窑洞、土楼、吊脚楼等,其中羌族的建筑十分有特色,被赞为"一绝"。今天我们就走进羌族文化去感受神奇的碉楼	观看、聆听。预设学生回答:羌族、羌寨……(请学生描述自己见过的羌寨)	让学生讲一讲印象中的羌族和羌寨。通过观看风格的碉楼建筑,让学生对碉楼留下印象	通过身边同学的讲解,并结合音乐的去欣赏羌族身临其境的文化感受魅力
二、探究新知	通过观察书上的碉楼图片,分小组说一说:你看到的碉楼有什么特点?回应学生:是的,羌寨一般修建在易守难攻的半山腰上,羌寨子仿佛坐落在云雾中,所以羌族被称为"云朵上的民族"。再观察,碉楼除了高还有什么特点?	预设学生回答:碉楼,不仅碉楼高,地势也高。预设学生回答:有四个角。预设学生回答:居住,放东西……	通过观察,能说出碉楼外观的特点,激发学生的学习欲望和兴趣。再次细致观察学生的碉楼,充分发挥学生主观能动性	通过图片欣赏,能准确概括出碉楼明显的特点,除了最特点之外,你还发现了几种,分别并了解其功能作用,各有不同的碉楼从功能上知道

教学过程	教师活动	学生活动	设计意图	评价要素
二、探究新知	回应学生：是的，四川茂县一处碉楼有四角、六角、八角、十二角等（一边说一边展示PPT的图片）。碉楼多建于村寨住房旁，高度10～30米不等，请同学们想一想，建造碉楼有什么作用呢？ 回应学生：防御敌人、储存粮食等。其实碉楼的功能也很多，根据位置不同，功能也不一样，有家碉、寨碉、阻击碉、烽火碉等，分别介绍不同碉楼的作用。 你们觉得碉楼会用什么材料来修建呢？ 回应学生：确实大家观察得很仔细，是用大小不一、形状各异的石头和黄泥等筑砌而成。碉楼大多是在古时候，这么高并且地势险峻的碉楼是怎么修建的呢？	预设学生回答：看上去像石头，而且还不是整齐统一大小的石头，比较像石头砌而成的。 预设学生回答：挑石头上山修的…… 分小组讨论，并请代表回答	通过听老师介绍碉楼的不同功能，了解碉楼那么"高"的原因。学会倾听和思考。 建筑的材质很重要，了解碉楼用的什么材料修建的。 被赞为"东方金字塔"的碉楼是如何建的？ 大概了解羌族居住楼的建筑，谈谈与本课有何特点与不同。既回顾了本课内容，又发挥了学生自主学习能动性	一个建筑的材料是很重要，需要知道碉楼用的什么材料建成的。 要清楚碉楼是如何修建的，难点是什么。 回顾这一课关于了解碉楼的各种特点和现代建筑的异同，深入了解碉楼的分类和构造

续表

教学过程	教师活动	学生活动	设计意图	评价要素
二、探究新知	回应学生：古代修建不像今天需要先绘图，而是直接用一把小锤子、黄土等夯实修体。用大小不一的石块，外加用联体的房项有密墙体是的横梁，整体性强，冬暖夏凉。难怪会被赞为"东方的金字塔"。思考与讨论：能说说羌族的建筑和现代建筑各自的特点吗？			
三、欣赏感知	播放羌族音乐，用多媒体展示碉楼	赏析碉楼图片，深入了解碉楼	用多媒体展示碉楼照片，供学生欣赏	在羌族的歌声中跟随课本回顾图片内容
四、交流评价	采用学生自评、教师补充评价的方式展开评价： 1. 鼓励。 2. 看一看是否抓住碉楼的特点	这节课的体会是什么？	增强学生大胆表述的意识，并学会总结	能用自己的语言总结本课知识点
五、布置作业	艺术实践要求：课后用线描的方式在美术本上描绘碉楼	艺术实践	培养动手能力和审美能力	能用简单的线条描绘出碉楼的大概形态
六、拓展	碉楼已经列入国家非物质文化遗产，希望同学们用手绘线条的形式来描绘碉楼	小组总结本课，并用课余时间尝试用手绘线条描绘碉楼	让学生带着任务下课，将课堂延伸到课外，培养可持续的学习兴趣	了解碉楼特点，动笔画一画

八、教学反思

羌族建筑文化对学生而言比较陌生，课中需要通过大量的图片让学生欣赏、观察，直观地去认识碉楼，除了对碉楼特点的了解外，还要让学生知道"东方金字塔"在建筑史上的地位。

16 《做一面羌鼓敲起来》教学设计

成都市温江区实验学校 秦滔

一、教学重点

了解羌族羊皮鼓的相关历史文化知识。

二、教学难点

分析羌族羊皮鼓鼓面的结构、色彩、造型、花纹,设计一个羌鼓的鼓面图案。

三、教学准备

多媒体课件、羊皮鼓、视频等。

四、材料准备

蛋糕盒子、剪刀、油布纸、胶棒、图钉等。

五、适用年级

5年级。

六、课时

1课时(40分钟)。

有趣的民间艺术　330

七、教学过程

教学过程	时间	教师活动	学生活动	设计意图	评价要素
导入	4分钟	看一段羌鼓舞视频。教师提问：这是什么民族的舞蹈？他们手里的道具叫作什么鼓？今天我们一起学习羌鼓，PPT出示课题，并在黑板上板书课题。	观看羌鼓舞视频，感受羌鼓的魅力，积极思考并回答。	视频导入，情境创设，初步感知，在学习羌鼓前形成一个初步印象。	通过评价学生的观赏态度、坐姿、答题情况等激发学生学习的热情
玩一玩	6分钟	交流课后收集的关于羌鼓的资料信息。为每个小组提供一面羊皮鼓，玩一玩，教师简要介绍羊皮鼓小知识。请根据老师出示的PPT上的文字思考以下问题。 1. 你知道羌鼓主要流传于哪些地方吗？给你留下了哪些深刻的印象？ 2. 羌鼓的结构、材质是什么？ 3. 探索羌鼓敲击方法	交流分享收集的资料，个别同学再补充。小组探究活动，组长分配任务，按要求汇报交流。	通过交流、手摸、观察、敲击等多种方式了解羊皮鼓的形状、结构、材质等相关知识	过程性评价：主要从小组合作的态度、探究活动的有效性、表现性、以及动手能力是学生进行评价。可以是学生自评、互评，然后教师评价

续表

教学过程	时间	教师活动	学生活动	设计意图	评价要素
看一看	3分钟	教师为每一组提供一面羊皮鼓的图片，并请学生结合自己小组的这面羊皮鼓图案，认真观察分析，思考以下问题： 1. 羊皮鼓的鼓面图案是什么图案有什么几何学特点？ 2. 鼓面的颜色、花纹是什么？	同组讨论交流，组员代表发言汇报。得出主要的图案是羊头，颜色主要为黑色、白色、蓝色等，花纹是羊角纹、祥云纹等	了解羊皮鼓，为下一步设计图案、制作羊皮鼓打下基础	从聆听、观察的习惯，参与讨论的态度，活动的完成情况，是否乐于分享自己的感受等方面进行评价
做一做	17分钟	阅读校本活页资料：羊皮鼓的相关资料。PPT出示鼓面时，在设计、制作羊皮鼓面和鼓面一样大小的油布剪出一个纸圆片，最后涂上颜色，再用针线缝上去或者用图钉钉上去	同组交流感受。组员代表发言学生动手实践	通过手动实践，深入理解羌族的传统文化和音乐文化，感受羌鼓的魅力	从交流表现、聆听习惯、个人交流手能力、速度、专注度等方面评价。

续表

教学过程	时间	教师活动	学生活动	设计意图	评价要素
评一评	3分钟	请已经画好鼓面图案的同学展示。将做好的鼓面图案粘贴在蛋糕盒上,做一个简易的鼓。	组内互评。组员代表发言。将鼓面贴在蛋糕盒上	通过评价,深刻地理解鼓的鼓面图案、纹样、色彩等特点	从交流表现、聆听习惯、个人作品设计的精美程度方面评价,可以是自评、互评、教师评价等
演一演	4分钟	播放音频,和着音乐敲起来、跳起来(可以是羌族朗课间操)。结合运用身边的音源和肢体语言,体会羌族人民的生活情境	小组讨论设计活动。以小组为单位汇报表演	体验编创活动。激发探究兴趣	从表演活动中的表现情况、参与情况等方面进行评价
拓展小结	3分钟	出示安塞腰鼓的资料,了解鼓文化在我国既源远流长又很普及。我国民族众多,少数民族文化灿烂多姿,我们要积极传播中国文化的彩。出示我校剪纸非遗传承人(剪纸小达人——文天皓)的图片资料,讲述其先进事迹,引导学生学习身边的榜样	欣赏安塞腰鼓视频,通过听老师讲解,了解丰富多彩的民间艺术,并且学习身边的榜样	鼓励了解更多民间艺术,去感受并传播身边的榜样。在情感态度价值观方面,提升学生的文化认同感	课后整理:表现性评价、档案袋评价

八、板书

羌鼓
结构：木质鼓圈、羊皮鼓面、鼓槌
图案：主要是羊图腾
色彩：黑色、白色、蓝色
纹样：羊角纹、祥云、花瓣纹等
文化瑰宝传承守护

有趣的民间艺术

17 《羌族云肩》教学设计

成都市温江区实验学校　向联

一、教学内容

羌族云肩。

二、教学目标

（1）了解羌族常见四方云肩的造型、功能及装饰特点，学习用常见的纸质材料，以画、剪、粘等方法设计、制作实用美观的羌族云肩。

（2）学生在学习、观察、分析、体验的过程中，根据材料的特点，从外形、图案和色彩等方面进行设计和制作。

（3）学生在实践过程中喜欢上羌族文化，增强传承羌族文化的意识，提高自己的创造力和表现力，并以小组合作的方式培养学生的合作意识。

三、教材分析

本节课属于"设计·应用"学习领域。为了展示从古至今各个民族的云肩，通过图片欣赏，引导学生了解云肩的悠久历史和艺术价值。资料中对《羌族云肩》进行了简练的描述，通过欣赏古今云肩以及对资料中提出的几个问题的思考，学生对云肩有了初步的认识。从资料中羌族萨朗舞的表演可以清楚地看到云肩的外形、图案和色彩。资料的第二页中讲解了云肩的结构，以"×""米"形放射状为骨架，有四方、八方等不同量的放射形态，有利于进一步加强对羌族云肩的认识。下方还介绍了云肩的制作方法，思考与讨论中分别从云肩的外形、图案和色彩等方法提出了问题，逐步培养学生的设计意识，突出表现羌族云肩的美，以此帮助学生解决重难点，更好地完成学习内容。

四、学情分析

三年级的学生想象力丰富，对想象画、记忆画有很强烈的表现欲望，对色彩的感觉非常强烈，对手工制作也非常喜欢。他们经过一二年级的美术学习，对绘画的认识有了提高，同时也掌握了一定的美术表现技法，学习兴趣浓厚。学生对设计、应用的表现形式并不陌生，在三年级上期的《面具》课中也学习过这样的内容，能够客观地理解和表现事物，在前面手工课中也经常练习，手部的精巧性逐步提高，能够运用各种工具、材料表现。

虽然学生对羌族文化了解甚少，有的也只是从书中或电视上去了解的。但对学生来讲，羌族云肩是神秘的，他们对羌族知识也是充满了好奇，有浓厚的学习热情。

五、教学重点

学生根据范作和图例资料，分析羌族四方云肩的造型特点，并能在纸质材料上设计制作。

六、教学难点

设计并制作云肩，体现羌族云肩的整体性和美观性。

七、教学准备

教学设计、PPT、手揉纸、剪刀、双面胶（胶棒）。

有趣的民间艺术

八、教学过程

教学过程	时间	教师活动	学生活动	设计意图	评价要素
导入	2分钟	1. 情景引入：老师今天有什么不一样呢？戴上羌族云肩用羌语向孩子们问好！想不想知道老师说的是哪个民族的语言呢？戴上的是哪个民族的围肩呢？它叫什么呢？那好，我们今天就一起学习一下《羌族云肩》。	回答：学生观察并思考：语言不一样，服装不一样	激发孩子们的好奇心，活跃课堂气氛	表现性评价：通过评价学生观察的态度从而激发学生学习的激情
出示课题		《羌族云肩》			
探索新知	13分钟	对《羌族云肩》，你们有什么疑问呢？那我们就带着这些疑问走近羌族，去了解这个民族的云肩的历史。 1. 什么是云肩？云肩有哪些用途？羌族人民以高山为邻，他们常常肩背磨，依山而居，非常辛苦，羌族云肩起到了保护衣服的作用。	学生思考并提出疑问。学生欣赏古代云肩图片，了解古代云肩及艺术美感。学生观察、对称。学习讨论、查阅资料并汇报	培养孩子们了解我国民俗文化。通过欣赏云肩的图片，了解云肩的用途。让孩子们学习云肩的艺术图案，会思考问题，会解决问题，会运用美术语言表达	过程性评价：主要从历史的探究、表现、完成探究情况等方面进行评价。可以自评、教师评、小组评，通过学生的学习情况，进行组与组之间互评

续表

教学过程	时间	教师活动	学生活动	设计意图	评价要素
探索新知	13分钟	云肩起源于商代西北民间,是羌族古老的服饰,传承至今已经演变成服饰中的装饰品。二、云肩的外形。今天我们就一起来认识一下羌族最为常见的四方无领云肩。看图片并提出疑问。同学们提出了它的外形是怎样的,我们就一起来探究一下羌族云肩的外形。1. 出示范图。同学们能观察出羌族云肩的外形有什么样的特点吗?2. 那么,老师有一个疑问:对称图形怎样设计才好看呢?3. 请拿出学习资料,从中你能掌握哪些知识?有什么样的疑惑?请以小组为单位上讲台汇报,其他组同学可以提问。4. 教师示范怎样做云肩的外形(边示范边讲解)。① 先将手中的纸对折。② 找到并标出A、B、C点。③ B点和C点之间设计花纹。④ 剪完后展开延中心线剪出一道口子。	学生观察:有很多图案和颜色,是对称的。色彩有哪些?生:黑、白、蓝、玫红。色彩很鲜艳、对比强烈	通过欣赏作品的设计思路,让学生主动学习,主动吸取知识,并能学以致用。让孩子们自主学习,增强记忆力	通过自学小资料,完成情况来评价,可以自评、师评 通过学习中是否抓住羌族云肩的特点方面来评价,小组自评、师评

续表

教学过程	时间	教师活动	学生活动	设计意图	评价要素
探索新知	13分钟	⑤展示云肩的外形。 5. 学生实践：按照我们刚才共同探讨的方法实践。 三、羌族云肩装饰的特点 看一下老师出示的图片，你们从图片中还发现了什么？ 1. 云肩的图案是围绕哪个中心点设计的？（看老师示范）云肩的图案有什么样的特点呢？ 2. 除了漂亮的图案外，你还发现了什么？ 3. 找一找云肩上运用了哪几种主要的色彩？ 4. 这些颜色搭配在一起给你怎样的感受呢？ 会观察的你已经找到答案了。 老师小结：羌族云肩特点明显，在外型上运用了云朵纹，看上去更加优美，在图案上大多以高山羊角花为主进行装饰，在色彩上主要使用了玫红色、蓝色和黑色，极具民族特色，精细美观，耐磨实用			

续表

教学过程	时间	教师活动	学生活动	设计意图	评价要素
创新实践	20分钟	小小设计师们是不是想一试身手呢？那好，请听作业要求： 1. 根据草图进行造型创作。 2. 利用资料包中的材料，装饰云肩。 温馨提示：①小组合作完成。②在制作过程中注意安全。 孩子们动手设计，老师巡回指导	动手制作	培养孩子们的动手能力	从学生动手制作过程中的情况，如羌族云肩的特点、制作是否精美等方面来评价
展评	3分钟	1. 作品展示：小组内推荐一位同学上台展示小组合作成果。 2. 生生互评：挑一件你认为制作精美且具有浓厚羌族特色的作品，并说说你的理由。 3. 跟着音乐，戴上自己的作品跳一段羌族舞蹈	展示评价		可以自评、互评，教师评价
拓展小结	2分钟	1. 从羌族云肩联想到现在的披风斗篷。 2. 利用课余时间，尝试画一画云肩中所用到的元素	收集身边有关羌族服饰的元素，试着画一画	拓宽孩子们的知识面，让孩子们学会善于发现	通过收集资料进行评价

18 《羌族鞋垫》教学设计

成都市温江区实验学校　张鑫

一、教学目标

（1）学生通过欣赏、感受、体验，了解羌族文化以及鞋垫的艺术特点。

（2）能运用复制、浸染的方法，两人合作设计、制作一双羌族鞋垫。引导学生了解对称图案知识，培养学生的合作能力。

（3）通过本课的学习，了解羌族图案的特点，并激发学生热爱民间美术，从生活中寻找美的足迹，学习羌族人民的坚强、乐观、勇敢的精神。

二、教学重难点

重点：了解羌族文化以及鞋垫的艺术特点，通过体验，学会运用复制、浸染的方法合作仿制一双羌族鞋垫。

难点：运用对称的知识，结合复制、浸染的方法，两人合作完成一双羌族鞋垫。

三、教材分析

羌族自称"尔玛"，又称"云朵上的民族"，有四十多项非物质文化遗产。千百年来，生活于岷江上游的羌族人民在特定的社会环境和历史发展进程中，形成了独特的民族民间艺术。羌族鞋垫不但具有实用价值，还具有相当高的艺术观赏价值，显示了羌族刺绣的工艺技能，是羌族文化的一部分。

自编教材充分利用地方资源，把羌族文化作为背景，在教学过程中，结合新颖的美术材料皮纸与彩色墨水，从羌族刺绣中的图案与花纹都是源于大自然的美入手，通过轻松愉快的教学过程，使孩子们了解对称，使用特殊材料设计制作一双羌族鞋垫，激发孩子们热爱美，通过学习了解民间美术，懂得在生活中找寻美的足迹，弘扬民间艺术。

四、学情分析

让孩子们了解羌族艺术，并对其他民族艺术产生兴趣，树立正确的审美观，并能继承和发扬优秀的民间艺术。

五、教学准备

彩色墨水、皮纸、复写纸、剪刀、记号笔、实物投影仪、课件等。

六、教学过程

教学过程	教师活动	学生活动	设计意图	评价要素
组织教学	问好,组织学生整理学习用具	按要求准备	稳定学生情绪,做好上课准备	表现性评价:学生上课准备状态
引入	老师给孩子们带来了什么? 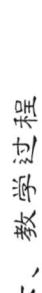	吸引学生,认识鞋垫的花纹、样式及实用价值	认识鞋垫,了解鞋垫外形及花纹的对称,引入课题	是否主动思考,探索鞋垫的外形、花纹、对称的样式
讲授新课	提出问题: 1. 用老师提供的工具怎样快速绘制一双鞋垫? 2. 引导学生了解羌族文化,思考羌族人是如何巧妙地将自然之美融入生活和刺绣鞋垫的。 3. 感受羌族鞋垫,看一看、摸一摸鞋垫的材质,找一找鞋垫的花纹图案,介绍羌族鞋垫最常用云朵纹、羊角纹(花朵纹、简化、变形、添加的方法绘制)	学生合作,复写纸对称,制作鞋垫外形。认识羌族文化。接触鞋垫制作的材料,寻找鞋垫制作的花纹图案。认识羌族图案,了解花纹图案的意义与绘画方式。学生合作完成鞋垫图案	学生用工具学习合作对称图案。运用民族艺术引导学生感悟。从羌族色彩中懂得艺术源于生活。鞋垫图案色彩的美无处不在,了解人们对美的追求。学生完成鞋垫的制作	从聆听、观看、分析、总结等方面评价学生对羌族文化及色彩的认识归纳。学生把纸对折,写生画出鞋垫的花纹特点,能利用鞋垫外形巧妙地运用色彩并进行装饰完善鞋垫

续表

教学过程	教师活动	学生活动	设计意图	评价要素
讲授新课	4. 示范鞋垫图案的绘制（巧妙利用复写纸）。 5. 讲解羌族姑娘从大自然借来的最美的色彩表扮鞋垫。 6. 遇到难题，色彩怎样绘制才对称？ 7. 示范浸染色彩，明确要求与注意事项。 8. 教师示范，强调对称（提醒彩色墨水的运用细节）。 9. 教师巡视指导	在自然界找寻羌族鞋垫的色彩。认识羌族鞋垫的主要色彩。（色彩：黑、白、红、黄、蓝） 学生自主尝试各种工具，找寻绘制对称色彩的方法。 学生合作完成鞋垫色彩。 学生运用对称找出左右鞋垫，用记号笔标出鞋垫的花纹		

续表

教学过程	教师活动	学生活动	设计意图	评价要素
作品展评	作品评析。总结学到的知识。学生作品	学生互评作品,感受民族艺术之美	学生通过对羌族刺绣的认识,仿制羌族鞋垫美源于生活	能客观评价学生的作品,发现优缺点,为创作更好的作品打下基础
课堂拓展	懂得艺术之美源于生活。学习羌族人民勇敢、坚强、乐观的精神	发现生活中的美,追寻美的足迹。学习羌族人民乐观向上的精神	培养学生自主学习的能力,从美术课堂中了解民族文化,认识美,追求美,学习羌族人民乐观向上的精神	

19 《美丽的羊角花》教学设计

成都市温江区实验学校、张玉荣名师工作室 赵潇

授课年级：小学三年级学生

课型	课时	一课时
造型·表现		

教材分析	本课以绵阳北川羌族少数民族服饰中的"羊角花纹"为学习对象，属于"造型·表现"学习领域课程，是我校张玉荣名师工作室市级课题"羌族特色艺术课程在校本课程中的建设与实践研究——以萨朗为例"中的校本教材内容之一，是羌族图案系列的起始课。本课以羌族羊角花纹为主题，尝试用线条、形状、色彩等表现羌族服饰中的羊角花特点（花头大而圆满，枝叶细小、夸张，概括的特点；色彩上常用黑、白、红、蓝搭配出鲜艳的效果），旨在让学生从感知到思索，从赏析到创新，多层面地拓展学生的创新空间，提高学生学习和生活中丰富学生的学习和生活，明白学以致用的道理。引导学生关注羌族所运用今天的特色图案，进而关注羌族文化，培养学生理解、包容的多元文化观。

续表

课型	造型·表现	课时	一课时
教学目标	1. 知识与技能：认识、了解羌族服饰中的羊角花纹的造型和色彩特点，能用身边的材料表现羌族服饰中的羊角花纹。 2. 过程与方法：通过赏析、观察、碰撞等方式掌握羌族羊角花的特点，表现方法及艺术美感等。 3. 情感态度与价值观：通过了解羌绣中羊角花纹的特点，感受羌族人民的质朴，在动手实践过程中，感受乡土气息，从而培养热爱羌族传统艺术的兴趣，培养理解、包容、多元艺术素养和文化视角。		
教学重点	羌绣图案中的羊角花纹的形和色的特点表现		
教学难点	表现羌族服饰中羊角花的方法		
教学准备	教具：多媒体课件、视频资料 学具：剪刀、胶棒、油画棒、生活用品模板、黑色签字笔		
教学环节	教师活动	学生活动	设计意图	评价要点
创设情境 趣味导入 （两分钟）	导入（2分钟）1. 你们喜欢旅游吗？老师带大家去一个有趣的地方，看大家能不能猜出是什么地方？ 2. 简单介绍羌族，引出课题。 3. 揭题《美丽的羊角花》	猜谜语。 （预设：羌族） 赏析： 齐读课题	谜语激趣导入，激发学习兴趣	表现性评价，从学生的学习状态、情绪、参与积极性、语言的完整性、表达清晰性及美术语言的运用等方面评价，激发学生学习的兴趣

续表

教学过程	教师活动	学生活动	设计意图	评价要点
探究羊角花纹（15分钟）	（一）质疑 1. 同学们，你能围绕课题，提出哪些问题呢？ 2. 学生汇报，教师归纳并板书，请学生补充。 （二）解疑 1. 引导学生自学羊角花的概念。 2. 观察分析羊角花纹的造型特点（小组内碰撞）。 3. 围绕特点，羌族人用了哪些方法？ 教师归纳学生发言并板书。 4. 分析色彩 ①师：请仔细观察，找出图案中有哪些主要颜色？ ②师：这些颜色搭配在一起，给你怎样的感觉？用什么办法才鲜艳？ 过渡：这里多处对比，就像这是羌族的特色。羌族人善于观察和运用。	质疑 自由提问： （预设：什么是羊角花？色彩、造型的特点，怎么画，材料……） 学习资料，解决第一个问题并汇报 观察分析并总结羊角花的特点。 （预设：花头大而圆） 观察分析并总结羌族人围绕羊角花的特点用了哪些方法（预设：夸张、概括、变形）。 观察并找出主要颜色 （预设：黑、白、红、蓝）。 自由回答：（预设：有民族特点，对比强烈、鲜艳） 方法：深浅、冷暖搭配	培养学生会质疑的学习意识和习惯。 学生自主了解羊角花的概念。 通过感受羊角花独特的美感，探究与表现羊角花图案特征的表现方法。 培养学生质疑意识，提出自己感兴趣的问题，激发学习兴趣。 小组合作，培养学生观察的意识和能力，培养学生表达对色彩的感受能力。培养学生善于表达的意识和能力。 启发学生思考，联想，培养学以致用的意识和善于表达的能力	过程性评价：主要从课堂学习状态和小组合作学习具体表现，课前准备情况、材料准备，教科书作业本、美术习惯养成和保护，美术习惯任务完成情况等方面评价。可以自评、互评、师评等

续表

教学过程	教师活动	学生活动	设计意图	评价要点
探究羊角花纹（15分钟）	（三）启发学生学以致用 1. 师：你们会运用自己学到的知识吗？你想用羊角花纹装饰生活中的什么？ 2. 过渡：放一段视频给大家看，把这些羌族羊角花纹运用到我们的生活用品中的步骤是什么？ （视频＋解说） 师：总结、板书学生的步骤	自由联想，回答： 观看，记忆，分析。 发言（预设步骤：画、涂、剪、贴）	引导学生运用本节课所学方法进行创作。 培养学生观察和表达的能力	
布置作业（3分钟）	作业要求： 请你用学到的羌族羊角花纹，装饰我们的生活用品。 提示：1. 请注意花纹的造型和色彩。 2. 独立、合作完成均可	认真听作业要求，准备艺术实践	培养学生学以致用的意识，将所学服务于生活，培养学生动手能力，增强学生健康的审美情感	
艺术实践（17分钟）	教师辅导（音乐）	学生艺术实践	培养大胆表现的创新精神及与人合作精神	过程性评价、表现性评价

续表

教学过程	教师活动	学生活动	设计意图	评价要点
艺术展评（4分钟）	师：请将作品粘贴在展示板上，结合今天所学，进行点评，说出喜欢的理由和改进的方法。让学生介绍一下自己的作品，说说在完成作业的过程中，注重了今天所学的哪一点？	展示作品并评述作品。（根据今天所学知识来点评）	享受成功的喜悦，鼓励学生展示自己的作品。学会欣赏别人的优点	表现性评价、情景性评价、档案袋评价
艺术拓展（1分钟）	今天，我们从问题入手，认识和掌握了羌族羊角花纹的特点和方法。一起欣赏其他形式的羊角花。这些羊角有另一种整齐的美和秩序的美，希望大家课后可以尝试创作	观看，倾听	总结本节课的重点，出示其他表现形式的羊角花作品，开拓学生的眼界。启发学生用今天学到的知识去审视更多的艺术品，做一个会学习的孩子	表现性评价

板书设计

《美丽的羊角花》

1. 造型。
（1）特点：花头大且饱满
（2）方法：概括、夸张、变形
2. 色彩。

鲜艳：深浅、冷暖。

20 《羌族围腰》教学设计

成都市温江区实验学校　赵潇

一、教材分析

本课是开发的校本教材的内容，围绕我校艺术组课题开展羌族艺术研究。羌族围腰（围裙）是羌族妇女系于腰间的一件服饰品，既美丽好看，又保暖护衣。色彩艳丽，图案精美，一般呈对称形，图案均以羌绣形式绣于黑色或深蓝色布上，深受羌族妇女的喜爱。学生通过学习感受羌族围腰形式美感，并利用身边的材料进行设计、制作，让学生表达对美好生活的感受。

二、教学目标

（1）体会羌族围腰的形式美感，认识羌族围腰图案的对称性并用于设计创作。

（2）通过观察与欣赏交流，了解对称图案；引导学生主动发现围腰设计仿制的方法；学习用对称方法设计美观实用的围腰。

（3）了解羌族围腰的实用性、装饰性、艺术性，感受其传达的文化艺术气息，设计漂亮的羌族围腰，喜爱民族文化。

三、教学重点

了解轴对称和中心对称纹样的特点，学习使用对称纹样装饰、设计羌族围腰。

四、教学难点

根据现有材料，运用对称纹样设计围腰。

五、用具准备

黑色皱纹卡纸、以前的学生作业（羌族刺绣花纹，如云纹、羊角花纹等）、胶棒、白色油画棒、剪刀等。

六、板书设计

美丽的羌族围腰
外形：
颜色：
花纹：
轴对称、中心对称

七、教学过程

教学过程	教师活动	学生活动	设计意图	评价要点
一、组织教学导入（2分钟）	师：同学们，老师带来了一件艺术品，你们认识吗？出示课题"羌族围腰"	围腰，羌族围腰，观看	实物直接导入课题，直观	表现性评价
二、讲授新课（20分钟）	1. 你去过羌寨吗？你了解羌族吗？过渡语：看来还有很多人不了解羌族，没有关系，跟着老师一起走进羌族，了解美丽的羌族围腰。 2. 观看PPT资料 师结合PPT介绍：羌族人民能歌善舞，他们的服饰很漂亮，尤其是围腰。它是怎么制作的？用什么材料制作的？想知道吗？一起去看看资料。 3.（PPT）羌族围腰是以针和彩线在黑布、深蓝色布上绣花而成，你觉得这些羌族围腰漂亮吗？有什么特色？请带着这个问题欣赏。	自由回答。观看、了解、记忆。预设学生回答：花纹、颜色。花纹：羊角纹、云纹、高山杜鹃花纹（PPt）。颜色：黑白红蓝（PPt）鉴别，从花纹、颜色方面回答：花朵纹（中心轴对称）、（对称）。预设回答：平衡视觉、稳定感、有秩序的美感。	学习和生活相联系，激发学习兴趣。通过观看，了解羌族以及相关文化。了解羌族围腰相关知识，分析和观察围腰的花纹、颜色，了解其羌族文化在其中的意文。为下面的学习打下基础。学以致用	学生的积极性，参与表达语言的清晰性，美术语言的运用，激发学生的兴趣。过程性评价，主要从课堂学习状态和小组合作学习交流表现，如课前准备学具、材料书本、作业情况、教科书爱护、习惯养成等方面评价

有趣的民间艺术

续表

教学过程	教师活动	学生活动	设计意图	评价要点
二、讲授新课（20分钟）	4. 带领学生分析花纹和颜色师小结：羌族服饰花纹很多，主要有三种，这些花纹和颜色来源于生活。羌族人民热爱大自然，把自然的花纹留在了艺术作品中，这些特殊的花纹和颜色构成了羌族服饰文化中特有的符号，也是区别于其他民族围腰的重要标志。 5. 请鉴别这里面哪一条是羌族围腰？（PPT）为什么？ 6. 请观察这条围腰，绣的什么花纹？ 7. 请再观察这些花纹排列有什么特点？ 8. 当你看到这些对称的排列时有什么感觉？ 9. 请以小组为单位摆一摆你喜欢的对称形	小组内实践拼摆对称形。 观察回答：轴对称。 小组内讨论：预设学生回答：外形（师提炼并板书：外形、构成、细节）。 观看	了解羌族围腰的花纹特点。感受轴对称图案中的对称美感。学以致用，利用学习袋中的材料拼摆对称形。从老师的演示中引入小组讨论、学会自主学习、体验学习的乐趣。鼓励学生学习。明确艺术实践要求，为创作服务	表现性评价：从任务完成情况等方面评价。可以自评、互评、师评等

续表

教学过程	教师活动	学生活动	设计意图	评价要点
二、讲授新课（20分钟）	10. 看老师身上的这件围腰图案用了哪种对称？这条围腰不是用剪刀代替针，而是用身边的彩纸代替布和线，用手工代替创作的。那是一件有趣的事情，请小组长拿出每组的范作，小组内看一看、摸一摸、说一说，你看到了什么？ 过渡：我相信多年以后，你们中间一定会出现优秀的设计师，现在愿意一起设计吗？ 11. 布置作业 （1）请用学到的方法和身边的材料设计，仿制克族围腰。 （2）2人合作完成。 （3）请管理好自己的"垃圾"。			
三、作业实践（15分钟）	教师巡视辅导	学生艺术实践	艺术实践，学以致用	过程性评价、表现性评价

有趣的民间艺术

续表

教学过程	教师活动	学生活动	设计意图	评价要点
四、作业展评（5分钟）	请已完成的同学带着自己的作品到讲台上，展示给大家看。 1. 请同学评一评，你喜欢哪个作品？为什么？ 2. 请问你在设计制作的过程中，注重了哪一点？ 3. 请问你设计的图案运用了哪种对称图形？大家同意吗？给他掌声。 4. 请大家都系着自己仿制的围腰，我们一起跳起欢乐的萨朗。 师语言结束：老师希望大家用今天学到的知识审视其他美术作品	每组派代表上合展示。 学生自己选择喜欢的，并说出理由。 一起跳萨朗舞	展评作品，学会欣赏、评价作品。 增加学习的乐趣	表现性评价、情景性评价、档案袋评价

21 《三达里学》教学设计

成都市温江区实验学校 代春丽

三达里学

$1=\flat B$ $\frac{2}{4}$

```
1· 6 5 61 | 2 - | 2 - | 3 1 2 3 5 3 | 2 1 2 6 5 3 |
三  达 里 学      哟          三      达 里

5 - | 5 - | 2· 1 2 5 3 | 2 2 35 3 2 | 1 2 1 6 5 0 |
学         哦 哟 郎 得 儿  莫 耶 若 呀 西 莫   呀 啊

2· 1 1 2 | 1 56 1 | 1 X X | 1 2 1 6 5 56 | 1 2 1 6 5 ‖
哦 哟 郎 得 学     呀 莎 莎 三 达 里 学 呀 若 呀 若 西 莫
                                       郎   得 里 学
```

一、课时安排

1课时。

二、教学年级

一年级。

三、课型

综合课。

四、教材分析

本课程是一节律动课,是校本开发的活页资料。课程适合二年级学生,最大的特点是感受与体验相结合,始终围绕羌族舞蹈的基本体态和律动这一特点进行。羌族萨朗音乐节奏感很强,适合孩子用肢体动作感受和体验。

五、学情分析

(1)学生已经掌握羌族舞步。
(2)在教学中感受并表现萨朗基本体态和律动较难。
(3)一步一步用肢体动作感受音乐,正符合二年级学生喜欢用动作表现喜欢的内容的特点。

六、教学目标

(1)体验感受羌族萨朗音乐的舞蹈风格特色。
(2)在听音乐合拍的动作基础上,学会《三达里学》的基本舞步,能用肢体语言跟随音乐表现羌族舞蹈的基本体态和律动。

七、教学重难点

学会《三达里学》的基本舞步,能用肢体语言跟随音乐表现羌族舞蹈的基本体态和律动。
体验羌族萨朗的风格特色并感受欢乐的情绪。

八、教学准备

钢琴、PPT、视频、音频、大手串铃。

九、教学过程

教学过程	教师活动	学生活动	设计意图	评价要素
复习引入	老师问好 师：同学们还记得我们学了一首叫《依拉麦达》的歌曲吗？是用什么语言唱的？这首歌曲有动作吗？怎么唱？请大家回忆一下。 师：请你跟着音乐动一动，如果你们能唱就边唱边跳	跟着老师合着音乐用羌语边唱边跳	通过讨论学生用过的羌族音乐引入，让学生更好地进入学习状态	激发学生参与的热情。从参与度、表演态度等方面进行评价
感受音乐魅力	师：我们刚才跳的就是羌族的萨朗舞，今天老师还带来另一个萨朗舞《三达里学》，我们先来听听，它带给我们什么感受（放PPT展示课题和歌谱，并放音乐）。 师：你想说说点什么？ （老师提醒情绪、语言、演唱形式） 师：'xio'，'xue'字唱的是'xue'还是'xio'？为什么？ 老师总结：通过之前的学习我知道羌族只有语言没有文字，他们用汉字或拼音记录	学生听着问题并用击掌（乐器）的形式打节拍。 情绪欢乐，用羌语演唱	教师观察，并把乐器交给打节拍最稳的孩子，这样避免乱拍。比如出现抢拍或慢拍的学生会自动纠正拍子。 初步聆听感受音乐并了解羌族音乐的特点及文化	主要从参与态度、认真、遵守安全等方面评价。全程提示可以自评、互评，教师评

续表

教学过程	教师活动	学生活动	设计意图	评价要素
感受舞步	师：这段羌语的大概意思是：远方的朋友我们欢聚在这喜庆的日子，我们一起唱歌一起跳舞。 师：我们来看看他们是怎么跳的。 师：那你看清楚他们是怎么跳的吗？你能跟着模仿一两个动作吗？ 师：你们看清楚我跳并找出规律。 先跳，你们跟着我跳出规律。 A. 按照两拍子的节拍，双手叉腰，原地踏步。 B. 按照两拍子的节拍，原地踏步并呈半圆型内外转动。 C. 哼唱一两句旋律。 师：同学们，跟着音乐跳了这么久，你们能哼唱一两句旋律吗？	学生观看视频。 学生原地模仿。 学生观看，讨论动作的韵味以及特点。 跟着老师做。 试着用羌语哼唱	感受羌族舞步的韵味以及舞蹈特点。 学生实践学习基本舞步，在听音乐合拍的动作基础上，学会《三这里》的基本体语跟随舞蹈 能用肢体语言跟随音乐表现羌族舞蹈的基本体态和律动	学习、表演态度积极认真，富有激情

续表

教学过程	教师活动	学生活动	设计意图	评价要素
交流讨论	师：同学们真厉害！学了《三达里拿》，你们有什么感受？一分钟时间交流讨论。 师：请同学们跟着音乐边唱边跳	交流感受：音乐节奏明朗，听到了羌族人就想跳舞，喜欢边唱边跳，每个动作都感很强，节奏像在打节拍……跟音乐边哼唱边跳。	通过讨论，学生自己体会其舞步的奥妙	主要从参与态度、探究、分享、展示等方面评价。可以自评、互评、教师评
总结	师：《三达里拿》让我们感受到了羌族的豪朗文化，羌族人民爱跳舞、唱歌，热爱生活。我希望下一节课我们能够学唱《三达里拿》，这样我们不仅可以跳《三达里拿》，还可以唱《三达里拿》，边唱边跳。好了，今天的课就到这里			

 有趣的民间艺术

22 《西斯古》教学设计

成都市温江区实验学校　代春丽

一、教学背景

温江区实验学校为培养学生多元文化观，了解和传承我国少数民族民间音乐艺术，不断引进四川的国家级非物质文化遗产进课堂。学校于 2016 年 3 月成功申报市级艺术课题"羌族特色艺术资源在校本课程中的建设与实践研究——以萨朗为例"并立项，2016 年 12 月，成功申报四川省艺术特色学校。围绕课题，课题组老师对羌族特色艺术进行了探讨。主要就羌族酒歌《西斯古》展开学习。

二、歌曲介绍

羌族酒歌是羌族人民生活中的重要部分，有齐唱、对唱和独唱。唱时主客并排而坐，节奏缓慢，旋律优美，声音高亢，拖腔婉转，具有典雅朴素的风格。

本课以"轻松、愉快"为情感主线探索萨朗歌舞的乐趣，并用各种手段激发学生对羌族民间音乐的兴趣。《西斯古》表现了人们在寨子里跟着音乐唱歌跳舞，表达人们对美好生活的赞美和追求。歌曲为一段体结构，分为三个乐句，旋律古朴典雅、节奏明快。

三、课时安排

1 课时。

四、教学年级

五年级。

五、课型

综合课。

六、教学目标

（1）通过听、看、唱、跳等不同的形式引导学生积极参与羌族音乐实践活动，体验羌族民歌的音乐风格，激发学生对羌族民间音乐的兴趣。

（2）能够采用适当的速度、力度、声音表现歌曲热烈欢快的情绪。

（3）通过参与羌族人民载歌载舞的情景表演，进一步感受羌族的民间文化，增强对羌族的认识与理解。

七、教学重点

能用轻快活泼的声音演唱歌曲，通过歌舞表演，体现羌族人民"歌从口中出，无歌心不欢"的民族性情。

八、教学难点

（1）较好地掌握歌曲的节奏和演唱风格。
（2）能根据歌曲情绪，用锅庄的形式尽兴表演。

九、教学用具

钢琴、课件。

有趣的民间艺术

十、教学过程

教学过程	时间	教师活动	学生活动	设计意图	评价要素
激趣引入	4分钟	师：这节课老师给你们带来一组图片，请看大屏幕（PPT），看着这两张图片你想说点什么吗？（点出羌族，这是羌族的） 1. 羊皮鼓音色低沉浑厚，适于表现羌族人民粗犷豪放的民族风格。（教师现场演示）请一位同学来感受一下羊皮鼓的敲击方法。 2. 咂酒是羌族人民十分喜欢的自酿酒，每逢节日、婚丧、聚会、待客，大家围在一起，以咂酒助兴，边唱、边跳，饮咂酒时要唱酒歌。酒歌是这样唱的（老师唱《西斯古》）。 3. 酒歌有齐唱、对唱、独唱。唱时主客并排而坐，轮流对唱，同时鼓乐齐鸣，热闹非凡。节奏缓慢，旋律优美，声音高亢，拖腔婉转	学生观看图片后自由回答。 感受、听、动，欣赏羌皮鼓简单的敲击动作。在了解羌族酒歌文化的同时聆听教师范唱	情境创设，为学习皮鼓做铺垫，初步感受羊皮鼓音色。通过欣赏、听、唱，了解羌族酒歌文化，教师范唱做铺垫	聆听习惯、参与态度

续表

教学过程	时间	教师活动	学生活动	设计意图	评价要素
了解歌曲文化	8分钟	1. 出示课题,聆听范唱。 师:羌族是一个古老的民族,其民间艺术非常丰富,羌绣、云云鞋,除了我们图片上看到的,还有口弦、碉楼,当然还有好听的歌曲,比如有一首酒歌叫《西斯古》,我们一起去听一听吧(播放范唱)。 2. 教师范唱,加深理解。 师:听得懂羌语什么?当然听不懂了,这是一首羌族人民用羌语演唱的民歌《西斯古》。意思是:边喝酒、边跳舞,请同学们听老师唱这首歌曲时的情绪和速度(教师边唱边跳范唱)。 3. 羌语体验,突出特色。 师:羌族虽然有自己的语言,但是没有自己的文字,所以他们用拼音字母或者汉字记录自己的语言。这首歌曲用汉字唱有什么不一样?大家读一遍,你觉得有什么不一样? 师:没想到同学们这么快就学会说羌语了,我们不但要说得好,还要唱得好	学生静静地聆听并思考,回答问题。曲调(欢快、流畅),节奏(跳跃、明朗)。学说羌语。	初步感受音乐、情绪及速度,强弱规律。通过歌曲的介绍,了解羌族,学说羌语,让学生进一步体验羌语的艺术魅力。	从聆听、观看的习惯,参与学习的态度等方面进行完成情况评价。

续表

教学过程	时间	教师活动	学生活动	设计意图	评价要素
歌曲学唱	14分钟	1. 发声练习，突破难点。 师：请同学们跟着老师的琴声用"wu"哼唱下面的旋律。 1=C 2/4 2 1 6 5 1 3 2 5 6 1 5 — wu 2. 歌曲难点，梯进突破。 师：请同学们用"wu"模唱这首歌的旋律，再唱一次，你觉得哪句最难唱？ 3. 用心唱。 师：同学们唱歌词吧。 师：谁来说一说老师适当引导）要唱出歌曲旋律和演唱有什么特点？（教师适当引导） 师：我们再唱一遍，要唱出你的情绪、自然的歌腔转，歌声高亢，歌声和表情中感受到羌族人"歌从口中出，无歌心不欢"（同学们唱出的歌声太美了）	聆听、唱旋律的同时找出演唱的难点。 小组讨论演唱歌曲： 分析这首歌曲旋律和演唱特点（羌族民歌特点：纯净、自然的音乐风格，典雅朴素的演唱特点。真假声结合，拖腔婉转，多声音高亢，下滑音收束）	发声练习有助于学生突破难点，自主学习。	从小组合作的情况和表现性及任务完成情况。可以自评、互评，教师评价，通过交流演唱发声评价、情绪、态度、准确度等学习的激性生学习的激情

续表

教学过程	时间	教师活动	学生活动	设计意图	评价要素
情境体验	13分钟	1. 看视频了解羌族人在重要节日或举行重大活动时都会喝咂酒,载歌载舞,自娱自乐吧!(播放视频) 学习舞步,小组创编。 师:怎么样,让我们也加入他们。老师来唱,你来当小老师,我看谁设计得最好,我让他来设计动作,准备。(先在原地跳,然后一句一动作) 2. 创设情境,汇报表演。 师:请同学们围成一圈,唱歌、跳舞、击鼓,准备好了吗?让我们感受羌族人民的欢乐吧!	观看视频。创编舞步。情境创设表演	师生互动,体验羌族人在喜庆时唱着咂酒歌、喝着咂酒载歌载舞的场面	参与表演态度与表演认真自信。情境创设表演完整、有创意,有趣。合作有效性评价
总结拓展	1分钟	师:羌族民歌是我国民间艺术的瑰宝,由羌族人民口头创作,其文化的思想精神都内化在美妙的旋律中。羌族民歌的题材内容非常广泛,有山歌、劳动歌、风俗歌、咂酒歌等。今天我们学习的是一首羌族酒歌,今后师我们将了解更多的羌族音乐,感受羌族民歌的魅力。今天的课就到这里。下课!			

西斯古

羌族民歌

1=♭B 2/4
热情豪放

23 《依娜麦达》教学设计

成都市温江区实验学校　代春丽

依娜麦达

1=G 2/4　　　　　　　　　　　　　　　　　　　羌族民歌

| 1 | 1 6 1 | 2 | 2 5 | 2 2 5 | 1 1 6 | 5 | 5 |

‖: 5 5· 6 5 3 | 2 | 1 6 1 | 2 2 5 | 1 1 6 | 5 | 5 |
依娜　依娜尼　麦　达　　　啦哟　沙呀尼　麦　达

| 1 | 1 6 1 | 2 | 2 5 | 2 2 5 | 1 1 6 | 5 | 5 :‖
麦　达　　　麦　达　　　啦哟　沙啦尼　麦　达。

一、教材分析

本课选自温江区实验学校校本教材,以"轻松、愉快"为情感主线探索萨朗歌舞的乐趣,并用各种手段激发学生对羌族民间音乐的兴趣。《依娜麦达》是一首萨朗歌曲,取材于四川羌族,歌曲表现了人们在寨子里跟着音乐舞蹈,表达人们对美好生活的赞美和追求。

歌曲为一段体结构,分为两个乐句,旋律古朴典雅、节奏明快,并且每一句反复。

二、课时安排

1课时。

三、教学年级

一年级。

四、课型

综合课。

五、教学目标

（1）通过听、看、唱、跳等形式引导学生初步感受羌族萨朗歌舞的乐趣，激发学生对羌族民间音乐的兴趣。

（2）能适度表现歌曲情感，用动作表达对萨朗音乐的感受，促进同学之间交流。

六、教学重点

初步感受羌族萨朗歌舞所营造的美好与快乐的氛围。

七、教学难点

感受歌曲，并能适度唱好歌曲、表现歌曲情感。

八、教学过程

教学过程	时间	教师活动	学生活动	设计意图	评价要素
律动引入	3分钟	1. 组织教学。师生问好。 2. 师：你们还记得艺术节pk的时候我们用沙槌伴奏了一首羌族歌曲叫什么？请同学们轻轻地拿起沙槌，我们再来复习一次	自唱自演	营造氛围，活跃气氛，情境创设	表现性评价：从学生的态度、情绪、演唱、演奏等方面激发其学习的激情
歌曲理解	14分钟	1. 初听歌曲。师：我记得当时学这首歌时，就有同学问我："代老师，为什么这首歌呀？"我好想唱歌词呀，而且旋律变得更好听。这首旋律表现在不但有歌词，只有旋律我们一起来静静地听一听，看一看《依娜麦达》带给我们怎样的情绪体验。 2. 简单介绍羌族。师：羌族人生活在哪里呢？ 3. 用四川方言读歌词。 4. 再次聆听，想象歌曲意境——了解歌词大意	聆听音乐，发现歌词特点 参与活动：注意打节拍，强弱规律	聆听音乐，发现歌词特点，知道歌词大意。积极主动参与情绪体验	主要从聆听习惯、参与态度、探究的有效性、表现性等方面评价，可以自评、互评、教师评

有趣的民间艺术

续表

教学过程	时间	教师活动	学生活动	设计意图	评价要素
歌曲理解	14分钟	师：请同学们精读这些歌词是什么意思？同学们一边听音乐一边精读。 师：你觉得是什么意思？同学们的想象力真丰富。 5. 听演唱规律。 师：同学们再来听歌曲有什么规律呢？（女生重复男生的）注意节拍。 师：可不可以男生重复女生的，你一句我一句？这就是羌族歌曲中重复的一个特点哼唱。			
学唱歌曲	3分钟	1. 发声练习。 师：请大家带着轻松愉快的心情跟着音乐哼唱。 2. 唱歌词。 3. 注意律动。 师：同学们第一次就唱得这么好，老师也想加入你们。我们来做一个模仿的游戏，看谁模仿得最好。 （1）全体起立，老师教唱并注意纠正动作和歌曲情绪的表现（老师唱一句做一个动作，学生跟老师唱一句做一个动作）。 （2）跟着老师完整地边唱边跳。 （3）跟音乐自己边唱边跳。	学唱歌曲。 表演展示	体验羌族萨朗音乐舞蹈的魅力，培养学生合作能力和肢体协调能力	从参与学习和表演的积极性、动作规范性、声音优美性等方面进行评价。可以老师评价、学生评价

续表

教学过程	时间	教师活动	学生活动	设计意图	评价要素
学唱歌曲	3分钟	（4）分男女生比赛，自评。 （5）全体跟音乐再来一次，老师注意观察，请唱得好、跳得好的同学上台展示（不要伴唱，几个学生自唱自跳）。 （6）跟音乐分角色边唱边跳。 师：请大家一起来吧，小伙先唱，请姑娘重复小伙唱的			
结束		今天我们学习了羌族的萨朗歌曲，今后我们还会了解了羌族的羌绣、羊皮鼓、羌笛，感受羌族文化的无限魅力，请同学们围成一圈，跟着老师一起……	完整表演		

24 《萨由啊由勒》教学设计

成都市温江区实验学校　唐菁

一、课例

《萨由啊由勒》。

二、教学内容

《萨由啊由勒》山歌。

三、教学目标

(1) 通过听、看、唱、跳等不同的形式引导学生了解羌族文化，激发学生对羌族民间音乐的兴趣。

(2) 能够采用适当的速度、力度、声音表现歌曲的情绪，体验羌族民歌的音乐风格。

(3) 通过参与羌族人民载歌载舞的情景表演，进一步感受羌族文化，增强学生对羌族民间音乐的兴趣。

四、教学重点

能高亢、热情、活泼地演唱歌曲，通过歌舞表演，体验羌族人民"歌从口中出，无歌心不欢"的豪放和热情。

五、教学难点

(1) 较好地掌握歌曲的演唱风格。

(2) 能根据歌曲情绪，用锅庄的形式尽兴表演。

六、教材分析

羌族自称"尔玛"，又称"云朵上的民族"，是我国最古老的民族之一，有四十多项非物质文化遗产。千百年来，生活于岷江上游的羌族人民在特定的社会环境和历史发展进程中，形成了自己独特的民族民间艺术，如劳动歌、酒歌、祭祀歌、山歌等。

市级课题"羌族特色艺术资源校本课程化实践研究"校本活页资料"尔玛的歌"是向学生介绍羌族歌曲艺术的重要单元。通过"听、看、唱、跳"等教学活动，帮助学生了解羌族歌曲，具

有代表性的有劳动歌、酒歌、祭祀歌、山歌等。激发学生对羌族歌曲的喜爱之情和探究兴趣。

七、学情分析

学生对羌族歌曲了解甚少，而且不懂羌族语言，但他们有极强的好奇心，具有探究欲望。

八、课时安排

1课时。

九、教学准备

多媒体课件PPT、视频等。

十、板书设计

《萨由啊由勒》

1. 羌族民歌特点：高亢、热情，旋律优美流畅，拖腔婉转，下滑音收束。

2. 演唱形式：对唱、齐唱、一唱一和

十一、教学过程

教学过程	时间	教师活动	学生活动	设计意图	评价要素
萨朗舞导入	2分钟	师：同学们，跟着老师一起来跳萨朗舞吧！ 师：同学们跳得真不错！动作多优美呀！	跟老师一起跳萨朗舞	活跃气氛，激发学生兴趣，为歌曲创编做铺垫	表扬性评价
发声练习		师：接下来进行发声练习，请同学们注意坐姿、气息和口型，注意曲谱中上滑音的演唱。 师：同学们唱得真不错！评价：特别是×××同学表情非常到位，从他的歌声中我感受到了大山的连绵，嘹亮的歌声、悠长的气息	高亢、嘹亮地演唱，注意气息的稳定，上滑音和倚音的演唱	为学习歌曲打基础	奖励性评价，从学生态度、情绪、发声练习的效果等方面评价，激发学生学习的激情
节奏练习	8分钟	师：接下来，我们还有一个有趣的说唱节奏，我们一起来学习。 2/4拍	学习说唱节奏	为学习歌曲中的说唱部分做铺垫	过程性评价：对学生读节奏的过程进行评价，可以自评、互评、教师评

续表

教学过程	时间	教师活动	学生活动	设计意图	评价要素
学习歌曲	23分钟	师：有谁知道发声训练和节奏训练中的歌词是什么意思？（不知道）你们当然不知道了，这是羌语，连老师我都不知道呢！师：那我们就带着这个问题来学习这首羌族歌曲《萨由啊由勒》。1. 聆听与感受。播放歌曲，看看这首歌曲给你带来了怎样的感受？（小组交流感受）小的感觉，其他小组补充。同学们跳舞，想跳舞。评价：特别是第一小组在听师的时候还伴随有动作，体会这种感觉。再次聆听，点评与激励。2. 学习歌谱。师：同学们观察歌谱，这首歌曲是2/4拍，歌谱中出现了哪些记号？该怎么唱？（上滑音、下滑音、前倚音和换气记号）	生：不知道。学生聆听。学生讨论、交流感受。生：悠扬、高兴。生：开心的、想跳舞。再次聆听。生：回答。观察歌谱。生：视唱歌谱，体验羌语，突出特点。	激发学生的好奇心。让学生充分理解歌曲的内容，了解拖腔的演唱风格，感受歌曲风格，感受歌曲的情绪，能唱好这首歌曲。	从聆听、观看的习惯、态度、参与表演完成情况等方面进行评价。乐于分享自己的感受。通过多种方式评价，激励学生学唱歌曲，用饱满、热情、流畅的声音演唱好这首歌曲。从活动中表现任务完成情况、表情、档次呈现等方面进行评价。

续表

教学过程	时间	教师活动	学生活动	设计意图	评价要素
学习歌曲	23分钟	师：同学们回答得非常好，现在跟钢琴伴奏用"la"视唱歌谱。 3. 感受情绪，诠释歌词。 师：请同学们听范唱，感受情绪（播放歌曲）就来解决这个问题，这是一首羌族人民用羌语演唱的歌曲，《萨由啊由勒》，歌词大意就是（老师朗诵歌意）： 山谷的风轻轻吹，青稞酒把山寨灌醉。 脚步在大地上舞动，歌声飞出了银杯。 月儿悄悄离去，舞步已把夜幕踏穿。 是生活令我们陶醉，看那美酒和歌儿泼洒在羌山。 4. 羌语体验，突出特色。 师：羌族虽然有自己的语言，但是没有自己的文字，所以他们用拼音字母或者汉字记录自己的语言。先听老师读一遍，你们发现了什么？	用方言朗诵歌词。 生：回答问题。 学生分句学歌词。 生：倚音婉转动听。 了解拖腔演唱时高亢婉转的特点。 生：思考并解答问题。 下滑音收束，给人以回味。 生：学生回答。 歌曲特点：原生态，旋律优美，拖腔婉转，声腔高亢。 学生回答。		

有趣的民间艺术

续表

教学过程	时间	教师活动	学生活动	设计意图	评价要素
学习歌曲	23分钟	5. 分句唱歌词。 歌曲中的倚音起什么作用？（倚音婉转动听）歌曲中的"勒"唱了几拍？（八拍）为什么要拖这么长？有没有人知道？ （羌族音乐的特点——拖腔，给人的感觉高亢、婉转） 6. 听范唱，轻声跟唱。 7. 师生对唱，男女对唱，全班齐唱。 8. 总结歌曲特点及演唱形式。 师：谁来总结这首歌曲的特点？（原生态、旋律优美、声音高亢、拖腔婉转） 师：有哪些演唱形式呢？（对唱、齐唱、一唱一合） 9. 学生边唱边跳，自创动作	演唱形式是对唱、齐唱、一唱一合。学生自己创编		
拓展	5分钟	把全班分成两组，男生一组，女生一组，围成两个圆圈，跟着音乐一边跳一边唱	生：圆圈舞展示	用舞蹈表现情绪，激发探究兴趣	从圆圈舞的表现情况、表演时的情绪动作来评价

续表

教学过程	时间	教师活动	学生活动	设计意图	评价要素表现性评价
小结	2分钟	师：羌族民歌是我国民间艺术的瑰宝，由羌族人民口头创作，其文化内涵都非常美妙的旋律中。羌族民歌的题材内容非常广泛，有山歌、劳动歌、风俗歌、巫师歌等。今天我们学习的是一首羌族民歌。今后我们将了解更多的羌族音乐，感受它们无限的魅力。	了解更多羌族的曲，感受其魅力	田野采风，网络拓展	表现性评价

25 《欧央舍西央舍》教学设计

成都市温江区实验学校　杨锦

一、课时

一课时。

二、教学目标

（1）通过歌唱、聆听、画旋律线、舞蹈等方式充分感受羌族萨朗的特点，用自己的语言总结归纳。

（2）在歌唱与表演中了解羌族民歌的基本演唱形式——对唱，感受羌族民间特色艺术——萨朗。

（3）能用简单的萨朗舞步表现歌曲。

三、教学重点

准确歌唱歌曲；学会一个基本的舞步。

四、教学难点

归纳总结羌族民歌的特点。

五、教学准备

视频、音频、"火堆"。

六、教学过程

教学过程	时间	教师活动	学生活动	设计意图	评价要素
听一听，画一画	4分钟	1. 羌族被称为"云朵上的民族"。你看，这位羌族的小孩要到山的那边去参加庆丰收的活动，他要经过一条山路。（播放音乐用手指画一画这条山路。（播放歌曲第一部分） 2. "有同学能上台来画一画吗?"（再次播放歌曲） "这是一条怎样的山路啊?" "看，这山路落差很大，像是在爬一个高高的陡坡，然后跳下一个高高的陡坡"，"让我们听着音乐边唱边用手指画出这条崎岖的小路。"	听音乐，画出旋律线。 个别学生上台绘出旋律线，其余学生思考。 问题并回答：曲折，崎岖。 边唱边画旋律线，加深对旋律的感受。	情景引入，感受旋律的起伏，激发学生的学习兴趣，为歌曲的学习打下基础。 初步感受羌族民歌特点之一：旋律起伏较大。 感受旋律的变化。	从聆听的态度、旋律线绘制情况等方面进行评价

续表

教学过程	时间	教师活动	学生活动	设计意图	评价要素
学唱歌曲	15分钟	1. "刚刚我们听到的这首歌民歌《欧夹舍西夹舍》就是今天我们要一起学习的羌族民歌《欧夹舍》。"讲解："舍"在羌语里有好的意思，而"欧夹"的意思是这边，"西夹"是那边的意思。"大家跟我一起说一说：欧夹舍西夹舍。"歌曲中还出现了其他的羌语：西诺——好，依诺——很好，呀杰搜几——大家都跳得好。2. "这首歌只有两个乐句，每句的结尾处都有'欧夹舍'。""细心的同学会发现，它有什么特别的地方？"教师范唱歌曲演唱一定的规律，是什么规律呢？"学生找出这首歌的演唱形式：男声一句女声一句。教师归纳：对唱。3. "让我们用对唱的形式，边唱边画旋律。"提醒学生：相互学习。4. 我们也来做两个小组，进行完整唱（教师伴奏，交换角色轻声哼唱）。	用四川话说一说"欧阳舍西夹舍"。理解歌词的意思。听老师唱，找出下滑音，并试着唱一唱。寻找歌曲的演唱规律，认识"对唱"。边唱边画旋律，学会歌曲。小组内相互对唱表演。	初步感受羌族歌曲的特点，感受歌曲中的下滑音。认识歌中的常见演唱形式（对唱）并实践通过小组学习，让每个孩子都学会这首歌。	1. 从歌唱的发声状态、音准、情绪等方面进行评价。2. 对小组学习相互结果进行评价。

续表

教学过程	时间	教师活动	学生活动	设计意图	评价要素
认识萨朗	15分钟	1. 欣赏视频，完整感受。"他经过崎岖的山路来到燃起篝火的地方，已经有很多乡亲到了，他们正在用羌族特有的方式表达喜悦之情呢！"是什么方式呢？"教师简单介绍萨朗的种类与作用。 2. 再看一遍，学一学舞蹈动作。你能学会其中任意一个动作吗？抽生回答，表演	欣赏视频，初步认识萨朗。分辨属于哪一类。知道是在喜事时跳的。通过模仿学跳萨朗	初步感受羌族风俗。在歌唱中感受边唱边跳这一形式特点。感受喜事萨朗	从参与的态度、完成情况、表演等方面进行评价
表演萨朗	5分钟	1. 随着音乐唱一唱、跳一跳，围着"火堆"边唱边跳。 2. 通过学习，你认为羌族民歌有什么特点吗？教师归纳提炼	围着"火堆"跳萨朗 学生回答	深入感受萨朗的独特魅力。明确萨朗的特点	从交流现、聆听别人交流的习惯等方面进行评价
小结	1分钟	了解羌族文化从跳起萨朗开始，让我们以学习羌族民歌为起点，了解更多的羌族文化，跳着萨朗走出教室	跳着萨朗离开教室	鼓励学生在课余时间了解更多的羌族艺术	从学生的表情、动作等方面进行评价

欧央舍西央舍

1=F 2/4 3/4

(3 3 2 35 | 3 21 5̣ | 5̣·6̣ 1̣2̣1̣6̣ | 1 1 1) |

‖: 1 1̂6̂ 5̂·6̂ | 1 1 1 | 3/4 2 3 5 5 2·5 3 2 | 1 1 1 :‖
　欧央　舍　　西央舍，呀　西诺 侬诺嘛 欧央舍。

‖: 3 3 2 35 | 3 21 5̣ | 5̣·6̣ 1̣2̣1̣6̣ | 1 1 1 :‖
　欧央舍　　西央　舍，呀 杰搜 几嘛 欧央舍。

26 《羌族巫师歌——莫都斯责》教学设计

成都市温江区实验学校　杨梅

一、教学内容

学唱歌曲《莫都斯责》。

二、教学目标

（1）了解羌族风俗文化和羌族民歌——巫师歌，知道羌族是一个古老的能歌善舞的民族。乐于参与羌族民间歌曲的演唱，具有探究兴趣。

（2）体验《莫都斯责》自由、虔诚的音乐特点以及说唱的演唱风格，体验羊皮鼓节奏特点。

（3）讲述羌族民间故事，运用多种表现手段，设计音乐活动，将羊皮鼓的节奏特点运用到歌曲中，表现音乐场景。

三、教材分析

《莫都斯责》校本活页资料。

《莫都斯责》是一首巫师歌，是巫师在"请神送鬼"时唱的歌。其中保存着一些古老的民间故事传说。说唱相间，并有敲击羊皮鼓的间奏。

四、学情分析

有兴趣。能背诵唐代王之涣《凉州词》的小学生不少，对羌

族也略知一二，但对羌族民间歌曲却知之甚少。学生对羌族民歌、羊皮鼓等羌族民间乐器充满好奇，具有强烈的探究欲望。

有基础。对美的感受、判断和理解是小学生已具有的能力，特别是 3~6 年级的学生已经具备一定的艺术审美能力和音乐、美术技能，他们渴望运用已有的知识和经验创造性地学习，自主地探索和实践，在体验中获得知识。

有条件。随着国家对羌族文化的保护传承和现代信息技术的运用，学生了解、学习、探究的平台更广阔。教师引导学生探究，激发、唤醒、强化对美的认识、理解和感悟，从而对羌族民间歌曲进一步认识、了解、接纳并自觉保护和传承。

五、课时安排

1 课时。

六、教学重点

了解羌族巫师歌的音乐风格。

七、教学难点

歌曲的说唱及羊皮鼓节奏。

八、教学准备

多媒体课件、羊皮鼓、节奏卡片、视频等。

九、教学过程

教学过程	时间	教师活动	学生活动	设计意图	评价要素
律动引入	3分钟	师：同学们，让我们一起跟随音乐跳起来吧！ 要求：全班同学围成圈，一起跳萨朗	跟着音乐围成圈，一起跳欢快的萨朗	情境创设，营造课堂气氛，为学习了解羌族民歌做铺垫	表现性评价：通过评价学生动作、表情等学习的准确度、激情
新课引入	7分钟	师：我们跟着我一起走进神秘的羌族，现在羌族带给我们怎样的感受？ 1. 聆听《莫都斯责》。 情绪：深情地。 速度：缓慢地。 旋律：舒展地。 2. 观看图片，简单介绍羌族民歌的分类。 《莫都斯责》这首民歌是羌族民歌中的一种，叫作"请神送鬼"的巫歌，是巫师在一些古老的民间故事时传唱。 3. 师讲述羌族民间故事《太子玫》。 4. 要求：说唱相间，并有敲击羊皮鼓的间奏。 演唱形式：说唱。 特点：有羊皮鼓伴奏。 5. 再次聆听歌曲。观看视频	1. 全体聆听，感受歌曲的风格特点。 小组探究活动，小组长分配任务，按要求汇报交流。 2. 再次聆听感受。 3. 观看视频	了解羌族民歌的分类及巫师定义和音乐特点	过程性评价：主要从小组合作活动的态度、探究性表现情况、任务完成方面评价。可以自评、互评、教师评

有趣的民间艺术

续表

教学过程	时间	教师活动	学生活动	设计意图	评价要素
学唱歌曲	15分钟	1. 聆听歌曲。 2. 有节奏地朗读歌词。 3. 羌语体验，突出特色。 师：羌族虽然有自己的语言，但没有自己的文字，所以他们用拼音字母或者汉字记录。 师：先听老师读一遍，你们发现了什么吗？ 4. 师奏旋律，轻声用"呜"哼唱旋律。 5. 轻声唱歌词。 6. 处理歌曲。 7. 说唱难点乐句。 8. 用虔诚、自由的情绪演唱歌曲	1. 按四拍的节奏打节奏，强弱规律跟着音乐打节奏。 2. 按四拍的节奏读歌词，并用四川话语模仿说羌语。 3. 跟着老师的旋律用"呜"模唱。 4. 轻声填词唱。 5. 说出你认为难唱的乐句。 6. 说唱的练习。 7. 有感情地演唱歌曲	学唱歌曲，体验羌族歌曲的风格特点	从聆听的习惯、演唱完成情况、参与表演与表演方面等进行评价。乐于分享自己的感受

续表

教学过程	时间	教师活动	学生活动	设计意图	评价要素
节奏练习	5分钟	1. 出示皮鼓的节奏： 4/4 X XXX X XXX|X XXX X XX|| 4/4 X XX X 0|X XX X 0 2. 每组发一面羊皮鼓	1. 同组同学互相练习。 2. 全组同学展示。 3. 组长带领组员表演	通过小组合作练习,掌握羊皮鼓的基本节奏	从交流表现、聆听别人交流的习惯、个人艺术档案袋收集资料等方面评价
演一演	10分钟	以"祭祀山神、祈求风调雨顺"为主题,设计音乐活动,将歌曲与羊皮鼓运用其中。运用身边的音源和肢体语言表现巫师歌内容	1. 小组讨论设计活动。 2. 以小组为单位汇报表演	体验创编活动,激发探究兴趣	从活动中的表现情况、表现性任务完成情况及档案袋呈现方面进行评价

莫都斯责

羌族民歌

1=C 4/4

缓慢 自由 虔诚

$\dot{2}$ - - - | 3 $\dot{2}$ $\dot{1}$ $\dot{2}$ $\dot{3}$ $\dot{1}$ | $\dot{1}$ $\dot{1}$ 0 $\dot{2}$ | $\dot{2}$ $\dot{2}$ $\dot{2}$ $\dot{3}$ |
哦　　　　勒 让 哦 勒　让　莫 都 斯 责 哦

$\dot{2}$ $\dot{1}$ $\dot{2}$ $\dot{1}$ 6 6 - | 6 $\dot{2}$ $\dot{3}$ $\dot{1}$ 6 5 | 6·$\dot{1}$ 5 5 0 :||
罗　哟　　　　　　哦 勒 让　哦 勒 让

$\dot{2}$ - - - | 5·$\dot{6}$ 3 $\dot{2}$ $\dot{1}$ $\dot{2}·\dot{3}$ | $\dot{1}$ $\dot{1}$ 0 $\dot{2}$ | $\dot{2}$ $\dot{2}$ $\dot{2}$ $\dot{3}$ |
哦　　　　勒 让 勒 哦　勒　让　莫 都 斯 责 哦

$\dot{2}$ $\dot{1}$ $\dot{2}$ $\dot{1}$ 6 6 - | 6 $\dot{2}·\dot{3}$ $\dot{1}$ 6 5 | 6·$\dot{1}$ 5 5 0 :||
勒　哟　　　　　　哦 勒 让　哦 勒 让

参考文献

[1] 中小学综合实践活动教学参考书（小学版）[M]. 成都：四川科学技术出版社，2003.

[2] 郭元祥. 综合实践活动课程设计与实施[M]. 北京：首都师范大学出版社，2001.

[3] 陈兴龙. 羌族萨朗文化研究[M]. 成都：四川民族出版社，2010.

[4] 齐易，张文川. 音乐艺术教育[M]. 北京：人民出版社，2002.

[5] 郭凤鸣. 北川羌族非物质文化遗产的保护现状调查分析[J]. 贵州民族研究. 2010（4）.

[6] 张蕾蕾，金艺风. 论羌族"劳动歌"的收集与分类[J]. 四川教育学院学报. 2010（2）.

[7] 郝宇锴. 试论当代羌族声乐作品中的结构特征[J]. 大众文艺，2012（7）.

[8] 刘芬. 羌族民歌旋律的地方色彩初探[J]. 大众文艺，2011（9）.

[9] 穆兰. 少数民族声乐教学中的传承与创新研究[J]. 音乐探索，2011（3）.

[10] 樊祖荫. 中国少数民族音乐及其在世界多元文化音乐教育中的作用与地位[J]. 中国音乐，2004（4）.

后 记

本书内容以学生的心理认知特点和年级段为依据进行划分。一二年级侧重于体验与感受，三四年级侧重于实践与表现，五六年级侧重于创造与发展。棕编部分主要由刘福莉、张玉荣、寇红梅等老师执笔，分别从文化、艺人、玩具、歌曲、展演等方面进行设计。傩戏部分由刘福莉、张玉荣、陈杰等老师执笔，分别介绍了傩戏的来源和傩戏面具的制作。剪纸部分由刘福莉、寇红梅、杨海燕、张鑫等老师执笔，分别从剪纸的由来、制作、歌曲等方面进行设计。风筝部分由刘福莉、张玉荣等老师执笔，主要介绍风筝的由来、种类和制作。川剧部分由何晓芳、王攀科、代春丽、母彬红等老师执笔，主要从川剧的由来、学唱、欣赏、脸谱制作和表演等方面进行设计。版画部分由赵潇、张鑫等老师执笔，主要从版画欣赏、刀法、制作等方面进行设计。羌族乐器部分由张玉荣、文家富等老师执笔，主要介绍了羌族羊皮鼓、羌笛和口弦。羌族色彩部分由赵潇、张鑫、向联、陈杰、陈晓欢、文家富等老师执笔，主要从羌族文化、鞋垫、头饰、围腰、云肩、服饰、羌鼓、萨朗等方面进行设计。羌歌部分由代春丽、杨锦、文家富、杨梅、唐菁等老师执笔，主要介绍了羌族山歌、劳动歌、风俗歌和巫师歌。

张玉荣和文家富负责校审和编辑工作。因版面的原因，还有很多幕后的工作者和实践者名字不能一一呈现，我们在此一并致以真诚的谢意。

  本书中大部分图片源自老师艺术采风和教学实践，个别图片来源于网络，因为无法联系到原作者，敬请原谅，同时我们也期待原作者能及时与我们联系，以便编委更正。